Multitasking

**Managementpsychologie
Band 1**

Multitasking
Prof. Dr. Andreas Zimber, Prof. Dr. Thomas Rigotti

Herausgeber der Reihe:
Prof. Dr. Rolf van Dick, Prof. Dr. Jörg Felfe,
Prof. Dr. Sandra Ohly, Prof. Dr. Jürgen Wegge

Andreas Zimber
Thomas Rigotti

Multitasking

Komplexe Anforderungen
im Arbeitsalltag verstehen,
bewerten und bewältigen

Prof. Dr. Andreas Zimber, geb. 1967. Studium der Psychologie in Heidelberg und Studium der Personalentwicklung in Kaiserslautern. 1994–2000 wissenschaftlicher Mitarbeiter am Zentralinstitut für Seelische Gesundheit in Mannheim und am Deutschen Zentrum für Altersforschung (DZFA) an der Universität Heidelberg. 1999 Promotion. 2000–2008 selbstständiger Personalpsychologe mit den Schwerpunkten Betriebliche Gesundheitsförderung und Führungskräfteentwicklung. Seit 2008 Professor für Wirtschaftspsychologie und seit 2012 Leitung des Masterstudiengangs Psychologie an der SRH Hochschule Heidelberg.

Prof. Dr. Thomas Rigotti, geb. 1974. Studium der Psychologie in Leipzig. 2002–2012 wissenschaftlicher Mitarbeiter an der Universität Leipzig. 2008 Promotion. 2012–2013 Vertretungsprofessuren für Organisationspsychologie an der Otto-Friedrich-Universität Bamberg und für Arbeits-, Organisations- und Wirtschaftspsychologie an der Johannes Gutenberg-Universität Mainz. Seit 2013 Professor für Arbeits-, Organisations- und Wirtschaftspsychologie an der Johannes Gutenberg-Universität Mainz.

Bibliografische Information der Deutschen Nationalbibliothek

Die Deutsche Nationalbibliothek verzeichnet diese Publikation in der Deutschen Nationalbibliografie; detaillierte bibliografische Daten sind im Internet über http://dnb.dnb.de abrufbar.

Das Werk einschließlich aller seiner Teile ist urheberrechtlich geschützt. Jede Verwertung außerhalb der engen Grenzen des Urheberrechtsgesetzes ist ohne Zustimmung des Verlags unzulässig und strafbar. Das gilt insbesondere für Vervielfältigungen, Übersetzungen, Mikroverfilmungen und die Einspeicherung und Verarbeitung in elektronischen Systemen.

Hogrefe Verlag GmbH & Co. KG
Merkelstraße 3
37085 Göttingen
Tel.: 0049 (0)551 99950-0
Fax: 0049 (0)551 99950-111
E-Mail: verlag@hogrefe.de
Internet: www.hogrefe.de

Umschlagabbildung: PeopleImages © Stock photo - iStock.com
Satz: ARThür Grafik-Design & Kunst, Weimar
Druck: Media-Print Informationstechnologie GmbH, Paderborn
Printed in Germany
Auf säurefreiem Papier gedruckt

1. Auflage 2015
© 2015 Hogrefe Verlag GmbH & Co. KG, Göttingen
(E-Book-ISBN_PDF 978-3-8409-2551-1; E-Book-ISBN_EPUB 978-3-8444-2551-2)
ISBN 978-3-8017-2551-8
http://doi.org/10.1026/02551-000

Inhaltsverzeichnis

1	**Einleitung**	7
1.1	Ziele und Aufbau dieses Buches	7
1.2	Der Wandel der Arbeitswelt und seine Ursachen	13
	1.2.1 Globale Entwicklungen (Makroebene)	13
	1.2.2 Entwicklungen in den Unternehmen (Mesoebene)	15
	1.2.3 Wirkungen auf die Beschäftigten (Mikroebene)	18
2	**Ansätze zur Erklärung von Multitasking**	21
2.1	Multitasking bei der Arbeit: Verbreitung und Abgrenzung von verwandten Phänomenen	21
	2.1.1 Verbreitung von Multitasking bei der Arbeit	21
	2.1.2 Alter Wein in neuen Schläuchen? Abgrenzung von etablierten Konstrukten	30
	2.1.3 Versuch einer Arbeitsdefinition	37
2.2	Theorien und Modelle	41
	2.2.1 Kognitions- und neuropsychologische Grundlagen	41
	2.2.2 Arbeitswissenschaftliche Theorien	51
3	**Auswirkungen von Multitasking**	57
3.1	Folgen von Multitasking bei der Arbeit	57
	3.1.1 Leistungsbezogene Folgen	57
	3.1.2 Multitasking und seine Folgen für Beanspruchung und Stress	64
	3.1.3 Was beeinflusst den Zusammenhang zwischen Multitasking und seinen Folgen?	70
3.2	Wo steht die angewandte Multitasking-Forschung?	78
	3.2.1 Vorschlag eines integrativen Modells	79
	3.2.2 Probleme der Multitasking-Forschung und weiterer Forschungsbedarf	80
4	**Praxisempfehlungen**	82
4.1	Praktisches Vorgehen im Unternehmen	82
4.2	Analyse von Multitasking-Komponenten	84
	4.2.1 Multitasking-Anforderungen	84
	4.2.2 Multitasking-Verhalten	87
	4.2.3 Multitasking-Präferenz (Polychronizität)	88
	4.2.4 Multitasking-Fähigkeit	89
4.3	Maßnahmenempfehlungen	91
	4.3.1 Bedingungsbezogene Maßnahmen	91
	4.3.2 Die Rolle der Führungskraft	94
	4.3.3 Verhaltensbezogene Maßnahmen	96

	4.4	Evaluation und Erfolgskontrolle	114
		4.4.1 Planung und Vorbereitung	115
		4.4.2 Evaluationsformen	117
		4.4.3 Evaluationsdesigns	119
		4.4.4 Evaluationskriterien	120
	4.5	Fazit und Ausblick	121

5 Literaturempfehlungen ... 125

6 Literatur ... 126

Anhang ... 143

Einstufung von Störungen und Unterbrechungen: Auszug aus dem Tätigkeitsbewertungssystem für geistige Arbeit ... 145

Erfassung von Multitasking-Anforderungen: Skala „Informationsverarbeitung" aus dem Work Design Questionnaire ... 146

Erfassung von Multitasking-Anforderungen: Skala zu Multitasking-Anforderungen ... 148

Erfassung von psychischer Beanspruchung: BMS-Screening ... 150

Erfassung der Multitasking-Präferenz (Polychronizität): Inventory of Polychronic Values (IPV) ... 152

Erfassung der Selbstorganisationskompetenz: Goal Orientation Scale ... 154

Fragebogen zur Erfassung der subjektiven Multitasking-Fähigkeit ... 156

Erholungsfragebogen ... 158

Sachregister ... 161

1 Einleitung

There is time enough for everything in the course of the day, if you do but one thing at once, but there is not time enough in the year, if you will do two things at a time.

Lord Chesterfield in einem Brief an seinen Sohn (1740er)

1.1 Ziele und Aufbau dieses Buches

Warum (noch) ein Buch über Multitasking?

Die Anforderungen in der Arbeitswelt haben sich in den letzten beiden Jahrzehnten gravierend verändert: Die Einführung moderner Kommunikations- und Informationstechnologien, anhaltende Reorganisationsprozesse mit neuen Arbeitsformen und -zeiten, flexiblen Netzwerkstrukturen und flachen Hierarchien fordern den Beschäftigten wachsende Anpassungsleistungen ab. Diese bilden sich u. a. in hohen Anforderungen an die Kooperation und Kommunikation (Cascio, 2003), einer schleichenden Entgrenzung der Arbeit z. B. infolge von Heimarbeit und ständiger Erreichbarkeit (Minssen, 2000), einer zunehmenden Eigenverantwortung bei der Selbststeuerung und -organisation (Bamberg, Busch & Ducki, 2003) oder einer wachsenden Arbeitsverdichtung und -intensität (Eurofound, 2010; Green, 2004) ab. Daher überrascht es kaum, dass die psychischen Belastungen bei der Arbeit auf einem sehr hohen Niveau verharren (z. B. Lohmann-Haislah, 2012) und mit der deutlichen Zunahme arbeitsbedingter psychischer Erkrankungen in Verbindung gebracht werden.

Wachsende zeitliche Anforderungen vermitteln bei den Beschäftigten den Eindruck, viele Dinge gleichzeitig verrichten zu müssen, was landläufig als „Multitasking" bezeichnet wird. Obwohl von Seiten der Neurowissenschaften infrage gestellt wird, dass wir uns tatsächlich mit mehreren Dingen gleichzeitig beschäftigen können (vgl. Pöppel, 2000), wird der Begriff „Multitasking" allenthalben verwendet, und zwar meist mit negativer Konnotation: Es wird nicht nur mit Überforderung, Zeitdruck und Stress in Zusammenhang gebracht, auch leichte Ablenkbarkeit, Aufmerksamkeitsstörungen und Konzentrationsunfähigkeit insbesondere in der jüngeren Generation, die Verdrängung von Pausen und selbstbestimmter Zeit werden als Folgen von Multitasking angesehen.

Wurde die Bedeutung von Multitasking in den Medien zum Teil maßlos überschätzt, so fand gleichzeitig in der Grundlagenforschung, vor allem in den Kognitions- und Neurowissenschaften, eine umfassende und seriöse Auseinandersetzung mit dem Phänomen statt (z. B. Klingberg, 2008; Salvucci, 2005; Salvucci & Taatgen, 2008). Etwas anders verhält es sich dagegen mit den Arbeitswissenschaften: Hier steckt die Forschung zu Multitasking noch in den Kinderschuhen (vgl. Baethge & Rigotti, 2010; König & Waller, 2010; Zimber, 2010). Diese Kluft zwischen der wachsenden

Der Wandel der Arbeitswelt bedingt mehr Multitasking-Anforderungen

Bedeutung des Phänomens im Arbeitsalltag und dem erst langsam zunehmenden Interesse der angewandten Forschung motivierte uns dazu, den Stand des Wissens und Praxisempfehlungen zum Umgang mit Multitasking bei der Arbeit zusammenzuführen.

Zielgruppen und Nutzen

Das Buch kann aus wissenschaftlicher und aus praktischer Perspektive gelesen werden

Ziele dieses Buches sind, Multitasking und ähnliche Arbeitsanforderungen besser zu verstehen, ihr Auftreten und damit verbundene Konsequenzen zu bewerten und Möglichkeiten zu ihrer Bewältigung kennenzulernen. Dieses Buch wendet sich an Fachleute, Praktiker[1], Führungskräfte sowie Wissenschaftler, die mit unterschiedlichen Interessen an das Thema herantreten können:

1. *Fachleute*, z. B. aus der Arbeitsergonomie, der Betriebsmedizin, dem Arbeits- und Gesundheitsschutz und der betrieblichen Gesundheitsförderung oder auch der Personalauswahl und -entwicklung, werden sich besonders für die Bewertung dieser Arbeitsanforderungen, ihre möglichen Wirkungen und geeignete Präventionsmaßnahmen interessieren.
2. *Praktiker*, z. B. Trainer, Berater, Personalentwickler, lesen dieses Buch, weil sie diesen Anforderungen im Alltag selbst ausgesetzt sind und für sich selbst Wege eines besseren Umgangs suchen. Für diese Zielgruppe sind nicht nur die neueren Erkenntnisse, sondern auch die zahlreichen Praxisempfehlungen von besonderem Interesse.
3. Bei *Führungskräften* kommt hinzu, dass sie Verantwortung und Fürsorgepflicht für Mitarbeiter tragen, die solchen Anforderungen unterschiedlich intensiv ausgesetzt sind. Da Führungskräfte über Möglichkeiten verfügen, die Arbeitsanforderungen durch entsprechende Arbeitsbedingungen mitzugestalten, sind sie auf der Suche nach wissenschaftlich fundierten und zugleich im Alltag praktikablen Handlungsansätzen. Diese können u. a. die Arbeitsgestaltung und -optimierung, die Auswahl von multitaskingfähigen Mitarbeitern, die Anpassung an Multitasking-Anforderungen durch Personalentwicklungsmaßnahmen oder auch die gesundheitliche Prävention betreffen.
4. *Wissenschaftler* aus unterschiedlichen psychologischen Teildisziplinen, z. B. der Arbeits-, Organisations- und Wirtschaftspsychologie oder auch der Gesundheitspsychologie, werden hier aktuelle Befunde zur Verbreitung und den möglichen Folgen moderner Arbeitsanforderungen finden.

Ein Beispiel aus der Praxis

Welche Rolle Multitasking bei der Arbeit spielt und wie es sich im Alltag konkret gestaltet, sei am Beispiel eines Vormittags der Führungskraft Franka L., Teamleiterin in einem mittelständischen Dienstleistungsunternehmen, exemplarisch verdeutlicht.

---

1 Aus Gründen der besseren Lesbarkeit wird hier die männliche Form verwendet. Frauen und Männer sind selbstverständlich gleichermaßen gemeint.

Nach einem Wochenende, das sie zumindest teilweise zum Abschalten und Erholen nutzen konnte, macht sich Franka L. bereits bei der Fahrt zur Arbeit Gedanken über die Tätigkeiten, die sie heute erwarten werden. An den Montagen steht immer besonders viel an, weil sie sich am Morgen ausführlicher als sonst mit ihrer Assistentin abstimmen muss und nachmittags die wöchentliche Teambesprechung ansteht, die Franka noch vorbereiten muss. In dieser Woche sind die Quartalsabrechnung bei der Geschäftsführung und die Planung für die kommenden drei Monate abzugeben. Deshalb ist Franka auch gar nicht so unglücklich über den zähflüssigen Verkehr auf dem Weg in die Innenstadt, denn so hat sie noch etwas Zeit, sich im Kopf einen Merkzettel zur Vorbereitung der Sitzung zu erstellen: die Geschäftszahlen des letzten Quartals in die Excel-Tabellen übertragen, die zu erwartenden Einnahmen und Ausgaben im kommenden Quartal kalkulieren, schließlich die Präsentation für die Teambesprechung erstellen. Darüber hinaus ist für heute auch ein Mitarbeitergespräch mit einem Mitarbeiter vorgesehen, dessen Leistungen in den letzten Monaten deutlich nachgelassen haben. Franka möchte dies im Gespräch nicht nur rückmelden, sondern auch mögliche Gründe „herauskitzeln", ihre Erwartungen verdeutlichen und mit dem Mitarbeiter möglichst verbindliche Vereinbarungen treffen. Franka, erst seit zwei Jahren in der Leitungsfunktion, hat mit solchen schwierigen Gesprächen noch nicht so viel Erfahrung. Daher entwirft sie in ihrem Kopf den Gesprächsablauf und eine Gesprächsstrategie, wie sie es im letzten Führungsseminar gelernt hat.

Etwa 20 Minuten später als sonst trudelt Franka endlich an der Arbeitsstelle ein. Ihre Assistentin wartet bereits auf sie, denn der Chef hat schon kurz nach 8 Uhr angerufen, um sie an die Quartalszahlen zu erinnern. Außerdem hat ein wichtiger Kunde dringend um Rückruf gebeten, um mit Franka nochmals bestimmte Vertragsbedingungen durchzugehen. „So ein Mist", sagt sich Franka, „das jetzt auch noch!" Die Assistentin erinnert sie auch daran, dass in der laufenden Woche eine neue Praktikantin erscheinen wird und vorher noch Aufgaben und Zuständigkeiten zur Einarbeitung geklärt werden sollen. Franka erstellt aus dem Gedächtnis eine Liste mit anfallenden Aktivitäten, überträgt ihrer Assistentin die Einarbeitung und bittet sie, wenn möglich bis zum Mittag eine detaillierte Planung auszuarbeiten, die sie beim Mittagessen mit ihr durchgehen wird. Von der Assistentin erfährt sie außerdem, dass sich der Mitarbeiter, mit dem sie heute das Gespräch führen wollte, krank gemeldet hat. Franka ist zum Teil erleichtert, weil sie jetzt wohl ihren Zeitplan besser einhalten kann. Andererseits hätte sie das Gespräch gerne hinter sich gebracht. Außerdem muss sie nun, was sie sich im Kopf zurechtgelegt hat, schriftlich festhalten, damit es nicht verloren geht.

Der Austausch mit der Assistentin dauert länger als erwartet. Es ist inzwischen 9 Uhr, und Franka ruft endlich ihren Chef zurück. Seine Chefsekretärin meldet, er sei gerade aus der Tür und erst ab 11 Uhr wieder an seinem Platz zu erwarten. Franka beschließt nun, ihre E-Mails zu checken und den Wochenkalender zu aktualisieren. Während sie ihren Rechner hochfährt, wählt Franka schon einmal bei dem Kunden, der auf seinen Rückruf wartet, durch. Erfreulicherweise geht dieser gleich ans Telefon, sodass nach einem 20-minütigen Gespräch die noch offenen Vertragsbedingungen geklärt werden können. Franka beauftragt danach ihre Assistentin mit der Ausfertigung und Zusendung des Vertrags. Anschließend geht sie die Liste ihrer E-Mails durch. Diese fällt kürzer aus als erwartet, doch sind unter den Mails drei Kundenanfragen und zwei Mitarbeiteranliegen, auf die Franka heute noch reagieren sollte. Während sie ihre Antwort-Mails formuliert, wird sie dreimal durch Telefonate unterbrochen, eines davon zieht sich fast 20 Minuten hin. Inzwischen ist es 11 Uhr und Franka erinnert sich an den noch anstehenden Rückruf beim Chef, der nun am Telefon etwas verärgert klingt.

„Lassen Sie uns das am besten beim Mittagessen klären!", sagt er kurz angebunden zu Franka, die das geplante Gespräch mit der Assistentin nun auf den kommenden Tag verlegen muss.

Franka fällt wieder die dringend anstehende Quartalsabrechnung, die Planung für das kommende Quartal und die Präsentation heute Nachmittag ein. Sie beschließt, die noch offenen Mails erst nach der Teambesprechung ab ca. 16.30 Uhr zu bearbeiten. Dass sie ihrem Partner versprochen hatte, heute mal etwas früher zum Abendessen zu Hause zu sein, kann sie, wie es momentan aussieht, „erst mal abhaken". Sie macht sich frisch ans Werk, weil ihr sonst die Zeit davonlaufen würde und beschließt, das Telefon komplett auf die Assistentin umzustellen, um die Arbeit ungestört verrichten zu können. Denn bald ist Mittag, der Chef wird sie zum Essen abholen. Und, ach ja, sie wollte sich ja noch einen Merkzettel für das vertagte Mitarbeitergespräch anlegen. Ihr wird klar, dass ihr Zeitplan für den Rest des Tages schon jetzt ziemlich eng aussieht …

Fasst man den Vormittag von Franka L. zusammen, so werden mehrere Charakteristika moderner Arbeit deutlich:

- Begonnene Tätigkeiten werden häufig durch äußere Einflüsse oder andere Aufgaben *unterbrochen*, nach der Unterbrechung fortgesetzt oder auf einen späteren Zeitpunkt verschoben. Man spricht in diesem Zusammenhang von „fragmentierter" Arbeit, die durch viele, häufig nicht abgeschlossene Paralleltätigkeiten gekennzeichnet ist.
- Während eines Arbeitstages kommen immer neue, *unvorhersehbare Aufgaben* hinzu, die in den Arbeitsprozess eingeplant werden müssen. Da sich dadurch auch die Prämissen für die bisherigen Aufgaben ändern können, müssen diese evtl. abgebrochen, neu bewertet oder aufgeschoben werden.
- Ein zunehmender Teil der Arbeit läuft mental ab: Planungen und Vorbereitungen, Reflektionen, das Verarbeiten von Arbeitsereignissen ist *Kopfarbeit*, die von den Beschäftigten oft als anstrengend und beanspruchend erlebt wird. Aus methodischer Sicht ist ein großer Teil der Kopfarbeit der Beobachtung von außen nicht zugänglich. Daher lassen sich solche Tätigkeiten schwerer erfassen, bewerten und modifizieren als andere Arbeitsformen.
- Da sich die Tätigkeiten und ihr Ablauf infolge neuer Ereignisse oder Informationen ständig verändern, sind *Selbststeuerungsaktivitäten* u. a. zur Arbeitsplanung, erforderlich. Diese sind für den Erfolg der Arbeit fast ebenso wichtig wie die Tätigkeiten selbst.

Wie im Tätigkeitsverlaufsdiagramm (vgl. Abb. 1) deutlich wird, findet „echtes" Multitasking im Sinne von gleichzeitiger Verrichtung mehrerer Tätigkeiten eher selten statt, und zwar als Franka L. zur Arbeit fährt und gleichzeitig die Quartalsabrechnung und das Mitarbeitergespräch vorausplant und noch einmal später, als sie ihren PC hochfährt und gleichzeitig bei dem Kunden anruft. Paralleltätigkeiten im engeren Sinn sind also typisch für stark automatisierte Routinetätigkeiten, bei deren Verrichtung man nicht oder wenig nachdenken muss und daher noch „Platz" für weitere Tätigkeiten hat. Wie im Diagramm ebenfalls deutlich wird, hat Franka L. dennoch mehrere Aufgabenkomplexe (Quartalsabrechnung, Mitarbeitergespräch etc.) am gleichen Tag zu verrichten. Diese Aufgabenkomplexe, z. B. die Vorberei-

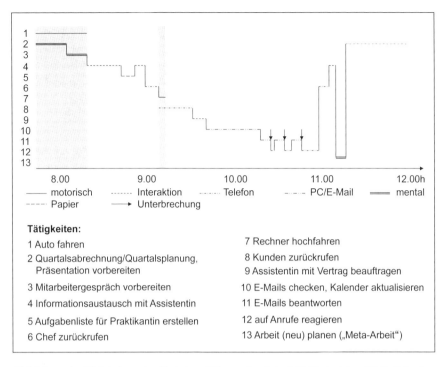

Abbildung 1: Tätigkeitsverlauf bei einer Führungskraft (vgl. Fallbeispiel auf S. 9; Zeitachse horizontal, 1 bis 13: Aufgabenkomplexe vertikal; grau = Vorhandensein von Paralleltätigkeiten)

tung der Quartalsabrechnung oder das Bearbeiten der E-Mails, werden aufgrund von Unterbrechungen oder Neuplanungen zum Teil mehrfach abgebrochen und zu einem späteren Zeitpunkt wieder aufgenommen. Würde man Franka L. nach Feierabend fragen, was sie an diesem Arbeitstag als besonders belastend erlebt hat, würde sie vielleicht benennen, dass sie ihre Aufgaben nicht an einem Stück erledigen konnte, sondern immer wieder durch andere Aufgaben herausgerissen wurde, sich dabei neu orientieren musste, gleichzeitig nicht vergessen durfte, wo sie bei der alten Aufgabe stehengeblieben war, um später wieder zurückzufinden usw.

Das Beispiel dürfte deutlich gemacht haben, dass Arbeiten sehr komplex geworden ist und Erwerbstätige hohen mentalen Anforderungen ausgesetzt sind. Multitasking stellt hierbei nur eine, jedoch typische moderne Arbeitsanforderung dar.

Gliederung und Hinweise zur Nutzung des Buches

Die Gliederung dieses Buches orientiert sich an seinen drei Zielsetzungen, Multitasking-Anforderungen besser zu verstehen, sie und ihre potenziellen Folgen bewerten zu können und Möglichkeiten zu ihrer Bewältigung kennenzulernen.

Drei Ziele dieses Buches: Multitasking-Anforderungen verstehen, bewerten und bewältigen

Nach dieser thematischen Einführung werden die gewandelten Anforderungen in der Arbeitswelt benannt und in ihrem wirtschaftlichen und technologischen Hintergrund verortet. Hierzu werden die ökonomischen Entwicklungen (Makroebene) mit ihren Einflüssen auf Wirtschaftsunternehmen (Mesoebene) und Beschäftigte (Mikroebene) zusammengefasst. Wir hoffen, dass sich dadurch nicht nur die allgemeine Entwicklung der Arbeitsanforderungen und -belastungen, sondern auch das Erfordernis, mehrere Dinge gleichzeitig zu erledigen (Multitasking), besser einordnen und verstehen lässt.

Kapitel 2 stellt empirische Ergebnisse zur Verbreitung von Multitasking bei der Arbeit vor. Darüber hinaus grenzen wir dieses Phänomen von verwandten Konstrukten wie z. B. Arbeitsintensität, Aufgabenkomplexität und Arbeitsunterbrechungen ab und beschreiben Multitasking anhand von vier unterschiedlichen Komponenten (Anforderung, Fähigkeit, Präferenz und Verhalten). Es folgt eine Arbeitsdefinition von Multitasking und eine Einordnung dieses Phänomens in den theoretischen Kontext der Grundlagen- und der Arbeitsforschung. Ein besseres Verständnis der beteiligten kognitiven Prozesse, namentlich des Arbeitsgedächtnisses und der Aufmerksamkeit, ist notwendig, um zu verstehen, wie Menschen mit Multitasking-Anforderungen umgehen und worin die „natürlichen" Grenzen parallelen Arbeitens bestehen. Des Weiteren ordnen wir Multitasking-Anforderungen in einschlägige arbeitswissenschaftliche Modelle ein.

Kapitel 3 geht auf die möglichen Folgen von Multitasking, insbesondere auf Leistungsveränderungen und Beanspruchungsreaktionen, ein. Um die Konsequenzen für die Arbeitsleistung abschätzen zu können, werden neben einer Vielzahl vorhandener Laborexperimente auch Befunde von Feldstudien vorgestellt. Diese zeigen differenzierte Wirkungen auf unterschiedliche Leistungskomponenten. Bei den bisher untersuchten Auswirkungen auf Beanspruchung und Stress handelt es sich vor allem um kurzfristige Reaktionen, die ebenfalls ein differenziertes Muster aufzeigen. Welche Folgen Multitasking-Anforderungen haben, scheint auch von einer Vielzahl von Bedingungen abhängig zu sein. Daher werden im gleichen Kapitel Befunde zu gesamtgesellschaftlichen, betrieblichen und individuellen Einflussfaktoren auf die Folgen von Multitasking vorgestellt. Der aktuelle Forschungsstand zu Multitasking-Verhalten wird im Rahmen eines integrativen Modells zusammengefasst. Am Ende des Kapitels gehen wir auf Probleme der angewandten Multitasking-Forschung und den weiteren Forschungsbedarf ein.

Kapitel 4 adressiert vor allem Personen, die sich praktisch mit Multitasking beschäftigen, insbesondere Beschäftigte mit Führungsverantwortung. Vorgestellt werden Instrumente und Vorgehensweisen zur Bewertung sowie Ansätze zur Gestaltung und Optimierung von Arbeitsplätzen mit Multitasking-Anforderungen. Neben bedingungsbezogenen Ansätzen werden auch verhaltensbezogene Maßnahmen vorgeschlagen, die Beschäftigte dabei unterstützen sollen, gleichzeitig zu erledigende Aufgaben besser zu organisieren und psychisch zu bewältigen. Vorgestellt werden ebenso Methoden zur wissenschaftlichen Bewertung (Evaluation) betrieblicher Maßnahmen, die auch bei der Gestaltung von Multitasking-Anforderungen angewandt werden könnten. Das Kapitel schließt mit einem Ausblick auf künftige Fragestellungen für die Forschung und Praxis.

In Kapitel 5 finden sich Lesetipps und im Anhang findet sich eine Reihe von Instrumenten, die zur Selbstbewertung rund um das Thema Multitasking eingesetzt werden können.

Alle Kapitel sind so konzipiert, dass sie auch unabhängig voneinander gelesen werden können. Dies gilt auch für das umfangreiche Praxiskapitel (Kap. 4), dessen Empfehlungen auch ohne eingehende Auseinandersetzung mit den wissenschaftlichen Grundlagen verstanden und umgesetzt werden können.

Die Buchkapitel können unabhängig voneinander gelesen werden

1.2 Der Wandel der Arbeitswelt und seine Ursachen

Um den Hintergrund der gewandelten Arbeitsanforderungen besser verstehen zu können, bedarf es eines kurzen Exkurses in die (ökonomischen) Entwicklungen, die sich in den letzten beiden Jahrzehnten vollzogen haben. Seitdem hat sich die Arbeitswelt gravierend verändert: Globale Ausdehnung der Märkte, zunehmender Wettbewerbs- und Kostendruck, immer kürzere Produktzyklen, Produktivitätssteigerungen durch Rationalisierung, eine stark zunehmende Verbreitung moderner Medien, ein Wandel der Beschäftigungsstruktur und damit verbundene gesellschaftliche und soziale Veränderungen sind nur einige der überbetrieblichen Einflussfaktoren (vgl. Friedman, 2005). Begleitend, wenn auch nicht ursächlich, kommen in Deutschland demografische und kulturelle Veränderungen hinzu (Grünheid & Fiedler, 2013). Wir werden diese Entwicklungen hier nur grob zusammenfassen.

Der Wandel der Arbeitswelt geht auch mit einer Veränderung der Anforderungen einher

Das folgende Unterkapitel macht deutlich, dass die veränderten Arbeitsanforderungen in einem Kontext stehen, der die Kontrolle der Unternehmen und der Beschäftigten begrenzt. Andererseits soll die Verantwortung dafür, wie sie auf diese globalen Veränderungen reagieren, nicht relativiert werden. Die persönlichen und betrieblichen Einflussmöglichkeiten existieren natürlich trotzdem fort und sollen, wie im Praxisteil (Kap. 4) verdeutlicht wird, auch aktiv genutzt werden.

1.2.1 Globale Entwicklungen (Makroebene)

Die *Globalisierung* hat in den beiden letzten Jahrzehnten zu einer zunehmend internationalen Verflechtung der nationalen Volkswirtschaften und zu einer Liberalisierung der Wirtschaftsbeziehungen beigetragen. Hinzu kam der Zusammenbruch der ehemaligen Sowjetunion und ihrer Satellitenstaaten, die sich wie China dem freien Welthandel öffneten. Für die Wirtschaft in Europa hatten die Erweiterung der Europäischen Union, die Einführung des Euros und die Abgabe von Regulationskompetenzen der nationalen Parlamente an die Zentrale in Brüssel weitreichende Folgen, insbesondere für den Warenaustausch und den Finanzverkehr.

Im Zuge der Globalisierung sind auch Einzelunternehmen und Arbeitsplätze einem zunehmenden internationalen Wettbewerb ausgesetzt. Produziert wird in der Regel dort, wo die Produktions- und Personalkosten niedriger liegen als bei den Mitbewerbern. Dies ist mit einer weltweiten Verlagerung und Neuverteilung von Arbeitsplätzen verbunden. Für die reichen Industrieländer ist die Entwicklung von der Industrie- hin zu einer *Dienstleistungs- und Informationsgesellschaft* die Folge: Bereits seit den 90er Jahren hat sich die Zusammensetzung der Beschäftigung nach Wirtschaftssektoren drastisch verändert: Während 1995 noch ein knappes Drittel der Erwerbstätigen im sekundären Sektor tätig war, belief sich dieser Anteil im Jahr 2013 nur noch auf ein knappes Viertel (Statistisches Bundesamt, 2013). Gleichzeitig stieg der Anteil der Personen im tertiären Dienstleistungssektor von etwa zwei Dritteln auf fast drei Viertel an (Statistisches Bundesamt, 2013).

Dienstleistungs- und Informationsgesellschaft

Produktivitätszuwächse in den westlichen Industriestaaten resultieren heute vor allem aus dem Einsatz von *Wissen*; nur dessen Neuartigkeit und Hochwertigkeit erlauben es, sich von der Konkurrenz abzuheben und die Produkt- und Innovationszyklen zu verkürzen (vgl. Knauth & Wollert, 1999). Für die Erwerbstätigen kann die Beschäftigungsfähigkeit *(employability)* nur durch eine ständige Weiterqualifizierung und -entwicklung über das ganze Berufsleben (lebenslanges Lernen) erhalten bleiben. Die zunehmende Verbreitung von Wissensarbeit und interaktiven Dienstleistungen hat auch Auswirkungen auf die Prävalenz von psychischen, insbesondere auch psychosozialen Arbeitsbelastungen (vgl. Hacker, 2009; Hüttges & Moldaschl, 2009).

Schneller Verfall von Wissen

Eine weitere Begleiterscheinung des wirtschaftlichen Wandels besteht in der Zunahme von neuen und alternativen *Beschäftigungsformen*: Teilzeitarbeit, Gelegenheitsarbeit, Telearbeit oder Arbeit auf Abruf haben in den letzten beiden Jahrzehnten deutlich zugenommen (Keller, Schulz & Seifert, 2012). Atypische Beschäftigungsverhältnisse sind von Unsicherheit geprägt, da sie häufig nur ein geringes Einkommen, eine geringe soziale Absicherung, befristete Vertragsverhältnisse, unzureichende Arbeitssicherheitsbestimmungen und Kontrollmöglichkeiten mit sich bringen (vgl. Knauth & Wollert, 1999; Rigotti & Galais, 2011). Telearbeit, Home- und Mobiloffices verringern zudem die Bindung an feste Orte im Betrieb und können langfristig zu Lasten der erlebten Identifikation mit dem Arbeitsinhalt gehen (vgl. „entfremdete Arbeit" bei Sennett, 2006).

Auflösung des Normalarbeitsverhältnisses

Ein weiterer Megatrend ist die zunehmende Verbreitung von *Informations- und Kommunikationstechnologien* (IuK). Der Computer als Leittechnik hat nicht nur zur Digitalisierung fast aller Formen von Wissen geführt und die Verfügbarkeit von Informationen z. B. über elektronische Datenbanken und das World Wide Web verändert. Moderne Medien wie Laptops und Smartphones ermöglichen es uns, Informationen jederzeit und überall abzurufen und auszutauschen. Auch für die Arbeitswelt hat diese Entwicklung weitreichende Konsequenzen: EDV-gestützte Arbeitstätigkeiten haben in den letzten beiden Jahrzehnten quantitativ und qualitativ erheblich an Bedeutung gewonnen; IT-Unternehmen und Callcenter gehören weiterhin zu den Wachstumsbranchen. Zum anderen wird durch die modernen Medien ein 24-Stunden-Business rund um den Globus ermöglicht, bei dem die Beschäftigten an unterschiedlichen Orten zu unterschiedlichen Zeiten ihre Arbeit miteinander koordinieren. Die Möglichkeiten der räumlichen und zeitlichen Unabhängigkeit bei der

Ständige Erreichbarkeit durch moderne Kommunikationsmedien

Aufgabenbewältigung sind dadurch wesentlich größer geworden (vgl. Cascio, 2003). Gleichzeitig hat sich die Menge der verfügbaren Informationen exponentiell vervielfacht und die damit verbundene mentale Beanspruchung der Beschäftigten zugenommen (Blümelhuber, 2005). Metaphern wie „Wissensexplosion", „Informationsüberflutung" oder „information overload" (vgl. z. B. Eppler & Mengis, 2002) unterstreichen diese Entwicklung.

Entgrenzung zwischen Arbeit und Freizeit

Wenn uns die Technologie erlaubt, mehrere Tätigkeiten parallel zu erledigen, dann setzt dies auch die Individuen unter den Zugzwang notwendiger Anpassung. So lösen die technischen Entwicklungen bei den Individuen u. a. einen sozialen Druck zur ständigen Erreichbarkeit und damit eine „*soziale Beschleunigung*" (Rosa, 2005) im Arbeitsleben wie in der Freizeit aus.

1.2.2 Entwicklungen in den Unternehmen (Mesoebene)

Die zunehmende Flexibilität, die Unternehmen aufbringen müssen, um international wettbewerbsfähig zu bleiben, hat zu einer erheblichen Dynamisierung der Wirtschaft beigetragen. Diese äußert sich in Veränderungen der wirtschaftlichen Gesamtstruktur wie auch in organisationsinternen Unternehmensstrukturen. Beispiele für einen Wandel der Wirtschaftsstruktur sind vermehrte Unternehmenszusammenschlüsse *(mergers and acquisitions)*, Privatisierungen, Veränderungen der Geschäftsformen, Unternehmensverkleinerungen *(downsizing)* und Auslagerungen *(outsourcing)* von Unternehmensteilen (vgl. hierzu Burke & Cooper, 2000). Häufige Folgen dieser Entwicklungen für die Erwerbstätigen sind Entlassungen und eine zunehmende Arbeitsverdichtung für die verbliebenen Beschäftigten (Cascio, 2003; Green, 2004; vgl. hierzu auch Abb. 2).

Zur Erhaltung ihrer internationalen Wettbewerbsfähigkeit müssen Unternehmen oftmals auch ihre internen Organisationsformen anpassen: *Reorganisationsprozesse* in der betrieblichen Aufbau- und Ablauforganisation oder die Einführung neuer Management-Formen wie „Just-in-time"-Produktion oder Lean Management sind in der freien Wirtschaft an der Tagesordnung. Nach dem European Restructuring Monitor (ERM), der quartalsmäßig Informationen zum Umstrukturierungsgeschehen in Europa erhebt, haben sich Reorganisationen in den vergangenen Jahren sehr stark entwickelt (Eurofound, 2013). Unternehmen versuchen damit nicht nur auf globale Entwicklungen zu reagieren, sondern diese vorwegzunehmen, um Strategien zur Anpassung an den Markt zu ermöglichen. Teilweise können sich aus solchen Aktionen neue krisenhafte Situationen ergeben, welche die Existenz der Organisation gefährden und wiederum drastische Anpassungsmaßnahmen erfordern. Unternehmen reagieren auf Krisen rascher als früher mit Restrukturierungsmaßnahmen; diese sind häufig mit Kosteneinsparungen und Personalabbau z. B. in Form von Entlassungen, Frühverrentungen oder Nichtverlängerung von befristeten Arbeitsverträgen verbunden (Rigotti, Otto & Köper, 2014; vgl. auch Otto, Rigotti & Mohr, 2013). Inhaltlich zielen Restrukturierungen in erster Linie auf die Neuorganisation technischer und organisatorischer Prozesse: In der Repräsentativbefragung der Bundesanstalt für Arbeitsschutz und Arbeitsmedizin (BAuA) nannten die Befragten besonders häufig die Einführung neuer Programme und neuer Technik, aber

Restrukturierungen sind häufig mit Personalabbau verbunden

auch die Zunahme fachlicher Anforderungen als Veränderungen, die ihr Arbeitsumfeld betrafen (Köper, 2012). Allerdings hat die Frequenz dieser Maßnahmen, vor allem der damit verbundene Stellenabbau, im Vergleich zu den sehr turbulenten „Nuller Jahren" in den letzten Jahren etwas nachgelassen.

Für die Beschäftigten sind Restrukturierungsmaßnahmen häufig mit einer stärkeren psychischen Belastung (vgl. Köper, 2012) und einer höheren Arbeitsintensität (Green, 2004) verbunden. Green (2004) berechnete zeitliche Veränderungen auf der Grundlage umfangreicher Beschäftigtenumfragen in Großbritannien. Er fand im privaten Sektor und noch ausgeprägter im öffentlichen Dienst einen deutlichen Anstieg der Arbeitsintensität (vgl. Abb. 2). Nach seinen statistischen Auswertungen ließ sich diese Entwicklung auf technische und organisatorische Veränderungen, aber auch auf die gewandelte Politik und veränderte Beschäftigungsstrukturen in den Unternehmen zurückführen.

Organisationale Veränderungen gehen auch mit einer höheren psychischen Beanspruchung einher (Wanberg & Banas, 2000). In einer Erwerbstätigenbefragung des Bundesinstituts für berufliche Bildung (BiBB) und der Bundesanstalt für Arbeitsschutz und Arbeitsmedizin (BAuA) von 2006 berichteten 61 % der Befrag-

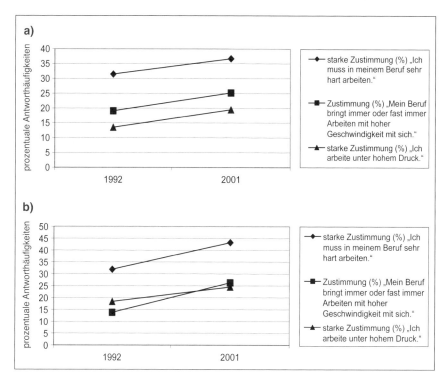

Abbildung 2: Zustimmung von Erwerbstätigen in Großbritannien (a) im privaten Sektor und (b) im öffentlichen Dienst zu Fragen zur Arbeitsintensität im zeitlichen Verlauf (Green, 2004; Übersetzung durch die Autoren)

ten mit Restrukturierungserfahrungen und 60 % der Befragten, die Entlassungen und Downsizing erlebt hatten, von einer Zunahme des Stresserlebens und der Arbeitsbelastung (vgl. Kuhn, 2009). Rigotti und Otto (2012) konnten anhand der BiBB/BAuA-Daten aufzeigen, dass sich bei extremen Restrukturierungserfahrungen die Wahrscheinlichkeit für Muskel-Skelett-Beschwerden sowie psychische Beeinträchtigungen bis um nahezu das Fünffache erhöhte, im Vergleich zu Beschäftigten, die keine betrieblichen Veränderungen in den letzten beiden Jahren erlebten. In einem Review von über 41 Studien berichten Quinlan, Mayhew und Bohle (2001) von negativen Zusammenhängen zwischen Downsizing und anderen Formen von Restrukturierung mit Gesundheitsvariablen in 36 der 41 in die Analyse einbezogenen Studien.

<aside>Restrukturierungen zeigen einen deutlichen negativen Zusammenhang zu (psychischer) Gesundheit</aside>

Unabhängig von der Art der Restrukturierung zeigten verschiedene Studien, dass sich die Arbeitsbelastung in der Einschätzung der Betroffenen erhöht hat, die erlebte Rollenambiguität zunimmt und auch ein konsistenter Zusammenhang zwischen Veränderungen und Unsicherheitserleben besteht (Klandermans & van Vuuren, 1999; Kivimäki et al., 2001; Mohr, 2000; Kalyal, Berntson, Baraldi, Näswall & Sverke, 2010; Mok, Wong & Lee, 2002). Restrukturierungen scheinen demnach die Arbeitsintensität zu erhöhen.

Eine weitere flächendeckende Entwicklung in den Unternehmen betrifft die Einführung neuer *Arbeitsformen und -zeiten*: Das Entgelt wird immer häufiger nicht mehr für die vertraglich geregelte Nutzung einer bestimmten Arbeitszeit, sondern für die Bereitstellung definierter Arbeitsergebnisse ausgezahlt. Projektarbeit als moderne Arbeitsform ist dadurch gekennzeichnet, dass eine Leistung einmalig erbracht wird und bei ihrer Planung nicht auf Erfahrungswerte zurückgegriffen werden kann. Die erforderliche Menge an Arbeitszeit ist somit nicht oder nur schwer kalkulierbar. Unter dem Termindruck, der z. B. bei knappen Fristen entstehen kann, werden die Kosten von Mehrarbeit und Überstunden auf die Arbeitskraft abgewälzt. Darüber hinaus tragen flexible Arbeitszeitmodelle wie Gleitzeit und Vertrauensarbeitszeit zu einer zunehmenden zeitlichen und örtlichen Entgrenzung der Arbeit bei (Wagner, 2001). Eine Individualisierung der Arbeitszeitorganisation wird zwar auch von den Arbeitnehmern gewünscht, doch wird die höhere Arbeitszeitsouveränität häufig erkauft mit einer starken Abhängigkeit von betrieblichen Erfordernissen, einer geringen Planbarkeit von Freizeit und hohen Belastungen durch lange Arbeitszeiten.

Weitere tiefgreifende Veränderungen sind in der *Aufbauorganisation* der Unternehmen zu beobachten: Aus steilen, auf langfristige Stabilität hin ausgerichteten Hierarchien, die von oben nach unten gesteuert werden, entwickeln sich zunehmend flexible Netzwerkstrukturen mit flachen Hierarchien, in denen Team- und Gruppenarbeit sowie selbstorganisierende Prozesse eine große Rolle spielen (Cascio, 2003). Die Verantwortung wird durch Cost- und Profitcenter dezentralisiert, die Steuerung durch Vorgesetzte durch Zielvereinbarungen und die informelle Steuerung durch Kollegen in Arbeitsgruppen und Projekten ersetzt (Blair & Kochan, 2000; Kauffeld, 2011). Durch die zunehmende Vernetzung der Arbeitstätigkeit und die notwendige Abstimmung, z. B. mit Kooperationspartnern und Kundengruppen

<aside>Zunahme an zeitlicher und örtlicher Entgrenzung der Arbeit, Kooperations- und Kommunikationsanforderungen</aside>

mit zum Teil recht unterschiedlichen Interessen und Erwartungen, wachsen zugleich die Kooperations- und Kommunikationsanforderungen an die Beschäftigten (Hacker, 2009).

1.2.3 Wirkungen auf die Beschäftigten (Mikroebene)

Wie bereits in den letzten Abschnitten angedeutet, haben die skizzierten Entwicklungen weitreichende Wirkungen auf die Arbeits- und Lebenssituation der Beschäftigten. Repräsentative Umfragen in der Erwerbsbevölkerung (z. B. Cox, Griffiths & Rial-González, 2000; Eurofound, 2010, 2011) belegen bereits seit den 90er Jahren eine Zunahme der Arbeitsintensität und -dichte.

Erkenntnisse über die Entwicklung der Arbeitsanforderungen in Deutschland liegen aus der regelmäßig durchgeführten Erwerbstätigenbefragung der Bundesanstalt für Arbeitsschutz und Arbeitsmedizin (BiBB & BAuA, 2006) vor. Auf einer vierstufigen Skala von „nie" bis „häufig" war die Häufigkeit von insgesamt 14 Anforderungen aus dem Arbeitsinhalt und der Arbeitsorganisation anzugeben. Aus einem von den Autoren festgelegten Cut-off-Wert wurde gefolgert, wie viele Beschäftigte von diesen Anforderungen betroffen sind. In Abbildung 3 sind die quantitativen, d. h. auf die Arbeitsintensität und -menge bezogenen Arbeitsanforderungen wiedergegeben. Danach wurden Anforderungen, verschiedene Arbeiten gleichzeitig zu betreuen („Multitasking"), starker Termin- und Leistungsdruck, Störungen und Unterbrechungen und sehr schnell arbeiten zu müssen, besonders häufig berichtet. Beschäftigte in Erziehung und Unterricht, Gesundheits- und Sozialwesen sowie freiberuflichen, technischen und wissenschaftlichen Dienstleistungen waren im

Häufigste Belastungen: Aufgaben gleichzeitig betreuen, Zeit- und Leistungsdruck, Unterbrechungen

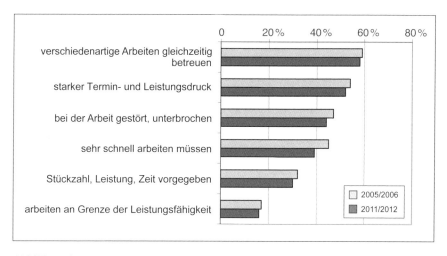

Abbildung 3: Verbreitung quantitativer Arbeitsanforderungen (eigene Darstellung nach Lohmann-Haislah, 2012, S. 39; Selbsteinschätzungen von $N = 17.562$ bis 17.767 abhängig Beschäftigten)

Branchenvergleich besonders häufig von diesen Anforderungen betroffen. Nach den Ergebnissen des jüngsten „Stressreports" (Lohmann-Haislah, 2012) ist die Arbeitsintensität zwischen den Jahren 2005/2006 und 2011/2012 auf einem ähnlich hohen Niveau verharrt, jedoch nicht noch weiter angestiegen (vgl. Abb. 3).

Zusammenfassend lassen sich aus der empirischen Literatur folgende Wirkungen auf die Beschäftigten beschreiben (vgl. auch Abb. 4):

1. Gestiegene *Anforderungen* in Bezug auf die
   - ständige Weiterqualifizierung und -entwicklung über die gesamte Berufsspanne (lebenslanges Lernen) aufgrund kontinuierlicher Veränderungen der Tätigkeitsinhalte;
   - Anpassung an technische Entwicklungen, insbesondere im Bereich der Informations- und Kommunikationstechnologien (IuK);
   - Selbststeuerung und Selbstregulation infolge zunehmend individualisierter Arbeitszeiten und Organisationsformen;
   - Kooperation und Kommunikation u. a. durch vermehrte Projekt- und Teamarbeit sowie durch häufigen Kundenkontakt.

2. Gestiegene *Belastungen* in Bezug auf die
   - Arbeitsplatz- und Zukunftsunsicherheit sowie unzureichenden Arbeitssicherheitsbedingungen und Kontrollmöglichkeiten, insbesondere bei atypischen Beschäftigungsverhältnissen;

Erhöhte Anforderungen an Beschäftigte

Abbildung 4: Entwicklungen in der Arbeitswelt und ihre Wirkungen auf die Beschäftigten (heuristisches Modell; eigene Darstellung)

Zunahme an psychischen Belastungen

- Informationsüberlastung vor allem in informationsintensiven Berufen;
- psychosozialen und emotionalen Belastungen, insbesondere in Berufen mit häufigem Personenkontakt;
- Entgrenzung der Arbeit durch flexibilisierte Arbeitszeitmodelle und ständige Erreichbarkeit sowie Auswirkungen auf Konflikte zwischen Arbeit und Privatleben (Pangert & Schüpbach, 2013);
- zunehmende Arbeitsverdichtung und Arbeitsintensität, insbesondere als Folge von Rationalisierung oder betrieblicher Reorganisation.

Zur Abgrenzung von Intensivierung und Extensivierung

Bei den genannten Entwicklungen für die Beschäftigten unterscheiden einzelne Autoren zwischen Extensivierung (Ausdehnung der Arbeitszeit) und Intensivierung (Leistungsverdichtung) als zentrale Entwicklungstrends (Neuberger, 1997). Das vorliegende Buch beschäftigt sich vorrangig mit der *Intensivierung* der Arbeit, ihren Erscheinungsformen, ihren möglichen psychischen Folgen sowie Möglichkeiten ihrer besseren Bewältigung. Zu einer vertieften Auseinandersetzung mit der Extensivierung der Arbeit sei hier nur auf weitere Quellen (z. B. Cascio, 2003; Collatz & Gudat, 2011; Knauth & Wollert, 1999; Minssen, 2000) verwiesen.

2 Ansätze zur Erklärung von Multitasking

2.1 Multitasking bei der Arbeit: Verbreitung und Abgrenzung von verwandten Phänomenen

Wie in den vorangegangenen Abschnitten herausgearbeitet wurde, steht im Mittelpunkt dieses Buches die Intensivierung und Verdichtung der Arbeit als eine Folge der oben beschriebenen Veränderungen in der Arbeitswelt. Für die Beschäftigten treten diese u. a. darin zutage, dass sie verschiedene Aufgaben gleichzeitig zu betreuen haben. Nach Einschätzung der Erwerbstätigen stellt dieses landläufig als „Multitasking" bezeichnete Phänomen die am stärksten verbreitete Anforderung der modernen Arbeitswelt dar (vgl. Stressreport der Bundesanstalt für Arbeitsschutz und Arbeitsmedizin; Lohmann-Haislah, 2012).

Im folgenden Unterkapitel wird Multitasking bei der Arbeit phänomenologisch eingegrenzt. Auf der Grundlage aktueller Repräsentativ- und Feldstudien wird zunächst beschrieben, wie häufig und bei welchen Tätigkeiten Arbeitnehmer Multitasking-Anforderungen ausgesetzt sind (2.1.1). In Abschnitt 2.1.2 grenzen wir Multitasking von verwandten Konstrukten ab. Das Unterkapitel schließt mit der Beschreibung unterschiedlicher Komponenten und einer Arbeitsdefinition von Multitasking (2.1.3), die als Grundlage für die folgenden Kapitel herangezogen werden kann.

2.1.1 Verbreitung von Multitasking bei der Arbeit

Multitasking kann vorläufig als Verhalten definiert werden, mit dem versucht wird, mehrere Aufgaben in einem begrenzten Zeitraum parallel zu bewältigen. *Wann* und *wie häufig* kommt es im Arbeitsalltag vor, dass mehrere Aufgaben parallel bearbeitet werden? Angaben zur Verbreitung von Multitasking bei der Arbeit stammen aus unterschiedlichen Quellen: Repräsentativbefragungen, Mitarbeiterbefragungen und Tätigkeitsbeobachtungen in Unternehmen.

Eine erste Definition von Multitasking

2.1.1.1 Ergebnisse aus Repräsentativbefragungen

Eine Repräsentativbefragung Erwerbstätiger, die regelmäßig Auskunft über die Verbreitung bestimmter Arbeitsanforderungen und -belastungen sowie deren Veränderung über die Zeit gibt, ist die zuletzt in ihrer sechsten Welle als „Stressreport" (Lohmann-Haislah, 2012) veröffentliche Umfrage des Bundesinstituts für Berufsbildung (BiBB) und der Bundesanstalt für Arbeitsschutz und Arbeitsmedizin (BAuA). Im Fokus der Befragung stehen Tätigkeitsschwerpunkte, Arbeitsanforderungen, Arbeitsbedingungen, Arbeitsbelastungen, Beanspruchungen und gesundheitliche Beschwerden. 2011/2012 nahmen über 20 000 Erwerbstätige ab 15 Jahren mit einer bezahlten Tätigkeit von mindestens 10 Stunden pro Woche teil. Auf einer vierstufigen Skala von „nie" bis „häufig" war die Häufigkeit von insgesamt 14 Anforderun-

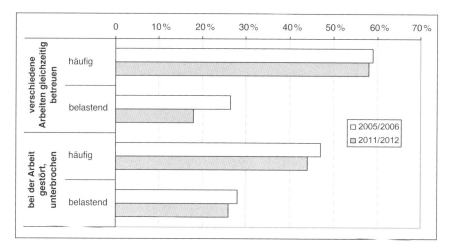

Abbildung 5: Verbreitung von und erlebte Belastung durch Multitasking bei der Arbeit im Vergleich zu Arbeitsunterbrechungen (BiBB & BAuA, 2006; Lohmann-Haislah, 2012, $N = 17.562–17.767$)

gen aus dem Arbeitsinhalt und der Arbeitsorganisation anzugeben. Zusätzlich wurde das „Belastetsein" durch die jeweilige Anforderung (Frage: „Belastet Sie das?"; Antwortmöglichkeiten: „ja" oder „nein") erfasst. „Verschiedene Arbeiten gleichzeitig betreuen" stellte in beiden Befragungen die am häufigsten genannte Anforderung dar: 59 % gaben 2005/2006 und 58 % gaben 2011/2012 an, diese Anforderung trete in ihrem Arbeitsalltag „häufig" auf (vgl. Abb. 5). Im Branchenvergleich waren Beschäftigte in Erziehung und Unterricht (71 %), Gesundheits- und Sozialwesen (68 %) und freiberuflichen, technischen und wissenschaftlichen Dienstleistungen (66 %) besonders häufig davon betroffen. Allerdings erlebten 2005/2006 27 % und 2011/2012 nur noch 18 % der Befragten diese Anforderung als psychisch belastend, deutlich weniger als jene Belastungen, die durch starken Termin- und Leistungsdruck (34 %) oder durch Arbeitsunterbrechungen (26 %) entstanden.

Verschiedene Aufgaben gleichzeitig betreuen zu müssen, zählt zu den am häufigsten genannten Anforderungen

2.1.1.2 Ergebnisse aus Mitarbeiterbefragungen

Belastbarere Aussagen zur Verbreitung von Multitasking liegen ebenfalls aus Befragungen vor, die nicht auf einzelnen Fragen, sondern auf ganzen Skalen beruhen. König, Oberacher und Kleinmann (2010) entwickelten eine aus vier Fragen bestehende Skala mit sieben Antwortstufen, die Multitasking-Verhalten bei der Arbeit erfassen soll (vgl. folgender Kasten). In der Studie wurden 192 Marketing- und Vertriebsmitarbeiter eines Schweizer Pharmaunternehmens u. a. mit dieser Skala befragt. Es zeigten sich positive Korrelationen mittlerer Höhe zwischen der Skala zur Erfassung des Multitaskings-Verhaltens und fiktiven vorgegeben Multitasking-Situationen (vgl. König et al., 2010), was als Validierungsbeleg gewertet werden kann.

Skala zur Erfassung des Multitasking-Verhaltens* (König et al., 2010)

Während eines typischen Arbeitstages ...

	trifft gar nicht zu	trifft nicht zu	trifft eher nicht zu	neutral	trifft eher zu	trifft zu	trifft sehr zu
... beschäftige ich mich mit verschiedenen Dingen gleichzeitig.	$\square_1$	$\square_2$	$\square_3$	$\square_4$	$\square_5$	$\square_6$	$\square_7$
... arbeite ich an mehr als einer Aufgabe.	$\square_1$	$\square_2$	$\square_3$	$\square_4$	$\square_5$	$\square_6$	$\square_7$
... arbeite ich Aufgaben nacheinander ab. *(umgepolt)*	$\square_1$	$\square_2$	$\square_3$	$\square_4$	$\square_5$	$\square_6$	$\square_7$
... erledige ich mehrere Arbeiten und Aufträge gleichzeitig.	$\square_1$	$\square_2$	$\square_3$	$\square_4$	$\square_5$	$\square_6$	$\square_7$

* Abdruck erfolgt mit freundlicher Genehmigung des Autors.

Die Marketing- und Vertriebsmitarbeiter in der Studie von König und Kollegen (2010) stimmten diesen Aussagen, mehrere Dinge bei der Arbeit gleichzeitig zu verrichten, „etwas eher zu" als „nicht zu" ($M = 4.74$; $SD = 1.03$). In einer eigenen Untersuchung setzten wir die gleiche Skala bei 326 berufstätigen Studierenden einer Fernhochschule, bei 93 Serviererinnen in Gastronomie und Hotels sowie bei 292 Studierenden an der eigenen Hochschule ein (Zimber & Chaudhuri, 2013). Insgesamt traf bei den Berufstätigen Multitasking-Verhalten „eher zu" als an einer

Multitasking-Verhalten im Vergleich verschiedener Stichproben

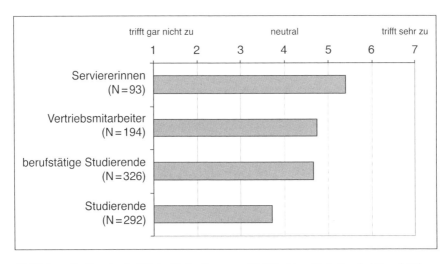

Abbildung 6: Durchschnittliche Verbreitung von Multitasking-Verhalten bei Berufstätigen und Studierenden (König et al., 2010; Zimber & Chaudhuri, 2013)

Aufgabe allein zu arbeiten (vgl. Abb. 6). Am häufigsten war dies bei den Serviererinnen der Fall. Studierende betrachteten dieses Verhalten eher als „neutral", d. h. serielles Bearbeiten erfolgte nach ihrer Meinung mindestens ebenso häufig wie paralleles. Die Unterschiede zwischen Serviererinnen, berufstätigen Studierenden und Vollzeitstudierenden fielen statistisch hochsignifikant ($p<.001$) aus, was augenscheinlich als Hinweis auf die Validität dieser Skala gewertet werden kann. Denn Serviererinnen müssen gerade in Stoßzeiten sehr viele Vorgänge gleichzeitig im Blick behalten, während Studierende zumindest mehr Möglichkeiten haben, eine (Lern-)Aufgabe nach der anderen zu bearbeiten.

In einer Tagebuchstudie verwendeten Baethge und Rigotti (2013a) vier Items aus dem „Instrument zur stressbezogenen Tätigkeitsanalyse" (ISTA; Semmer, Zapf & Dunckel, 1999). Die Fragen wurden auf die letzte halbe Arbeitsstunde bezogen. „In der letzten halben Arbeitsstunde:
1. … musste ich viele Dinge gleichzeitig im Kopf haben;
2. … erhielt ich Aufgaben, die ich gleichzeitig bearbeiten musste;
3. … gab es Momente, die für kurze Zeit höchste Konzentration erforderten;
4. … kam es vor, dass mehrere Personen gleichzeitig etwas von mir wollten".

Die möglichen Antworten reichen von „nie" (1) bis „immer" (5). Baethge und Rigotti setzten die Fragen bei 133 Gesundheits- und Krankenpflegerinnen in 10 Krankenhäusern zu drei Zeitpunkten während der Frühschicht über fünf Arbeitstage ein. Insgesamt gaben die Befragten an, Multitasking „manchmal" ($M=3.15$) tätigen zu müssen.

2.1.1.3 Ergebnisse aus Tätigkeitsbeobachtungen

Multitasking wird landläufig mit „(zu) viel zu tun haben" gleichgesetzt

Bei subjektiven Aussagen zu Multitasking-Anforderungen und Multitasking-Verhalten kann nicht davon ausgegangen werden, dass die Befragten ein einheitliches Verständnis von Multitasking mitbringen. In Tiefeninterviews mit 21 Chefsekretärinnen konnte nur bei drei Personen ein Vorverständnis festgestellt werden, das der wissenschaftlichen Definition von Multitasking entspricht (Zimber et al., 2010). Die Mehrheit der Befragten setzte Multitasking damit gleich, viele Dinge unter Zeitdruck erledigen zu müssen, wodurch subjektiv der Eindruck von Gleichzeitigkeit entsteht.

Verwaltungsangestellte verbrachten in einer Studie fast ein Viertel ihrer Arbeitszeit mit Paralleltätigkeiten

Aufgrund der Unsicherheit, mit der subjektive Angaben belastet sind, versuchten wir in einer eigenen Feldstudie (Zimber, 2010; Zimber et al., 2010) Multitasking-Verhalten möglichst objektiv anhand von Tätigkeitsbeobachtungen zu erfassen. Mithilfe des Instruments wurden bei 10 Verwaltungsangestellten Arbeitstätigkeiten in Zeiteinheiten von 30 Sekunden über einen Zeitraum von 120 Minuten dokumentiert. Darüber hinaus ließ sich unterscheiden, ob die Tätigkeiten seriell oder parallel bearbeitet wurden. Bei 37 % der Zeiteinheiten fand eine Informationsaufnahme und bei 20 % eine Dateneingabe am PC statt. Der Anteil der Kommunikation mit Kollegen lag bei 16 %, der Kommunikation am Telefon bei 13 %, der manuellen Tätigkeiten bei 9 % und des Gehens bei 4 %. Pausen und Phonodiktat spielten dagegen fast keine Rolle. Etwa 24 % aller Beobachtungsereignisse wurden parallel, die restlichen 76 % seriell ausgeführt (vgl. Abb. 7). Der Anteil von Paralleltätigkeiten unterschied sich bei den einzelnen Tätigkeiten erheblich: Kommunikation am

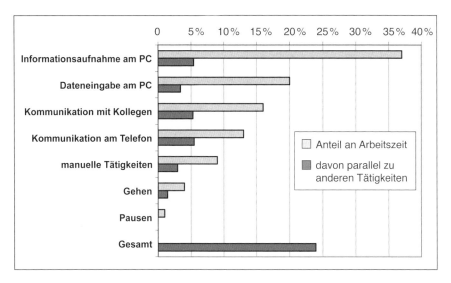

Abbildung 7: Beobachtete Tätigkeiten bei Bürosachbearbeitern (Zimber, 2010)

Telefon (42 %), Gehen (36 %), Kommunikation mit Kollegen (33 %) und manuelle Tätigkeiten (33 %) wurden häufiger parallel zu anderen Aufgaben verrichtet als etwa Tätigkeiten am PC (Informationsaufnahme: 20 %; Dateneingabe: 17 %). Diese bedurften vermutlich einer stärkeren Konzentration auf eine Sache allein. Dennoch traten Dateneingabe, Kommunikation am Telefon und manuelle Tätigkeiten überzufällig häufig kombiniert mit der Informationsaufnahme am PC auf. Auch manuelle Tätigkeiten und Gehen war eine häufig beobachtete Tätigkeitskombination.

Im Vergleich zu den 24 % der Tätigkeiten, die im Beobachtungszeitraum parallel verrichtet wurden, fiel die Selbsteinschätzung der Probanden weitaus höher aus: Die Befragten glaubten, dass Sie 60 % des Zeitraums damit verbracht hatten, mehrere Tätigkeiten gleichzeitig zu verrichten (Zimber, 2010). Dieser Befund unterstreicht die eingeschränkte Aussagekraft von Selbsteinschätzungen zur Verbreitung von Multitasking. Methodenkritisch ist allerdings zu erwähnen, dass auch hier nicht sichergestellt werden konnte, dass es sich um „echtes" Multitasking handelte. Es konnten lediglich Zeitintervalle festgelegt werden, innerhalb derer mehrere Tätigkeiten beobachtet werden konnten. Daher konnte z. B. bei kurzen Tätigkeiten nicht unterschieden werden, ob diese parallel oder seriell bearbeitet wurden.

Beobachtung und Selbsteinschätzung klaffen weit auseinander

In einer weiteren Beobachtungsstudie mit 10 medizinischen Assistentinnen in Arztpraxen (Schmich & Gnam, 2013) wurde das Zeitintervall auf 10-Sekunden-Einheiten heruntergesetzt. Die Beschäftigten wurden dabei jeweils am Vormittag über einen Zeitraum von 4 Stunden beobachtet. Acht Tätigkeiten wurden von zwei Beobachterinnen protokolliert. Wie Tabelle 1 zeigt, bestand der größte Teil der Arbeitszeit aus interaktiven Tätigkeiten vor allem mit Patienten, gefolgt von Arbeiten am PC wie z. B. dem Abrufen oder Anlegen von Patientendaten. Paralleltätigkeiten wurden durchschnittlich in 30 % der Zeitintervalle beobachtet. Weigl, Müller,

In Gesundheitsberufen zwischen 17 und 30 % Paralleltätigkeiten

Zupanc, Glaser und Angerer (2011) konnten bei Klinikärzten (Internisten, Chirurgen) einen Anteil simultaner Tätigkeiten zwischen 17 und 20 % der Arbeitszeit beobachten. Bei den Multitasking-Anteilen wurden allerdings starke Unterschiede zwischen den medizinischen Assistentinnen beobachtet: Der Anteil der Mehrfachtätigkeiten schwankte zwischen 17 und 49 % ($SD = 10.96$). Da die Tätigkeitsanforderungen und Beobachtungszeiten in der Untersuchung konstant waren, ist davon auszugehen, dass die unterschiedlichen Anteile auf individuelle Unterschiede im Umgang mit Multitasking-Anforderungen zurückgehen.

Tabelle 1: Anteil beobachteter Tätigkeiten bei medizinischen Assistentinnen in Arztpraxen (Schmich & Gnam, 2013)

Tätigkeit	Mittlerer Anteil in Prozent (%)
Telefonieren	10.46 (3.97)
Interaktion mit Patienten	40.60 (10.78)
Interaktion mit dem Arzt	18.11 (6.94)
Interaktion mit Kollegen	15.28 (6.36)
Arbeiten am PC	25.46 (8.82)
Verwaltungstätigkeiten	7.95 (5.51)
Pausen	8.94 (3.37)
sonstige Tätigkeiten	3.20 (2.25)
davon Mehrfachtätigkeiten	*30.00 (10.96)*

Anmerkung: Standardabweichung *(SD)* in Klammern

Von den Mehrfachtätigkeiten, die bei den medizinischen Assistentinnen beobachtet wurden, enthielten mehr als vier Fünftel PC-Arbeiten. Diese wurden häufig mit Patienteninteraktionen, Telefonaten und Interaktionen mit Kollegen kombiniert (vgl. Abb. 8). Nur etwa 15 % der Tätigkeiten wurden parallel zu Verwaltungstätigkeiten verrichtet. Dieses Ergebnis ist konsistent mit den Befunden der oben erwähnten Studie von Weigl und Kollegen (2011), wonach Ärzte am häufigsten den verbalen Informationsaustausch mit Kollegen, Patienten und Vorgesetzten mit anderen, z. B. diagnostischen und dokumentierenden Tätigkeiten, verbinden (vgl. hierzu auch Baethge & Rigotti, 2013a; Berg, Ehrenberg, Florin, Ostergren & Goransson, 2012).

Nicht alle Tätigkeiten werden gleich häufig miteinander kombiniert

Wie häufig Aufgaben mit anderen kombiniert werden, hängt u. a. von deren Komplexität ab

Diese Verteilung von Mehrfachtätigkeiten ist nicht konsistent mit den oben vorgestellten Tätigkeitsbeobachtungen bei Bürosachbearbeitern. Bei diesen wurden zwar ebenfalls Mehrfachtätigkeiten in Verbindung mit Arbeiten am PC registriert, jedoch wurden andere Tätigkeiten deutlich häufiger miteinander kombiniert. Dieser Unterschied könnte mit unterschiedlichen berufsspezifischen Anforderungen zu erklären sein: Während Bürosachbearbeiter komplexere Arbeiten am PC verrichten (z. B. Briefe schreiben, Tabellenkalkulationen anlegen), sind es bei den Sprechstunden-

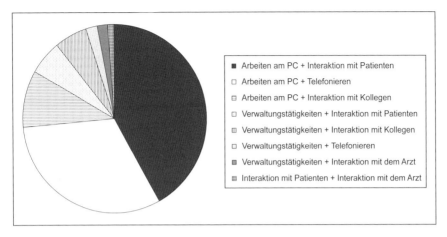

Abbildung 8: Verteilung der beobachteten Mehrfachtätigkeiten bei medizinischen Assistentinnen in Arztpraxen (Schmich & Gnam, 2013)

hilfen überwiegend leicht automatisierbare Routineaufgaben wie z. B. das Anlegen von Patientendaten in einer Datenmaske. Diese erlauben einen Wechsel zwischen PC- und Interaktionstätigkeiten, da solche Aufgaben ohne größeren kognitiven Aufwand unterbrochen und wiederbegonnen werden können.

Baethge und Rigotti (2013a) untersuchten die Häufigkeit von *Multitasking-Anforderungen* bei Gesundheits- und Krankenpflegerinnen. Bei teilnehmenden Beobachtungen, die bei 15 Beschäftigten während einer gesamten Frühschicht nach adaptierten Beobachtungsdimensionen von Weigl et al. (2009) sowie von Glaser, Lampert und Weigl (2008) durchgeführt wurden, konnten durchschnittlich fast 10 Handlungsverläufe pro Stunde als Multitasking klassifiziert werden (vgl. Tab. 2). Am häufigsten wurden dabei pflegende oder vorbereitende Tätigkeiten mit Gesprächen kombiniert. Insgesamt führten die beobachteten Pflegekräfte im Laufe einer Frühschicht 66,8-mal zwei oder mehr Tätigkeiten parallel aus ($SD = 28.7$, $Min = 36$, $Max = 147$).

Tabelle 2: Durchschnittliche Anzahl von Unterbrechungen und Multitasking pro Stunde bei Gesundheits- und Krankenpflegerinnen ($N = 15$) während einer Frühschicht (Baethge & Rigotti, 2013a, S. 21)

Uhrzeit	6:00 bis 7:59	8:00 bis 9:59	10:00 bis 11:59	12:00 bis 13:59	über den Tag
Unterbrechungen	5.75	10.60	11.53	7.31	9.33
Multitasking	9.48	12.28	10.11	5.79	9.80
Multitasking ohne Gespräche	5.19	9.39	7.32	4.58	6.86

2.1.1.4 Beobachtungsinterviews: das Konzept der „working spheres"

Schriftliche Befragungen und Beobachtungsstudien können zwar aufklären, wann und wie häufig mehrere Aufgaben gleichzeitig bearbeitet werden; sie liefern jedoch nur einen begrenzten Informationsbeitrag dazu, *warum* Multitasking ausgeübt wird. Gonzáles und Mark (2004, 2005) wählten daher einen alternativen Zugang zur Beschreibung von Multitasking: Sie differenzierten nicht zwischen Einzeltätigkeiten, sondern Arbeitsdomänen („working spheres") als Bündel mehrerer inhaltlich miteinander verbundener Tätigkeiten. Mithilfe der „Grounded Theory" konzeptualisierten sie diese als interne Repräsentationen, nach denen Tätigkeiten differenziert werden können: „We define a working sphere as a set of interrelated events, which share a common motive (or goal), involves the communication or interaction with a particular constellation of people, uses unique resources and has its own individual time framework" (Gonzáles & Mark, 2004, S. 117). Unabhängig vom konkreten Arbeitsinhalt werden mehrere Typen von Arbeitsbereichen unterschieden, und zwar nach ihrer Bedeutung („zentral" oder „peripher") und nach der Art, wie die Tätigkeit zu bearbeiten ist („dringend" oder „normal"; vgl. Abb. 9).

„Working spheres" als Bündel inhaltlich verwandter Tätigkeiten

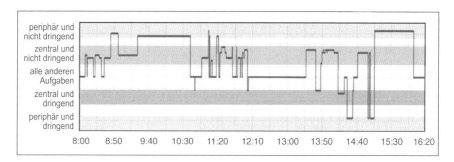

Abbildung 9: Fallbeispiel für einen nach Arbeitsdomänen („working spheres") dargestellten Ablauf eines Arbeitstages (Gonzáles & Mark, 2005, S. 149)

Auf der Grundlage dieser Arbeitsdomänen beschrieben Gonzáles und Mark (2004, 2005) individuelle Arbeitsabläufe mit dem Ziel, Aufgabenwechsel *(task-switching)* und die damit verbundenen Folgen zu erklären und vorherzusagen. So waren „Wissensarbeiter" an einem Arbeitstag durchschnittlich in 12 unterschiedlichen Arbeitsdomänen aktiv (Gonzáles & Mark, 2005). Die durchschnittliche Arbeitszeit, in der ein Arbeitsbereich am Stück bearbeitet wurde, betrug 10.5 Minuten. Nach dieser Frist wurde der Arbeitsbereich selbstinitiiert oder aufgrund einer externen Unterbrechung gewechselt (ausführlicher hierzu weiter unten).

Häufig wird auch selbstinitiiert zwischen „working spheres" gewechselt

Das Konzept der „working spheres" lässt sich auch auf das eingangs dargestellte Fallbeispiel übertragen (vgl. vereinfachtes Verlaufsdiagramm Abb. 10): Aufgrund der unvorhergesehenen Ereignisse an diesem Vormittag haben für Franka L. dringende zentrale Tätigkeiten Vorrang vor Routinetätigkeiten. Diese werden – ebenso wie sonstige Tätigkeiten – auf das absolute Minimum begrenzt oder entfallen, wie z. B. Arbeitspausen, vollständig.

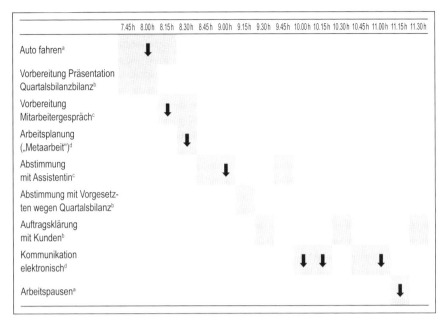

Abbildung 10: Tätigkeitsverlauf bei der Führungskraft Franka L. (vgl. Fallbeispiel in Kap. 1; Tätigkeitskategorien nach Mark, Gonzáles & Harris, 2005: [a] sonstige, [b] dringend zentral, [c] Routine zentral, [d] Routine peripär; ↓ = unterbrochene Tätigkeit; graue Felder: Zeiträume, in denen Tätigkeit stattfindet

Diese Differenzierung nach Zentralität und Dringlichkeit lässt sich nicht nur zur Analyse, sondern auch zur Veränderung von Arbeitstätigkeiten nutzen (vgl. hierzu auch verhaltensbezogene Maßnahmen in Kap. 4).

2.1.1.5 Fazit

In diesem Unterkapitel wurden Ergebnisse zur Verbreitung von Multitasking auf der Grundlage von Feldstudien vorgestellt, die mit unterschiedlichen Untersuchungsmethoden (Befragung, Beobachtung, Interview) arbeiten. Hierbei sollte deutlich werden, dass Multitasking im Arbeitskontext ein durchaus verbreitetes Phänomen darstellt, das in seiner Häufigkeit aber auch nicht überschätzt werden sollte, wie dies bei Meinungsumfragen (z. B. Lohmann-Haislah, 2012) vermutlich der Fall ist. Je differenzierter der methodische Zugang – Skalen statt einfache Items, Tätigkeitsbeobachtungen statt Selbsteinschätzungen – umso validere Informationen sind zu erwarten. Nach bisher vorliegenden Befunden scheint die Häufigkeit von Multitasking stark von berufsspezifischen Tätigkeitsanforderungen abzuhängen. So tritt es z. B. bei Serviererinnen signifikant häufiger auf als bei Studierenden. Inwieweit Multitasking eine geeignete Strategie darstellt, mehrere Tätigkeiten miteinander zu kombinieren, hängt u. a. von der kognitiven Komplexität der Aufgaben ab. So werden

Multitasking ist weit verbreitet, sollte aber auch nicht überschätzt werden

einfache Routineaufgaben häufiger mit anderen Aufgaben kombiniert. Auch die Zentralität, d. h. die Bedeutsamkeit der Arbeitsaufgabe, scheint einen Einfluss darauf zu haben, ob Tätigkeiten gewechselt oder mehrere Aufgaben miteinander kombiniert werden. Auf die konkreten Bedingungen, die Multitasking-Verhalten begünstigen, wird in Kapitel 3 eingegangen.

2.1.2 Alter Wein in neuen Schläuchen? Abgrenzung von etablierten Konstrukten

Multitasking wird noch zu wenig von ähnlichen Konstrukten abgegrenzt

Aufgrund des noch recht jungen praktischen Interesses an Multitasking hat sich dieses Phänomen noch kaum als eigenständiges psychologisches Konstrukt in der angewandten Forschung etablieren können. Dieser Umstand hat mehrere Auswirkungen auf die Erforschung des Phänomens: Zum einen können die Beziehungen zu anderen Arbeitsbedingungen oder bestimmten Wirkungen von Arbeit wie Leistung und Beanspruchung theoretisch nur ungenügend begründet werden. Zum anderen wird eine zuverlässige und gültige Messung dieses Phänomens durch unterschiedliche Definitionen erschwert. Zum gegenwärtigen Zeitpunkt muss daher zumindest zum Teil noch auf etablierte psychologische Konstrukte zurückgegriffen werden.

Im Folgenden grenzen wir Multitasking bei der Arbeit von verwandten Konstrukten ab. Mindestens vier arbeitspsychologische Konstrukte sind im vorliegenden Kontext relevant: Arbeitsintensität, quantitative und qualitative Arbeitsbelastungen, Aufgabenkomplexität und Arbeitsunterbrechungen. Diese werden im Folgenden vorgestellt. Eine Integration dieser Konstrukte sowie eine Abgrenzung von Multitasking erfolgt im Anschluss.

2.1.2.1 Arbeitsintensität

Zunehmende Intensivierung der Arbeit

Der in Kapitel 1 beschriebene Kosten- und Wettbewerbsdruck und die in der Folge erforderliche Produktivitätssteigerung können bewirken, dass die „Arbeit immer intensiver und konzentrierter, zeitlich länger und psychisch belastender“ (Opaschowski, 2012, S. 21) wird. Diese Entwicklungen werden durch Daten aus Befragungen der Europäischen Union (Eurofound, 2011; vgl. auch Paoli & Merrlié, 2005) belegt: Danach ist bei Beschäftigten in fast allen EU-15-Ländern ein Anstieg der Arbeitsintensität zu verzeichnen. So wuchs der Anteil der Befragten mit positiven Antworten zu „working at very high speed“ von 48 % im Jahr 1990 auf 56 % im Jahr 2000, zu „working to tight deadlines“ von 50 auf 60 % (Eurofound, 2010).

Mit dem Begriff der Arbeitsintensität werden üblicherweise Arbeitscharakteristika wie lange Arbeitszeiten, starker Zeit- und Termindruck und unsichere Umfeldbedingungen wie z. B. häufige Unterbrechungen zusammengefasst. Diese Merkmale beziehen sich sowohl auf die Quantität als auch auf die Qualität der Arbeit. In der arbeitswissenschaftlichen Forschung ist die Arbeitsintensität ein Bestandteil des ausführlicher in Kapitel 2.2.2 dargestellten „Job-Demand-Control“-Modells von Karasek (1979), das spezifische Einflüsse der Arbeitssituation auf gesundheitliche Folgen postuliert. Wie in zahlreichen Untersuchungen nachgewiesen werden konnte, führt eine hohe Arbeitsintensität *(job demands)* zu negativen Auswirkungen auf die Gesundheitssituation, da unter solchen Arbeitsbedingungen in hohem Maße Ressourcen verbraucht werden. Eine hohe Arbeitsintensität ist auch mit einem erhöhten Risiko von kardiovaskulären Erkrankungen wie Bluthochdruck und Herzinfarkt verbunden (vgl. Karasek & Theorell, 1990). Auch Richter und Kollegen (2000) fanden in mehreren unabhängigen Stichproben stabile Zusammenhänge zwischen einer hohen Arbeitsintensität einerseits und psychischer Fehlbeanspruchung und gesundheitlichen Beschwerden andererseits. Rau, Gebele, Morling und Rösler (2010) konnten einen signifikanten Einfluss einer anhaltend hohen Arbeitsintensität auf die Genese affektiver Störungen, insbesondere Depression, nachweisen.

Arbeitsintensität zeigt deutlich negative Zusammenhänge zur Gesundheit

Unter den zahlreichen Instrumenten, die Arbeitsintensität erfassen, werden hier drei exemplarisch herausgegriffen, die das inhaltliche Spektrum gut repräsentieren: Der „Job Content Questionnaire" (Karasek et al., 1998), der „Fragebogen zum Erleben von Intensität und Tätigkeitsspielraum in der Arbeit" (FIT; Richter et al., 2000) und das „Instrument zur stressbezogenen Tätigkeitsanalyse" (ISTA; Semmer et al., 1999). Der „Job Content Questionnaire" des schwedischen Arbeitsforschers Karasek umfasste ursprünglich folgende psychologische Anforderungen: „work fast", „work hard", „excessive work", „not enough time" und „hectic job". In der jüngeren Fassung (Karasek et al., 1998) wurden Indikatoren von „mental workload" wie „intense concentration" und „tasks interrupted" hinzugefügt. Eine inhaltliche Überschneidung zum Phänomen „Multitasking" wird ebenso in dem von Richter und Kollegen (2000) entwickelten „Fragebogen zum Erleben von Intensität und Tätigkeitsspielraum in der Arbeit" (FIT) deutlich, der Arbeitsintensität mit folgenden sechs vierfach gestuften Items erfasst: „Das von mir verlangte Arbeitstempo ist sehr hoch", „Oft sind die zu lösenden Aufgaben sehr schwierig", „Es ist häufig sehr viel, was von mir an Arbeit geschafft werden muss", „In der Regel ist die Zeit so kurz, dass ich bei der Arbeit oft unter Zeitdruck stehe", „Meine Arbeit erfordert große körperliche Anstrengungen" und „Bei dieser Arbeit muss man viele Dinge auf einmal erledigen". Die zuletzt genannte Frage greift Multitasking-Anforderungen sogar direkt auf. Multitasking-Aspekte werden ebenso im „Instrument zur stressbezogenen Tätigkeitsanalyse" (ISTA) von Semmer et al. (1999) z. B. mit folgender Frage aufgegriffen: „Während der Tätigkeit muss ich viele Informationen für meine Arbeitsschritte im Kopf bereithalten." Multitasking-Anforderungen gehen somit als eine von vielen Facetten in das breit gefasste Konstrukt der Arbeitsintensität ein.

Verschiedene Instrumente zur Erfassung der Arbeitsintensität

2.1.2.2 Quantitative und qualitative Arbeitsbelastungen

Eine Zunahme der Arbeitsmenge während der beiden letzten Jahrzehnte wurde bereits in Kapitel 1 und im letzten Abschnitt beschrieben.

Als Belastung wird die Gesamtheit aller erfassbaren Einflüsse, die von außen auf den Menschen einwirken, verstanden (vgl. Zapf & Semmer, 2004). Eng verwandt mit der Arbeitsintensität ist das Konstrukt der *quantitativen Arbeitsbelastung*. Diese entsteht insbesondere dann, wenn im Rahmen der Regulation einer Handlung Zeitdruck besteht oder das Arbeitsvolumen so hoch ausfällt, dass daraus potenziell eine starke Arbeitsverausgabung resultiert (Prümper, Harmannsgruber & Frese, 1995). Im Gegensatz zur Arbeitsintensität, die auch qualitative Arbeitscharakteristika einschließt, steht hier also der quantitative Aspekt – die Arbeitsmenge und damit verbunden Folgen wie Zeitdruck und Hektik – im Vordergrund. Ein Beispiel zur Erfassung quantitativer Arbeitsbelastungen stellen die Items der Skala „Überforderung" aus der „Salutogenetischen subjektiven Arbeitsanalyse" (SALSA) von Udris und Rimann (1999) mit einem fünfstufigen Antwortschema dar: „Man hat genug Zeit, diese Arbeit zu erledigen" (invertiert), „Es gibt so viel zu tun, dass es einem über den Kopf wächst" und „Es passiert so viel auf einmal, dass man es kaum bewältigen kann". Ein weiteres Beispiel ist die Skala „quantitative Arbeitsbelastung" aus dem „Kurzfragebogen zur Arbeitsanalyse" (KFZA; Prümper et al., 1995) mit nur zwei kurzen Items: „Ich stehe häufig unter Zeitdruck" und „Ich habe zu viel Arbeit".

> **Unter quantitativer Arbeitsbelastung wird vor allem Zeitdruck verstanden**

Zum Phänomen „Multitasking" besteht im Vergleich zur Arbeitsintensität eine kleinere inhaltliche Schnittmenge. Wie weiter unten bei den für Multitasking relevanten Arbeitsbedingungen (Kap. 3) erläutert wird, sind quantitative Belastungen eher als Voraussetzung oder „Treiber" von Multitasking-Anforderungen zu verstehen: So können ein hohes Arbeitsvolumen und hoher Zeitdruck dazu beitragen, dass Aufgaben häufiger unterbrochen, zugunsten anderer Aufgaben gewechselt oder auch mehrere Aufgaben miteinander zeitlich kombiniert werden.

> **Zeitdruck kann zu einem Auslöser von Multitasking werden**

Qualitative Arbeitsbelastung entsteht dann, wenn die Ziel- und Planformulierung zur Erledigung von Arbeitsaufgaben so anspruchsvoll oder kompliziert ist, dass sie die Leistungsvoraussetzungen einer Person potenziell überfordert (Zapf & Semmer, 2004). Als theoretischer Hintergrund kann die in Kapitel 2.2.2 beschriebene Handlungsregulationstheorie von Hacker (2005) herangezogen werden. Inhaltlich können sich qualitative Belastungen je nach beruflicher Tätigkeit auf unterschiedliche Aspekte richten, etwa auf Verantwortungsdruck bei Führungskräften oder auf den Umgang mit Gefühlen in den personenbezogenen Dienstleistungen. Sehr häufig, und nicht etwa nur in Bezug auf Wissensarbeit, werden bei der Analyse qualitativer Belastung mentale Anforderungen berücksichtigt. In solchen Arbeitssituationen müssen viele Informationen gleichzeitig verarbeitet oder lange im Arbeitsgedächtnis gehalten werden (Prümper et al., 1995). *Konzentrations- und Denkanforderungen* werden mit einer Vielzahl von Arbeitsanalyseinstrumenten erfasst, so etwa mit der Aussage „Es werden zu hohe Anforderungen an meine Konzentrationsfähigkeit gestellt" im KFZA (Prümper et al., 1995). In anderen Instrumenten werden diese Anforderungen differenzierter erfasst, so z. B. mit dem ISTA (Semmer et al., 1999) mit der Skala „Konzentrationsanforderungen". Ein Beispielitem lautet: „Wie oft müssen Sie bei Ihrer Arbeit viele verschiedene Dinge gleichzeitig im Kopf haben?" Ein weiteres Beispiel ist die Skala „Informationsverarbeitung" im „Work Design Questionnaire" (WDQ; Stegmann et al., 2010; vgl. auch Anhang auf S. 146); ein Beispielitem: „Ich muss mich bei meiner Arbeit um viele Dinge gleichzeitig kümmern."

> **Qualitative Arbeitsbelastung äußert sich in Überforderung**

Unter den qualitativen Arbeitsbelastungen weist der Aspekt der Konzentrationsanforderungen eine sehr große Nähe zu Multitasking-Anforderungen auf. Dies wird auch in der inhaltlichen Nähe der hier aufgeführten Items zu den im Anhang auf Seite 148 wiedergegeben Items der aus dem ISTA adaptierten Skala von Baethge und Rigotti (2013a) deutlich.

2.1.2.3 Aufgabenkomplexität

Definitionen von Aufgabenkomplexität lassen sich folgendermaßen zusammenfassen: Aufgaben sind umso komplexer, je
- größer die Anzahl der beteiligten *Teilaufgaben*, aus denen sich ein Aufgabenkomplex zusammensetzt und die es in ihrer zeitlichen Ablauffolge, ihrer Häufigkeit, ihrer Intensität und dem Handlungsort zu koordinieren gilt (Brodbeck & Guillaume, 2010; Wood, 1986);
- größer die Anzahl und Unterschiedlichkeit verschiedener *Ziele, Pläne und Signale* (Rückmeldungen) ist, welche in einem bestimmten Zeitrahmen gemeinsam reguliert werden müssen (Frese & Zapf, 1994);
- höher der *Grad der Aufgabeninterdependenz*, d. h. die Anzahl bedingter, voneinander abhängiger Verknüpfungen bei der Aufgabenbearbeitung ist (Frese & Zapf, 1994);
- dynamischer sich die Komponenten innerhalb der Aufgabe entwickeln; als *Dynamik* ist jegliche Art der Veränderung während der Aufgabenbearbeitung zu verstehen, die der Person eine fachlich kompetente Adjustierung abverlangt (Wood, 1986).

<small>Verschiedene Komponenten von Aufgabenkomplexität</small>

Komplexität bemisst sich somit sowohl an der Qualität als auch an der Quantität der Regulationserfordernisse, die eine Aufgabe an das Individuum stellt (Frese & Zapf, 1994). In der Zielsetzungstheorie von Locke und Latham (1990) ist Aufgabenkomplexität eine von mehreren Moderatorvariablen, die auf die Zielerreichung Einfluss haben. Eine mittlere bis hohe Aufgabenkomplexität begünstigt nach ihrer Auffassung die Zielerreichung, eine zu hohe Komplexität kann dagegen Überforderung erzeugen und die Arbeitsergebnisse dadurch beeinträchtigen.

Empirische Studien zum Zusammenhang zwischen Aufgabenkomplexität und unterschiedlichen Wirkungen von Arbeit sind nicht eindeutig (vgl. die Ergebnisse der Metaanalyse von Humphrey, Nahrgang & Morgeson, 2007): Einerseits verlangen komplexe Tätigkeiten dem Beschäftigten höhere, z. B. intellektuelle Fertigkeiten und mehr Engagement ab, was sich günstig auf Arbeitszufriedenheit und -involvement auswirkt (vgl. auch Melamed, Fried & Froom, 2001). Andererseits sind komplexe Aufgaben aufgrund der gleichen Eigenschaft mit einer höheren mentalen Beanspruchung und mit Überforderung verbunden. Zusammenhänge mit der Arbeitsleistung fielen uneindeutig aus (vgl. Humphrey et al., 2007). Ulich (2010, S. 606) versuchte die auf den ersten Blick widersprüchlichen Wirkungen der Aufgabenkomplexität damit aufzulösen, dass er keinen linearen, sondern einen kurvilinearen Zusammenhang annimmt. Eine geringe Komplexität der Tätigkeit führt zu ungünstigen Wirkungen wie z. B. Unterforderung und Monotonie, während hochkomplexe Aufgaben in quantitativer oder qualitativer Überforderung mit entsprechenden Folgen für die Gesundheit resultieren können. Darüber hinaus spielen auch Drittvariablen wie Selbstwirksamkeit (Judge, Shaw, Jackson, Scott & Rich, 2007) und das Vorhandensein von

<small>Aufgabenkomplexität zeigt vermutlich einen U-förmigen Zusammenhang zur Beanspruchung</small>

Arbeitsqualität leidet früher als die Arbeitsmenge

Autonomie (Frese & Zapf, 1994; Valcour, 2007) eine Rolle. Baethge, Rigotti und Roe (2015) postulieren, basierend auf Befunden zu Effekten von Arbeitsunterbrechungen, eine unterschiedliche Verlaufskurve für qualitative und quantitative Aspekte der Arbeitsleistung mit zunehmender Komplexität der Aufgabe. Während die quantitative Leistung durch zusätzliche Anstrengung länger aufrechterhalten werden kann, kommt es schneller zu einem Abfall in der Qualität der Arbeitsleistung. Ob es durch eine Erhöhung der Komplexität überhaupt zu einer Leistungssteigerung kommen kann, hängt nach diesem Modell von der bereits bestehenden Komplexität sowie persönlichen Faktoren ab. So kann eine zusätzliche Aufgabe unmittelbar zu einer Leistungsminderung führen oder zunächst eine leistungssteigernde Wirkung entfalten. Dieser Zusammenhang wird in Abbildung 11 dargestellt.

Nach der bereits oben zitierten Repräsentativbefragung der Europäischen Union (vgl. Eurofound, 2010) mussten im Jahr 1995 58 % aller Arbeitnehmer in ihrem Beruf regelmäßig komplexe Aufgaben verrichten. Dieser Prozentsatz ist seither exakt gleichgeblieben. In einer Sekundäranalyse zu den Arbeitsbedingungen und

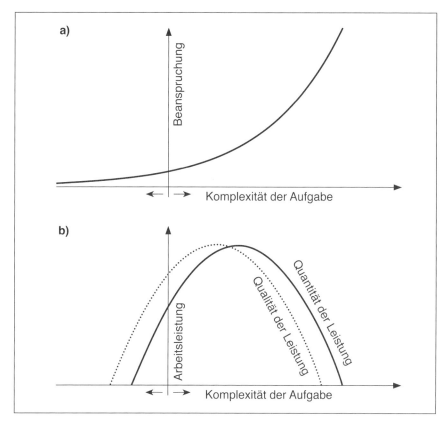

Abbildung 11: Zusammenhang zwischen der Komplexität der Aufgabe (Multitasking-Anforderung) und (a) psychischer Beanspruchung sowie (b) qualitativer und quantitativer Arbeitsleistung (in Anlehnung an Baethge, Rigotti & Roe, 2015)

der psychischen Gesundheit europäischer Arbeitnehmer (Cottini & Lucifora, 2010) war der Zusammenhang zwischen hoher Aufgabenkomplexität und psychischen Gesundheitsrisiken in allen EU-Ländern außer Luxemburg und Deutschland signifikant positiv.

Zur Erfassung von Aufgabenkomplexität dienen Expertenurteile im Rahmen von Tätigkeitsbeobachtungen (z. B. ISTA; Semmer et al., 1999) oder auch standardisierte Fragebögen. In der deutschen Fassung des „Work Design Questionnaire" (WDQ; Stegmann et al., 2010; Originalfassung von Morgeson & Humphrey, 2006) wird Komplexität mit vier invertiert formulierten Fragen erfasst (siehe hierzu die Skala im Anhang auf S. 146).

Erfassung von Aufgabenkomplexität

Wie die Inhalte der exemplarisch vorgestellten Skala verdeutlichen, stellen Multitasking-Anforderungen nur eine von vielen Facetten dar, die zur Komplexität von Arbeit beitragen können. Interdependenz und Dynamik der Arbeit, die Anforderungen an Urteils- und Entscheidungsprozesse oder das Genügen von Kompetenzen und Einarbeitungsdauer konstituieren weitere Merkmale der Aufgabenkomplexität, die nur zum Teil im Zusammenhang zu Multitasking stehen.

2.1.2.4 Arbeitsunterbrechungen

Eine Arbeitsunterbrechung ist eine „kurzzeitige Aussetzung einer menschlichen Handlung, welche durch eine externe Quelle verursacht ist." (Baethge & Rigotti, 2010, S. 9). Sie wird durch andere Menschen, durch technische Funktionsstörungen oder Blockaden verursacht. Selbstinitiierte Unterbrechungen wie Pausen oder der Wechsel einer Tätigkeit ohne äußere Notwendigkeit sind aus dieser eng gefassten Definition ausgeschlossen. Die externe Unterbrechung unterbindet die Weiterführung einer Handlungssequenz (Primärtätigkeit), indem die Aufmerksamkeit auf einen zweiten Reiz (Sekundäraufgabe) verschoben wird (Rigotti & Baethge, 2013). Es entsteht eine zeitliche Verzögerung, da eine Entscheidung gefällt werden muss, wie auf die Unterbrechung reagiert wird. Eine weitere zeitliche Verzögerung entsteht bei der Wiederaufnahme der Primärtätigkeit: Das Handlungsziel muss erinnert und abgerufen werden, und der aktuelle Bearbeitungsstand muss rekapituliert werden. Unterbrechungen verursachen durch diese Prozesse einen höheren Regulationsaufwand und binden Ressourcen des Arbeitsgedächtnisses sowie der Aufmerksamkeit. Da sie in der Regel unerwartet auftreten, sind sie schwer zu kontrollieren. Der damit verbundene Kontrollverlust kann psychischen Stress erzeugen. In der Terminologie der Handlungsregulationstheorie (Hacker, 2005; vgl. auch Kap. 2.2.2) stellen Unterbrechungen ein Regulationshindernis dar, da die Regulation einer Handlung erschwert wird, und gehören damit zu den Arbeitsstressoren. Arbeitsunterbrechungen können die subjektive Arbeitsbelastung erhöhen und stehen im Zusammenhang mit Stimmungsbeeinträchtigungen, Irritation, körperlichen und psychosomatischen Beschwerden, emotionaler Erschöpfung sowie Depressivität (Rigotti & Baethge, 2013). Auch konnte in Studien eine Erhöhung des Fehlerrisikos und eine Reduzierung der Qualität der Arbeit nachgewiesen werden.

Arbeitsunterbrechungen führen zu einer zeitlichen Verzögerung der Tätigkeit

Positiver Zusammenhang zu Beanspruchungsfolgen

Arbeitsunterbrechungen werden in zahlreichen Arbeitsanalyseinstrumenten erfasst. Dabei lassen sich vollstandardisierte von teilstandardisierten Verfahren sowie Beobachtungs- von Selbsteinschätzungsverfahren unterscheiden. In der Skala „Arbeitsunterbrechungen" aus dem „Instrument zur stressbezogenen Tätigkeitsanalyse" (ISTA; Semmer et al., 1999) werden folgende Aspekte unterbrochener Arbeit angesprochen: „Wie häufig werden Sie durch andere Mitarbeiter(innen) bei Ihrer Arbeit unterbrochen?", „Wie häufig kommt es vor, dass Sie an mehreren Aufgaben gleichzeitig arbeiten müssen und zwischen den Arbeitsaufgaben hin und her springen?" und „Wie oft kommt es vor, dass Sie nicht in Ruhe an einer Sache arbeiten können, weil dauernd etwas dazwischen kommt?".

Unterbrechungen können mit Multitasking in einem direkten Zusammenhang stehen, da sie beim Betroffenen dazu führen, die Aufmerksamkeit auf mehrere Aufgaben parallel zu lenken. Arbeitsunterbrechungen können unmittelbare oder mittelbare Auslöser für die gleichzeitige Bearbeitung von Aufgaben sein: unmittelbar, wenn der Versuch unternommen wird, die Unterbrechungsaufgabe zusätzlich zur Primärtätigkeit auszuführen; mittelbar, wenn durch eine Anhäufung von Arbeitsunterbrechungen Zeitdruck entsteht und ein sequentielles Abarbeiten geplanter Tätigkeiten nicht mehr zur Erfüllung der Ziele ausreichend erscheint. Es verwundert daher nicht, dass Arbeitsunterbrechungen und Multitasking-Anforderungen relativ hoch miteinander korrelieren (Querschnittsfragebogen an $N=143$ Gesundheits- und Krankenpflegern, $r=.43$, $p<.001$, Baethge & Rigotti, 2013a). Auch im subjektiven Erleben verstärken häufige Unterbrechungen den Eindruck, viele Dinge gleichzeitig oder nebeneinander her verrichten zu müssen (Zimber et al., 2010).

Arbeitsunterbrechungen können unmittelbar und mittelbar Auslöser von Multitasking sein

2.1.2.5 Multitasking-Anforderungen

Multitasking-Anforderungen werden als tätigkeitsimmanente Notwendigkeit einer parallelen Handlungsausführung von mindestens zwei Handlungen mit unterschiedlichen Zielen definiert (Rigotti & Baethge, 2013; vgl. auch folgendes Kapitel). Multitasking stellt also eine *komplexe Konzentrations- und Denkanforderung* dar und ist damit den qualitativen Arbeitsanforderungen zuzurechnen. Auch mit der Aufgabenkomplexität bestehen große inhaltliche Schnittmengen, insbesondere in Bezug auf zwei ihrer Merkmale: Durch Multitasking wird die Anzahl der beteiligten Teilaufgaben, aus denen sich ein Aufgabenkomplex zusammensetzt, erhöht (z.B. durch eine Fragmentierung der Teilaufgaben) und dadurch die Aufgabe insgesamt komplexer (u.a. durch die Anforderungen an das Arbeitsgedächtnis). Auch werden die Anzahl und Unterschiedlichkeit verschiedener Ziele, Pläne und Signale, die in einem bestimmten Zeitrahmen gemeinsam reguliert werden müssen, bei einer Paralleltätigkeit erhöht. Auslöser von Multitasking sind häufig Unterbrechungen: Sie unterbinden den Abschluss einer aktuellen Handlung, indem sie eine Aufmerksamkeitsverschiebung auf eine Sekundäraufgabe erzwingen. Gleichzeitig muss die Primäraufgabe und deren Ausführung im Arbeitsgedächtnis präsent gehalten werden, was kognitive Ressourcen bindet. Diese Effekte wurden in der Grundlagenforschung ausgiebig im sogenannten Dual-Task-Paradigma untersucht (Wickens, 1991).

Multitasking erhöht die Aufgabenkomplexität

Zusätzlich können quantitative Arbeitsbelastungen wie eine hohe Arbeitsmenge und Zeitdruck Paralleltätigkeiten begünstigen, wenn z.B. versucht wird, mehrere

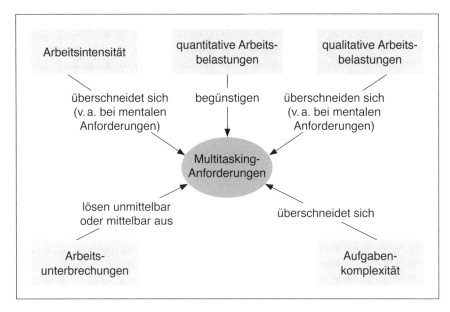

Abbildung 12: Beziehungen zwischen Multitasking-Anforderungen und verwandten psychologischen Konstrukten

Handlungsziele innerhalb eines vorgegebenen Zeitrahmens parallel zu erfüllen. Die Beziehungen der vier dargestellten arbeitspsychologischen Konstrukte zu Multitasking sind in Abbildung 12 nochmals grafisch zusammengefasst.

2.1.3 Versuch einer Arbeitsdefinition

Der Begriff „Multitasking" ist wissenschaftlich noch nicht einheitlich definiert. In der Informatik bezeichnet Multitasking die Fähigkeit eines Betriebssystems, mehrere Aufgaben („tasks") parallel auszuführen (Müller & Krummenacher, 2006). Die verschiedenen Prozesse werden bei dem schnellen Aufgabenwechsel in so kurzen Abständen abwechselnd aktiviert, dass subjektiv der Eindruck von Gleichzeitigkeit entsteht. Ob Menschen überhaupt mehrere Aufgaben kognitiv simultan bewältigen können, wird von neurowissenschaftlicher Seite angezweifelt (vgl. z. B. Pöppel, 2000). Auch in der psychologischen Forschung existiert noch kein einheitliches Verständnis von Multitasking.

Der Begriff Multitasking ist ursprünglich der Informatik entlehnt

2.1.3.1 Vier unterschiedliche Komponenten von Multitasking

Je nach Messansatz sind unterschiedliche Komponenten von Multitasking zu unterscheiden (vgl. Rigotti & Baethge, 2013):
– *Multitasking-Anforderungen* können als tätigkeitsimmanente Notwendigkeit oder als Bedarf einer parallelen Handlungsausführung von mindestens zwei Handlungen mit unterschiedlichen Zielen definiert werden. Hierbei stehen also

externe Bedingungen im Mittelpunkt, die über Beobachtungen oder Befragungen zugänglich sind.

Das Phänomen Multitasking ist in vier unterschiedliche Komponenten aufzugliedern

- *Multitasking-Fähigkeit* umfasst sowohl basale kognitive Fähigkeiten der Aufmerksamkeit, des Arbeitsgedächtnisses und der Verarbeitungsgeschwindigkeit als auch die konkrete Leistung bei kombinierten Aufgaben. Zur Messung dieser basalen Fähigkeiten, welche mit der Leistung in Multitasking-Aufgaben korrespondiert, können kognitive Leistungstests herangezogen werden.
- *Multitasking-Präferenzen* können definiert werden als positive Einstellungen gegenüber der Durchführung mehrerer paralleler Handlungen mit unterschiedlichen Zielen. Für die persönliche Vorliebe, mehrere Aufgaben gleichzeitig zu erledigen, wird üblicherweise der Begriff *Polychronizität* verwendet (vgl. Hall, 1959; König & Waller, 2010).

Die oben genannten Komponenten konstituieren nach unserer Auffassung lediglich die externen und internen Bedingungen, die Multitasking mehr oder weniger wahrscheinlich machen. Das bedeutet: Ob Multitasking tatsächlich praktiziert wird oder nicht, hängt von den situativen Anforderungen und von der Multitasking-Fähigkeit und den Multitasking-Präferenzen der jeweiligen Person ab (vgl. Abb. 13). Zu einer verhaltensnäheren Beschreibung möchten wir hier den Begriff des Multitasking-Verhaltens verwenden.

Begriffsklärung Multitasking-Verhalten

Mit Multitasking-Verhalten bezeichnen wir eine individuelle Verhaltensweise oder Strategie, mindestens zwei Handlungen mit unterschiedlichen Zielen in einem definierten Zeitraum auszuführen.

Mit diesem Verständnis von Multitasking-Verhalten lehnen wir uns an die Definition von Lee und Taatgen (2002) an. Diese verstehen Multitasking als Verhalten oder eine Verhaltensstrategie, die darauf abzielt, die Anforderungen mehrerer Aufgaben im gleichen Zeitraum zu bewältigen. Salvucci (2005) hebt zusätzlich hervor, dass durch diese Verhaltensstrategie mehrere Aufgaben miteinander kombiniert und diese in eine größere Aufgabe integriert werden: „(…) general human multitasking – how people integrate and perform multiple tasks in the context of a larger complex task" (S. 457 f.). Ähnlich kann Multitasking auch als „Fähigkeit, mehrere Aufgaben oder Unteraufgaben-Komponenten einer größeren, komplexeren Aufgabe zu vereinen, zu integrieren, und auszuführen" (Kiefer & Urbas, 2006, S. 2) verstanden werden.

Salvucci (2005) unterscheidet mehrere Arten von Aufgaben, die beim Multitasking miteinander kombiniert werden:
1. *Diskrete, aufeinanderfolgende Aufgaben:* Diese Art von Doppelaufgaben kommt häufig in Laborexperimenten zum Einsatz, z. B. wenn visuelle Reize und Kopfrechenaufgaben im raschen zeitlichen Wechsel bearbeitet werden sollen (Rubinstein, Meyer & Evans, 2001). Im Alltag sind solche kurz getakteten diskreten Aufgaben dagegen eher selten vorzufinden.

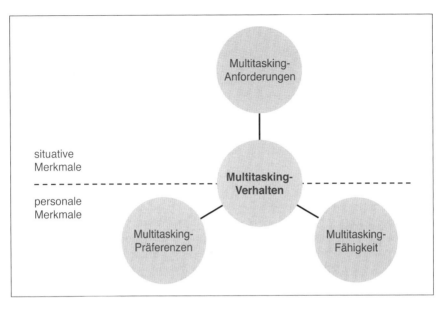

Abbildung 13: Komponentenmodell zur Diagnostik von Multitasking

2. *Diskrete, gleichzeitige Aufgaben:* Diese Kategorie unterscheidet sich von der zuletzt genannten darin, dass die Zweitaufgabe mit einer zeitlichen Verzögerung einsetzt, während die erste Aufgabe noch nicht abgeschlossen ist. Ein Beispiel hierfür ist die Aufgabe, gleichzeitig Auto zu fahren und einen Aufmerksamkeitstest zu bearbeiten (Kiefer et al., 2006).
3. *Elementare, kontinuierliche Aufgaben:* Hierbei handelt es sich um einen Aufgabentyp, bei dem eine Aufgabe kontinuierlich erledigt werden muss und dazwischen vereinzelte kurze und relativ einfache Aufgaben zu bearbeiten sind. Ein Beispiel hierfür ist der Telefondienst eines Callcenter-Mitarbeiters: Während eines Kundengesprächs müssen in kurzen Zeitintervallen Daten abgerufen oder in den PC eingegeben werden.
4. *Zusammengesetzte, kontinuierliche Aufgaben:* Bei dieser Kategorie geht es um eine parallele Bearbeitung mehrerer Aufgaben, zwischen denen über einen längeren Zeitraum hin- und hergewechselt werden muss. Ein populäres Beispiel hierfür ist das Telefonieren während des Autofahrens (vgl. Drews, Pasupathi & Strayer, 2008).

Verschiedene Formen von Aufgabenkombinationen

Bei Mehrfachtätigkeiten im Arbeitsalltag handelt es sich also eher selten um diskrete, in sich abgeschlossene Aufgaben. Weitaus stärker verbreitet sind kontinuierliche Aufgaben sowie komplexe „Aufgabenpakete", die in Einzeltätigkeiten zerlegt oder aufgrund von Unterbrechungen auf einen späteren Zeitpunkt aufgeschoben und dann wieder aufgenommen werden.

Aus den bisherigen Überlegungen und vorliegenden empirischen Feldstudien kann folgende vorläufige Arbeitsdefinition von Multitasking abgeleitet werden.

> **Arbeitsdefinition**
>
> Multitasking ist eine Verhaltensstrategie, bei der versucht wird, mehrere Aufgaben in einem begrenzten Zeitraum parallel zu bewältigen. Hierbei werden mehrere Aufgaben oder Aufgaben-Komponenten miteinander kombiniert und kontinuierlich oder aufeinanderfolgend ausgeführt. Die Wahrscheinlichkeit von Multitasking hängt von externen Anforderungen wie auch von individuellen Fähigkeiten und Präferenzen ab.

2.1.3.2 Empirische Zusammenhänge zwischen den Komponenten

Wie hängt das Multitasking-Verhalten mit den drei anderen, oben beschriebenen Multitasking-Komponenten empirisch zusammen? Aus der oben erwähnten Befragung von Berufstätigen und Studierenden (Zimber & Chaudhuri, 2013) liegen Ergebnisse zu allen vier Konstrukten vor. Multitasking-Anforderungen, -Präferenzen und -Verhalten korrelierten miteinander statistisch signifikant (vgl. Tab. 3). Die Multitasking-Fähigkeit wies dagegen zu keiner anderen der drei Komponenten substanzielle Beziehungen auf. Dieses Ergebnis bestätigte sich in einer Faktorenanalyse, wonach die Multitasking-Komponenten zwei voneinander unabhängigen Dimensionen zugeordnet werden konnten (Faktor 1: Multitasking-Anforderungen, -Präferenzen und -Verhalten; Faktor 2: Multitasking-Fähigkeit). Auch König, Bühner und Mürling (2005) fanden keinen substanziellen Zusammenhang zwischen Multitasking-Präferenzen und der mit dem gleichen Test erfassten Multitasking-Fähigkeit. Letztere erwies sich vor allem mit kognitiven Fähigkeiten assoziiert (vgl. hierzu ausführlicher Kap. 3).

Die Multitasking-Fähigkeit ist von den anderen Komponenten unabhängig

Tabelle 3: Pearson-Korrelationen zwischen den vier Multitasking-Komponenten (Zimber & Chaudhuri, 2013; $N = 721$ Berufstätige und Studierende; bei Multitasking-Fähigkeit $N = 116$ Studierende)

Multitasking-...	Anforderungen (1)	Fähigkeit (2)	Präferenzen (3)	Verhalten (4)
(1) Anforderungen	*(.70)*			
(2) Fähigkeit	.11	*(–)*		
(3) Präferenzen	.19**	.01	*(.87)*	
(4) Verhalten	.39**	.03	.42**	*(.75)*

Anmerkungen: Die jeweiligen Multitasking-Komponenten wurden gemessen mit 1 = Skala nach Baethge & Rigotti (2013a); 2 = Simultankapazität im SIMKAP-Test von Bratfisch & Hagmann (2008); 3 = Polychronizitätsskala von König, Bühner & Mürling (2005); 4 = Skala von König, Oberacher & Kleinmann (2010); ** $p < .01$; Cronbachs Alpha in Klammern.

2.2 Theorien und Modelle

Im folgenden Kapitel wird Multitasking aus der Sicht der Grundlagenforschung und der arbeitswissenschaftlichen Forschung dargestellt.

2.2.1 Kognitions- und neuropsychologische Grundlagen

Zunächst werden wir die an Multitasking beteiligten kognitiven Prozesse näher beleuchten. Diese Betrachtung ist bedeutsam, um zu verstehen, wie Menschen mit Multitasking-Anforderungen umgehen und worin klare Grenzen der Ausführbarkeit von Aufgabenkombinationen liegen. Für die Bearbeitung von Multitasking-Aufgaben sind vor allem das Arbeitsgedächtnis, das sogenannte prospektive Gedächtnis, die Aufmerksamkeit und die fluide Intelligenz als relevante Konstrukte zu nennen (Bühner, König, Pick & Krumm, 2006; König et al., 2005). Diese kognitiven Mechanismen werden wir im Folgenden daher kurz erläutern und auf relevante Modellvorstellungen im Zusammenhang mit Multitasking eingehen (vgl. auch Baethge & Rigotti, 2010; Rigotti & Baethge, 2013).

Multitasking steht mit verschiedenen kognitiven Prozessen im Zusammenhang

2.2.1.1 Arbeitsgedächtnis

Das Arbeitsgedächtnis speichert kurzfristig Informationen, die zur Ausübung einer aktuellen Aufgabe nötig sind. Die Kapazität des Arbeitsgedächtnisses ist begrenzt. Wir können in Abhängigkeit von der Komplexität der Informationen nur etwa 2 bis 5 Informationseinheiten gleichzeitig im temporären Speicher aufrechterhalten (Alvarez & Cavanagh, 2004; Cowan, 2005). Durch die Verknüpfung von Informationen (sogenannte „Chunks") kann die Gedächtnisleistung gesteigert werden. Aber auch hier gilt in der Regel die Obergrenze von 7 ± 2 Chunks. Informationen im Arbeitsgedächtnis sind nach etwa einer halben Minute wieder verloren, wenn sie nicht aktiv aufrechterhalten werden. Kognitionswissenschaftler haben verschiedene Modelle entwickelt, welche die Funktionsweise des Arbeitsgedächtnisses beschreiben (vgl. Berti, 2010).

Das Arbeitsgedächtnismodell von Baddeley und Hitch

Nach Baddeley und Hitch (1974) besteht das Arbeitsgedächtnis aus einer zentralen Exekutive, welcher drei zuarbeitende Speichermodule vorgeschaltet sind (vgl. Abb. 14). In der sogenannten phonologischen Schleife werden nach dieser Modellvorstellung sprachliche Informationen verarbeitet. Man geht dabei von einer Speicherdauer von 1 bis 2 Sekunden aus. Durch „Rehearsal", also Wiederholung, kann eine Information länger aufrechterhalten werden.

Arbeitsgedächtnis als hierarchische Struktur mit unterschiedlichen Modalitäten

Der räumlich-visuelle Notizblock stellt ein System zur vorübergehenden Speicherung von räumlicher und visueller Informationen dar. Die Komponente „episodischer Puffer" wurde erst später dem Modell hinzugefügt (Baddeley, 2000). Dieser soll für die Bildung der bereits angesprochenen Chunks verantwortlich sein. Der zentralen Exekutive in diesem Modell kommt u. a. die Funktion der Aufmerksamkeitssteuerung zu (vgl. Baddeley, 2012).

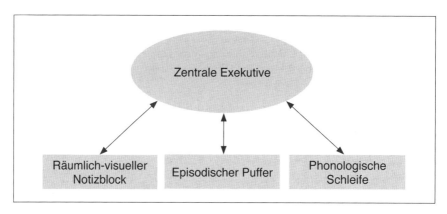

Abbildung 14: Arbeitsgedächtnismodell nach Baddeley (2012)

Prozessmodell des Arbeitsgedächtnisses

Während im Arbeitsgedächtnismodell von Baddeley und Hitch (1974) das Arbeitsgedächtnis und das Langzeitgedächtnis als zwei getrennte Einheiten dargestellt werden, geht Cowan (1999) davon aus, dass das Arbeitsgedächtnis ein Bestandteil des Langzeitgedächtnisses ist. Die Informationen aus unterschiedlichen Modalitäten werden demnach in einem einzigen Speicher, anstatt wie im Multispeicher-Modell in unterschiedlichen Subsystemen, gehalten. Dem Arbeitsgedächtnis kommt im Modell die Funktion der Aufmerksamkeitsfokussierung zu. Dies zeigt die enge Verzahnung dieser Konzepte.

Das Arbeitsgedächtnis als integraler Bestandteil des Langzeitgedächtnisses

2.2.1.2 Aufmerksamkeit

Die (auditive) Aufmerksamkeitsforschung bietet mit der Filtertheorie (Broadbent 1958), der Theorie der späten Selektion (Deutsch & Deutsch, 1963), der Attenuationstheorie (Abschwächungstheorie) der Aufmerksamkeit (Treisman, 1964) sowie dem Threaded-Cognition-Modell (vgl. z. B. Salvucci & Taatgen, 2008) verschiedene Erklärungsansätze, wie Aufmerksamkeitsselektionsprozesse funktionieren könnten. Der Aufmerksamkeit kommt die Aufgabe zu, aus der Vielzahl dargebotener Reize und Informationen zu selektieren und jene herauszufiltern, die für die aktuelle Handlung oder die Verarbeitung von Sinnesreizen notwendig sind.

Aufmerksamkeit ist ein Selektionsprozess eingehender Reize

Filtertheorie der Aufmerksamkeit

Nicht zuletzt wegen der eingängigen Benennung bleibt wohl Studierenden der Psychologie das Cocktailparty-Phänomen in Erinnerung. Stellen Sie sich vor, Sie sind in einem Raum mit vielen Menschen und unterhalten sich mit der Person neben Ihnen. Trotz der vielen Gespräche, die geführt werden, und der Hintergrundgeräusche im Raum gelingt es in der Regel gut, sich auf einen Gesprächspartner zu fokussieren. Andere Informationen werden ausgeblendet. Aus diesen und ähnlichen Beobachtungen entstand die Filtertheorie der Aufmerksamkeit. Broadbent (1958) geht in seiner Theorie davon aus, dass es nur eine zentrale Einheit gibt, welche nur eine Nachricht zur gleichen Zeit für die tiefere (semantische) Verarbeitung zulässt (also nur seriell und nicht parallel arbeiten kann). Folglich muss der Aufmerksamkeitsfilter bereits sehr früh wirken und funktioniert auf der Basis physikalischer Reizmerkmale (also z. B. die Stimm- und Tonlage eines Erzählers auf der Cocktailparty). Informationen passieren diesen Filter nach dem Alles-oder-Nichts-Prinzip.

Die Filtertheorie der Aufmerksamkeit postuliert einen sehr frühen Filter

Es hat sich jedoch herausgestellt, dass der angenommene Filter durchlässiger sein muss, als in der Filtertheorie der Aufmerksamkeit angenommen wurde. So horchen z. B. die meisten Menschen auf, wenn auf der Cocktailparty im Hintergrund zu ihrem Gespräch ihr Name fällt. Auch konnte gezeigt werden, dass Informationen nicht beachteter Reize Einfluss auf das Verhalten haben können. Dies führte zu neuen Überlegungen.

Abschwächungstheorie der Aufmerksamkeit

Die Abschwächungstheorie nach Treisman (1960) ersetzte das Alles-oder-Nichts-Paradigma durch das Mehr-oder-Weniger-Prinzip. Nach dieser Theorie werden also Informationen, die nicht im Aufmerksamkeitsfokus stehen, nicht komplett ausgeblendet, sondern lediglich abgeschwächt (gehemmt). Übersteigen diese eine bestimmte Reizschwelle, können sie in den Fokus der Aufmerksamkeit gelangen. Nach wie vor ging Treisman (1960) von einem sehr frühen Selektionsmechanismus aus, dem sie jedoch eine Hierarchie von Verarbeitungsstufen zugrunde legte.

Nach der Abschwächungstheorie werden Reize nur gehemmt, nicht komplett ausgeblendet

Ziel-Aktivierungs-Modell

Da Multitasking in vielen Fällen als serielle Bearbeitung von Aufgaben im schnellen Wechsel angesehen werden kann, ist auch das Ziel-Aktivierungs-Modell in diesem Zusammenhang von Interesse. Grundidee ist hier, dass Unterbrechungen zum „Vergessen" von Zielen führen. Ein Ziel wird definiert als „a mental representation of an intention to accomplish a task" (Altmann & Trafton, 2002, S. 39). Es wird verstanden als Wegweiser zum Bearbeiten einer Aufgabe.

Damit eine Aufgabe durchgeführt werden kann, muss das zugehörige Ziel aktiviert sein. Eine Art „zentrale Exekutive" greift auf das Arbeitsgedächtnis zu und ruft das Ziel ab, welches am stärksten aktiviert ist. Das führt zur Ausführung einer Handlung: „Simply stated, the goal in mind is the goal with the highest level of activation" (Monk, Boehm-Davis & Trafton, 2004, S. 651). Wird ein Ziel nun – durch eine Pause oder Unterbrechung – mehr als zwei Sekunden nicht abgerufen, führt dies zu einem nachlassenden Aktivierungsgrad (Einstein, McDaniel, Williford, Pagan & Dismukes, 2003). Dabei besteht die Gefahr, dass das Ziel unter das „Interferenzniveau" fällt, also unter den Aktivierungsgrad des aktivsten Störziels (Altmann & Trafton, 2002). Wenn also eine primäre Aufgabe durch eine Störaufgabe unterbrochen wird, sinkt der Aktivierungsgrad des primären Ziels. Gleichzeitig wird das Störziel so weit aktiviert, dass die Störaufgabe bearbeitet werden kann. Im Anschluss wird das primäre Ziel reaktiviert, damit zur primären Aufgabe zu-

Handlungen werden durch Ziele gesteuert

Das Ziel mit der aktuell höchsten Aktivierung ist handlungsleitend

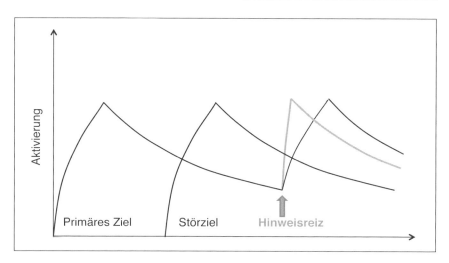

Abbildung 15: Zielaktivierungen bei Unterbrechungen mit und ohne Hinweisreiz (in Anlehnung an Altmann & Trafton, 2002, S. 48)

rückgekehrt werden kann. Abbildung 15 bietet einen Überblick zu den Zielaktivierungen bei Unterbrechungen. Dort wird außerdem deutlich, dass die Aktivierung des Ziels nicht gleichmäßig abfällt, sondern anfangs etwas schneller.

Theorie der späten Selektion

Erst durch die Annahme einer späten Selektion von Reizen wird parallele Verarbeitung denkbar

Im Gegensatz zu den Theorien der frühen Aufmerksamkeitsselektion gingen Deutsch und Deutsch (1963) davon aus, dass zunächst alle Reize aufgenommen und vom Gehirn verarbeitet werden und erst kurz vor der Reaktion auf einen bestimmten Reiz die Selektion greift. Die Auswahl relevanter Reize aus der Umwelt erfolgt nach dieser Theorie erst durch eine Gewichtung der Relevanz für den aktuellen Handlungsfluss. In dieser Theorie wurde somit erstmals die serielle Abarbeitung auf höheren kognitiven Ebenen in Frage gestellt. Eine tatsächlich parallele Verarbeitung von Informationen schien möglich.

Die Kontroverse zwischen früher und später Aufmerksamkeitsselektion brachte im weiteren Verlauf der Aufmerksamkeitsforschung keine klaren Gewinner hervor. Vielmehr hat sich die Sichtweise, basierend auf experimentellen Befunden, durchgesetzt, dass der Selektionsmechanismus selbst flexibel ist. In Abhängigkeit von der Fülle und Komplexität an Informationen, die auf den Menschen einwirken, greift der Filter entweder früh oder eben später, nachdem eingegangene Informationen bereits (semantisch) verarbeitet wurden.

Aufmerksamkeit und multiple Handlungen

Theorien zur selektiven Wahrnehmung reichen nicht aus, um Multitasking-Handlungen zu verstehen. Hierzu müssen nicht nur gleichzeitig Informationen verarbeitet werden, sondern es muss auch eine Reaktion darauf erfolgen. Wickens (1984) entwickelte das Modell der multiplen Ressourcen. Darin wird nun davon ausgegangen, dass verschiedene Modalitäten tatsächlich gleichzeitig im Gehirn verarbeitet werden können (z. B. ein sensorischer, motorischer und kognitiver Prozess). Aufbauend auf diesem Ansatz entwickelten Salvucci und Taatgen (2008) die Theorie der Threaded Cognition.

Aufmerksamkeitsprozesse allein genügen nicht zur Erklärung von Multitasking

Threaded Cognition

Die Theorie der Threaded Cognition (Salvucci & Taatgen, 2008) stellt die aktuellste Modellvorstellung zur Erklärung kognitiver Prozesse dar, die bei Multitasking beteiligt sind. Sie bedient sich dabei früherer Theorien. Die zentrale Idee dieses Ansatzes besteht darin, dass es eine seriell arbeitende, zentrale Einheit gibt, die jedoch Aufgaben an verschiedene parallel arbeitende Prozesse verteilen kann. In dieser Theorie werden drei Einheiten unterschieden: (1) die prozedurale Ressource

Nach dem Threaded-Cognition-Ansatz arbeiten höhere Einheiten seriell und operative Einheiten parallel

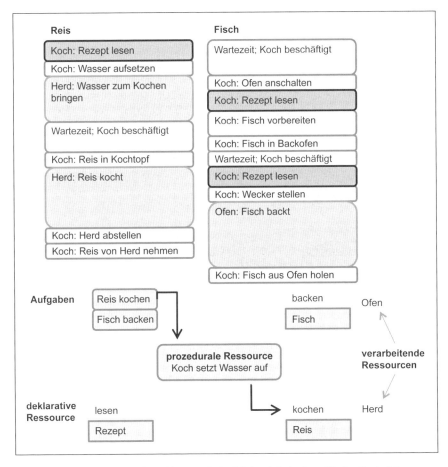

Abbildung 16: Threaded Cognition am Beispiel der Arbeit eines Kochs (in Anlehnung an Salvucci & Taatgen, 2008, S. 103)

(vergleichbar mit der zentralen Exekutive), (2) die deklarative Ressource (hier sind Wenn-Dann-Regeln zur Ausführung einer Aufgabe gespeichert) und (3) die verarbeitenden Ressourcen. Während die prozedurale Ressource nur seriell arbeiten kann, also dem Alles-oder-Nichts-Prinzip unterliegt, können die verarbeitenden Ressourcen parallel arbeiten.

Der Zugriff auf Ressourcen erfolgt nach Vorstellung des Modells nach einem „Greedy-polite-scheduling"-Algorithmus – begierig (greedy) in dem Sinne, dass auf Ressourcen zugegriffen wird, sobald sie frei werden; höflich (polite) in dem Sinne, dass Ressourcen freigegeben werden, sobald sie nicht mehr benötigt werden. Die Autoren verwenden als Beispiel die Arbeit eines Kochs (vgl. Abb. 16, vgl. auch Baethge & Rigotti, 2010).

Nehmen wir an, die prozedurale Ressource ist ein Koch, welcher gleichzeitig Reis kochen und einen Fisch backen will. Verarbeitende Ressourcen sind Herd und Backofen, und die deklarative Ressource ist das Rezept. Zuerst greift der Koch auf das Rezept zu, dann nimmt er den Wassertopf und kocht Wasser. Während das Wasser kocht, heizt er den Ofen vor und schaut anschließend im Rezept nach, wie er den Fisch zubereiten soll. Inzwischen hat das Wasser angefangen zu kochen und wartet auf den Reis. Der Koch schiebt den Fisch in den Backofen und schüttet den Reis in den Kochtopf. Er schaut im Rezept nach, wie lange der Fisch backen soll und stellt anschließend einen Wecker. Dann wartet er und kontrolliert den Reis, stellt den Herd ab und nimmt den Topf vom Herd. Wenn der Wecker klingelt, holt er den Fisch aus dem Ofen. Anhand dieses Beispiels kann auch die Wirkung von Erfahrung oder Übung geklärt werden. Wenn der Koch das Rezept kennt, muss er nicht im Kochbuch (deklarative Ressource) nachsehen, sondern das Rezept ist bereits in seinem Zielpuffer als Handlungsanweisung gespeichert (Baethge & Rigotti, 2010, S. 35 f.; nach Salvucci & Taatgen, 2008).

Aufgabenwechsel-Paradigma

Multitasking ist häufig nur ein schneller Wechsel zwischen den Aufgaben. Das im Folgenden präsentierte Paradigma des Aufgabenwechsels (*task-switching*; Monsell, 2003) versucht die auftretenden Effekte zu erklären. Jegliche Art von Aufgabenwechseln ist grundsätzlich mit gewissen Kosten verbunden, welche durch die Differenz zwischen Leistungen nach einem Aufgabenwechsel und Leistungen ohne Aufgabenwechsel beschrieben werden. Diese sogenannten Wechselkosten (*switching costs*) spiegeln sich je nach experimentellem Design in situativ ansteigenden Reaktionszeiten oder höheren Fehlerquoten wider. Zusätzlich konnte ein Vorbereitungseffekt nachgewiesen werden, wonach es zu einem Abfall der Wechselkosten kommt, wenn Probanden den Zeitpunkt wissen, wann der nächste Aufgabenwechsel erfolgt. Die Wechselkosten lassen sich jedoch nicht vollständig beseitigen, gewisse Restkosten bleiben stets bestehen. Für gewöhnlich erholen sich Probanden sehr schnell von einem Aufgabenwechsel. Die Reaktionszeiten sind jedoch auch lange nach einem Wechsel noch höher. Folglich hat ein Aufgabenwechsel kurzfristige (Wechselkosten) und langfristige Folgen (*mixing costs* oder Mischkosten).

> Beim Hin- und Herspringen zwischen Aufgaben entstehen Wechselkosten

Diese Folgen werden im Aufgabenwechsel-Paradigma um weitere Basisphänomene, wie beispielsweise den Neuanfangs-Effekt *(restart effect)* oder die Abhängigkeit von der Aufgabenbereitschaft, ergänzt.

Wie diese Effekte zustande kommen, kann anhand von mehreren Theorien erklärt werden. Die Task-Set-Reconfiguration-Theorie (Aufgabensatzneuordnung, TSR) beschreibt, dass ein Aufgabenwechsel die Aktivierung neuer Ziele sowie die Übertragung neuer Handlungspläne ins Arbeitsgedächtnis erfordert. Entsprechend müssen die Ziele der vorherigen Aufgabe gehemmt werden, damit – gemäß Ziel-Aktivierungs-Theorie – die neuen Ziele eine höhere Aktivierung aufweisen als die alten und somit handlungsleitend werden (Monsell, 2003). Anknüpfend an diese Mechanismen lassen sich auch das Auftreten von Wechselkosten und der Vorbereitungseffekt erklären. Personen, die wissen, dass ein Aufgabenwechsel unmittelbar stattfinden wird, sind in der Lage, die Prozesse der Aufgabensatzneuordnung (TSR) bereits zu initialisieren (Salvucci, 2009). Monsell (2003) erläutert jedoch, dass vor dem Wechsel vermutlich nicht alle TSR-Prozesse abgeschlossen werden können, sodass grundsätzlich Restkosten zu verzeichnen sind.

> Aufgabenwechsel können mental antizipiert und vorbereitet werden

Auch konnte gezeigt werden, dass Aufgabenwechselübergänge einer gewissen Trägheit unterliegen, was als Task-Set-Inertia (TSI) bezeichnet wird (Mayr & Keele, 2000). Der Begriff beschreibt das Phänomen, dass bei einem Übergang zu einer stärkeren Aufgabe höhere Wechselkosten entstehen als bei einem Übergang zu einer schwächeren Aufgabe. Stärkere Aufgaben müssen zudem stärker gehemmt werden, entsprechend kostet ihre Wiederaktivierung mehr Zeit. In diesem Zusammenhang konnte zudem gezeigt werden, dass Aufgaben, welche weniger häufig geübt wurden, mehr Unterstützung durch das Gedächtnis benötigen und daher zu höherer TSI führen als gut automatisierte bzw. geübte Handlungen.

Diese Art von proaktiver Interferenz äußert sich somit in höheren Wechselkosten (Monsell, 2003) und kann u. a. mit dem Task-Set-Inhibition-Paradigma erklärt werden. Task-Set-Inhibition bedeutet, dass bei einem Aufgabenwechsel die nicht vollständige Primäraufgabe zugunsten der Sekundäraufgabe aktiv – und nicht etwa automatisch – gehemmt werden muss, um diese bearbeiten zu können (Mayr & Keele, 2000). Aus diesem Umstand resultieren residuale Wechselkosten bzw. Mischkosten (Mayr & Keele, 2000).

> Ziele der Primäraufgabe müssen aktiv gehemmt werden

Zusammenfassend lässt sich somit feststellen, dass mit dem Task-Switching-Paradigma durchaus die auftretenden Effekte bei einem Aufgabenwechsel erklärt werden können. Da Multitasking einen ständigen Aufgabenwechsel impliziert, können die Ergebnisse der Task-Switching-Forschung zudem teilweise auch auf diese Prozesse angewandt werden. Dies gilt jedoch nur unter der Bedingung, dass die Aufgaben komplex genug sind, dass sie nicht gleichzeitig ausgeführt werden können, da in diesem Fall ein Vorbereitungseffekt zu erwarten wäre, welcher sich lediglich in Rest- und Mischkosten, jedoch nicht in Wechselkosten äußern würde (Altmann & Gray, 2008). Auch unterscheiden sich Multitasking-Aufgaben von reinen Task-Switching-Aufgaben, indem beim Multitasking Prozesse der Selbstorganisation wirken, welche sowohl positive als auch negative Effekte haben könnten.

> Ergebnisse aus der Task-Switching-Forschung lassen sich bedingt auf das Phänomen Multitasking übertragen

Veränderungen der Aufmerksamkeit?

Schon bei kleinen Kindern ist zu beobachten, wie sie mit den Händen versuchen, einen Text oder ein Bild zu zoomen, weil sie dies bei der Bedienung von Smartphones beobachtet haben.

In öffentlichen Verkehrsmitteln und auch auf der Straße ist zu sehen, dass immer mehr Menschen sich scheinbar kaum von ihrem Smartphone lösen können, um u. a. in den sozialen Netzwerken Spuren zu hinterlassen. Studierende sitzen immer häufiger mit ihrem Laptop oder Smartphone in der Vorlesung, was nachgewiesenermaßen die Erinnerungsleistungen verringert (Hambrooke & Gay, 2003).

Ob in der Werbung, in Musikvideos oder Spielfilmen: die Schnelligkeit der dargebotenen Bilder und Schnitte hat sich in den letzten Jahrzehnten drastisch verändert. Im Film „Casablanca" (1943), der als eher schnell geschnittener Film galt, konnten Szenen wie Humphrey Bogarts „Schau mir in die Augen, Kleines!" mit 790 Einstellungen von immerhin durchschnittlich 7.3 Sekunden ihren Weg ins kollektive Gedächtnis finden. Der Film „Natural Born Killers" (1994) hingegen rast in 2 000 Einstellungen von durchschnittlich 2 Sekunden Dauer am Betrachter vorüber. Aber natürlich gibt es auch heute noch Filme, die langsamer geschnitten sind (Korte, 2010).

Zweifelsohne hat sich die Menge an zur Verfügung stehenden Informationen rasant potenziert. Aber sind diese Veränderungen in der Informationsflut auch mit einer Veränderung von Aufmerksamkeitsleistungen und -prozessen verbunden?

Unter dem Stichwort der „Digitalen Demenz" entbrannte ein Diskurs über die schädlichen Wirkungen von Computern, Smartphones und dem Internet. Appel und Schreiner (2014) gingen populärwissenschaftlichen kolportierten Mythen zur Wirkung der Internetnutzung nach. Sie widerlegen dabei, basierend auf empirischen Befunden, die Thesen zu einem Zusammenhang zwischen Internetnutzung und einer Reduktion sozialer Interaktionen, weniger gesellschaftlichem Engagement, Einsamkeit und Fettleibigkeit. Lediglich Fernsehkonsum erwies sich als signifikanter Prädiktor für Fettleibigkeit, jedoch mit sehr schwachen Effektstärken ($r=.08$). Es lassen sich aber auch negative Effekte in der Literatur finden. Becker, Alzahabi und Hopwood (2013) befragten 318 amerikanische Studierende zu ihrem Multitasking-Medienkonsum. Gefragt wurde nach der Nutzungsdauer von 12 Medientypen und deren Kombination. Je häufiger Studierende mehrere Medien gleichzeitig nutzten, desto höher waren auch ihre Ängstlichkeitswerte ($r=.17, p<.01$) und Depressivität ($r=.20, p<.01$). Diese Zusammenhänge blieben auch unter Kontrolle der Persönlichkeitsmerkmale Neurotizismus und Extraversion bestehen. Eine kausale Wirkrichtung kann aus dieser Studie jedoch nicht abgeleitet werden.

Nachzuweisen ist allerdings ein massiver Anstieg der Diagnose Aufmerksamkeitsdefizit-(Hyperaktivitäts-)Syndrom (ADHS) in den letzten Jahren. Es stellt sich die Frage, ob tatsächlich so viel mehr Kinder (und zunehmend auch Erwachsene) Aufmerksamkeitsprobleme haben, ob die Pharmaindustrie als Profiteur hier beeindruckende PR-Arbeit leistete, oder ob sich unser Bild von „normaler" Aktivität bei Kindern und Jugendlichen verändert hat? Abbildung 17 stellt die Abnahme von Methylphenidathydrochlorid (wie es in Ritalin, dem am häufigsten verschriebe-

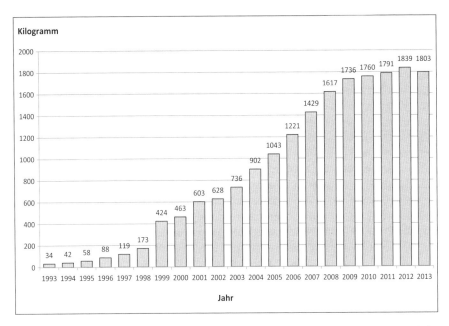

Abbildung 17: Erwerb von Methylphenidat durch Apotheken in Form von Fertigarzneimitteln (Bundesinstitut für Arzneimittel und Medizinprodukte, 2014)

nen Medikament bei ADHS, enthalten ist) von Apotheken in Kilogramm dar. Von 1993 bis 2012 hat sich die abgegebene Menge mehr als ver-54-facht! Im Jahr 2013 gab es erstmals seit 20 Jahren keinen Anstieg des Verbrauchs.

Aber hat die Aufmerksamkeitsleistung in unserer Gesellschaft tatsächlich abgenommen? Einen Hinweis darauf können Normtabellen von Aufmerksamkeitstests geben. Vergleicht man Veränderungen über die Zeit, so sollte bei gleichen Testergebnissen und aktualisierten Normen ein anderer Normwert resultieren. Um dies zu überprüfen haben wir die Normtabellen des d2-R (Brickenkamp, Schmidt-Atzert & Liepmann, 2010) mit früheren Versionen verglichen. Der Test dient der Messung der Konzentration bei Aufgaben, die Aufmerksamkeit verlangen. In der revidierten Auflage von 2010 muss eine Testperson im Vergleich zur Normstichprobe aus dem Jahr 1962 für den gleichen Prozentrang einen höheren Gesamttestwert erreichen. Dies deutet also eher auf eine durchschnittliche Verbesserung der Aufmerksamkeitsleistung in der Bevölkerung hin.

2.2.1.3 Interferenztheorien

Interferenztheorien sind zumeist neurokognitive Theorien, welche sich mit der Frage beschäftigen, wie und ob sich unterschiedliche kognitive Prozesse gegenseitig beeinflussen. So konnte gezeigt werden, dass vorgelagerte und nachfolgende kognitive Prozesse sich wechselseitig beeinflussen können. Diese Wechselwirkun-

Verschiedene kognitive Prozesse können sich gegenseitig beeinflussen

gen werden je nach Wirkrichtung proaktive bzw. retroaktive Interferenzen genannt und treten vor allem im Zusammenhang mit Gedächtnisleistungen auf (vgl. Melton & von Lackum, 1941). So wurde beispielsweise dargelegt, dass die Stärke der Interferenzeffekte direkt proportional zur zuvor gelernten Information ist.

Auch wurden neben der Frage, ob sich unterschiedliche Aufgaben gegenseitig beeinflussen, überprüft, wie sie sich beeinflussen. Die Frage, warum Personen in einigen Fällen erfolgreich bei der Bewältigung von zwei oder mehr unterschiedlichen Aufgaben sind und in anderen Fällen nicht, ist dabei von zentraler Bedeutung (Pashler, 1994). Hier kommt die Interferenzforschung jedoch zu unterschiedlichen Ergebnissen. Die Theorie des Capacity Sharing vertritt die These, dass alle kognitiven Prozesse, welche dieselben Hirnareale beanspruchen, zu Interferenzen führen, weil sie die gleichen Kapazitäten ansprechen. Dies führt zu Hemmungseffekten für den schwächeren Prozess. Auch können neue Prozesse nicht gestartet werden, bevor nicht aktuelle Prozesse beendet oder wiederum unterdrückt werden (Pashler, 1994). Jedoch gibt es mit sogenannten Cross-Talk-Modellen auch entgegengesetzte Theorien, welche postulieren, dass gerade Aufgaben, welche unterschiedliche Gehirnregionen ansprechen, aufgrund der gesteigerten kognitiven Koordination dieser Aufgaben zu Interferenzeffekten führen. Sie weisen darauf hin, dass eine Reduzierung des sogenannten cross-talks zwischen kognitiven Arealen auch zur Reduzierung von Interferenzen beiträgt (Pashler, 1994). Für die Ausführung mehrerer Aufgaben gleichzeitig (Multitasking) dürfte es von entscheidender Bedeutung sein, inwiefern sich die beteiligten Prozesse gegenseitig stören oder nicht.

2.2.1.4 Fluide Intelligenz

Cattell (1971) führte die Unterscheidung in fluide und kristalline Intelligenz ein. Unter fluider Intelligenz wird die Fähigkeit verstanden, neuartige Probleme zu lösen, die keine oder nur minimale Wissensvoraussetzungen besitzen. Unter kristalliner Intelligenz wird die Fähigkeit verstanden, erworbenes Wissen für die Lösung von Problemen zu verwenden. Während die fluide Intelligenz ihren Höhepunkt im jungen Erwachsenenalter erreicht und danach kontinuierlich abnimmt, scheint die kristalline Intelligenz im Erwachsenalter bei entsprechender Nutzung zuzunehmen und erst mit etwa 65 Jahren abzunehmen (Cavanaugh & Blanchard-Fields, 2006). Dies wird zum einen mit alterungsbedingten Abbauprozessen, zum anderen mit fehlender Übung erklärt. Als eine basale Intelligenzkomponente kann die Verarbeitungsgeschwindigkeit angesehen werden und auch Aufmerksamkeits- und Arbeitsgedächtnisleistung sind mit der fluiden Intelligenz assoziiert (Kyllonen & Christal, 1990). Daher kommt der fluiden Intelligenz für die Multitasking-Fähigkeit eine herausragende Rolle zu.

2.2.1.5 Neurologische Strukturen

Die Erforschung, welche Hirnregionen bei Multitasking-Aufgaben involviert sind, scheint auf den ersten Blick von geringer praktischer Relevanz, ist aber für das Verständnis der Funktionsweise des menschlichen Gehirns von großer Bedeutung. Insbesondere altersbedingte Abbauprozesse können so besser verstanden und mit der Leistung bei bestimmten Aufgaben in Zusammenhang gebracht werden.

Es konnte gezeigt werden, dass vor allem der präfrontale Kortex bei Multitasking-Aufgaben aktiviert ist (D'Esposito et al., 1995; Dreher & Grafman, 2003). Dieser Bereich des Gehirns wird mit der Bewältigung sogenannter höherer kognitiver Prozesse in Verbindung gebracht, also die Antizipation, das Planen, die zielgerichtete Durchführung von Handlungen, deren Überwachung und Durchführung (vgl. hierzu auch Baethge & Rigotti, 2010). Auch das Kleinhirn (Cerebellum), welches vor allem mit motorischen Funktionen assoziiert wird, scheint bei der Bewältigung von Multitasking-Aufgaben beteiligt zu sein (Bellebaum & Daum, 2007).

EEG-Studien und bildgebende Verfahren können Aufschluss über parallele vs. serielle Bearbeitung liefern

In einer Elektroenzephalogramm (EEG)-Studie konnte Weißbecker-Klaus (2014) zeigen, dass trotz der Instruktion, zwei Aufgaben (visuelle Aufgabe am Computer und Beantwortung von Fragen) gleichzeitig zu bearbeiten, die Bearbeitung sequentiell im schnellen Wechsel erfolgte: „Trotz unterschiedlicher neuronaler Generatoren schaffte es das Gehirn nicht, unter den gegebenen Versuchsbedingungen beiden Prozessen ohne Einbußen zur selben Zeit gerecht zu werden" (Weißbecker-Klaus, 2014, S. 49).

2.2.2 Arbeitswissenschaftliche Theorien

Neben den kognitions- und neurowissenschaftlichen Grundlagen sind für das theoretische Verständnis von Multitasking auch arbeitswissenschaftliche Konzepte von Bedeutung. Da Multitasking hier vorrangig im Arbeitskontext behandelt wird, gehen wir im Folgenden ausführlicher auf Konstrukte und Modelle insbesondere aus der Arbeitspsychologie ein.

2.2.2.1 Relevante arbeitspsychologische Konstrukte

In der Arbeitspsychologie werden die Begriffe Anforderungen, Belastungen und Beanspruchungen unterschieden (vgl. Richter & Hacker, 1998; Zapf & Semmer, 2004): *Anforderungen* bewegen die Beschäftigten zur Regulation ihres Arbeitshandelns und können im positiven Fall auch der Kompetenz- und Persönlichkeitsentwicklung dienen (Ulich, 2005). Unter *Arbeitsbelastungen* werden alle äußeren Einflüsse verstanden, die auf den Beschäftigten einwirken; diese können negativ wie auch positiv ausfallen. Stressoren sind dagegen negativ als ungünstige äußere Einwirkungen zu verstehen. Ein allgemeines Rahmenkonzept zu Arbeitsstressoren von McGrath (1981) geht von drei Belastungsbereichen, dem materiell-technischen, dem sozialen und dem persönlichen Bereich aus. In allen drei Bereichen sowie in deren Schnittmengen können Belastungen entstehen. *Beanspruchungen* geben die Wirkungen dieser äußeren Faktoren innerhalb der betroffenen Person wieder. Darunter werden somatisch-physiologische Erregungs- und Aktivierungswerte wie Pulsfrequenz oder Blutdruck sowie psychische Reaktionen, u. a. Ermüdung, Sättigung oder Monotonie, zusammengefasst, die während des Arbeitsprozesses oder kurz danach auftreten (vgl. Richter & Hacker, 1998).

Unterscheidung zwischen Anforderungen, Belastungen und Beanspruchung

Während die Belastung in ihrer Intensität unabhängig von der betroffenen Person besteht, ist die jeweilige Beanspruchungsreaktion individuell verschieden. Nicht die Größe der objektiven Belastung, sondern die des subjektiven Belastungsempfindens ist für das Auftreten und das Ausmaß der Beanspruchung ausschlaggebend.

Beanspruchungen und Beanspruchungsfolgen als Wechselwirkung zwischen situativen und personalen Merkmalen

Vorhersagen über die zu erwartende Beanspruchung können daher nur bei Kenntnis individueller Merkmale wie z. B. dem Gesundheitszustand, bestimmten Persönlichkeitsmerkmalen, Handlungskompetenzen oder sozialen Ressourcen gemacht werden. So stehen bei der mentalen Beanspruchung das Ausmaß und die Art der Inanspruchnahme kognitiver Ressourcen in Abhängigkeit von den individuell verfügbaren Ressourcen. Bei den *Beanspruchungsfolgen* werden kurz- sowie mittel- bis langfristige körperliche, psychische und verhaltensbezogene Folgen unterschieden (Kaufmann, Pornschlegel & Udris, 1982).

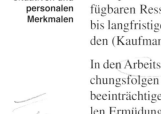

In den Arbeitswissenschaften wird vor allem den kurzfristigen negativen Beanspruchungsfolgen große Aufmerksamkeit geschenkt, da diese die Leistungsfähigkeit beeinträchtigen können. Kurzfristige psychische Folgen von Beanspruchung stellen Ermüdung, Sättigung, Monotonie und Stress dar (Richter & Hacker, 1998):

– *Ermüdung* bezeichnet die Abnahme der Funktionsfähigkeit des Organismus als Folge von Beanspruchung; psychische Ermüdung ist eine Konsequenz andauernder Informationsaufnahme und -verarbeitung. Sie kann durch Erholung und Schlaf wieder rückgängig gemacht werden.

Psychische Beanspruchung: unmittelbare Effekte in der Person

– *Monotonie* ist ein Zustand herabgesetzter allgemeiner zentraler Aktiviertheit, in der Regel hervorgerufen durch qualitative Unterforderung, z. B. durch einen eingeengten Beobachtungsumfang oder Wiederholungstätigkeiten ohne große Abwechslung. Dieser Zustand kann durch einen Wechsel der Tätigkeit innerhalb kurzer Zeit beseitigt werden.

– *Psychische Sättigung* wird als ein Zustand erhöhter affektiver Wachheit verstanden, der begleitet wird von ärgerlich-unruhigen, unlustbetonten Empfindungen und Sinnverlust. Im Arbeitskontext tritt Sättigung häufig als Folge negativer emotionaler (Misserfolgs-)Erlebnisse auf; dieser Zustand kann durch Tätigkeiten, die als positiv und sinnvoll erlebt werden, kompensiert werden.

– *Stress* ist ein subjektiver, intensiver, unangenehmer Spannungszustand, der aus der Befürchtung resultiert, dass eine stark aversive, zeitlich nahe, subjektiv lang andauernde Situation wahrscheinlich nicht vollständig kontrollierbar ist, deren Vermeidung aber subjektiv wichtig erscheint (Greif, 1991).

Stress ist das am stärksten diskutierte Phänomen, was sich u. a. in einer Vielzahl von Erklärungsmodellen zur Stressentstehung niederschlägt (vgl. Sonnentag & Frese, 2003; Zapf & Semmer, 2004). Stressmodelle sind zum Verständnis der Beziehungen und Wechselwirkungen zwischen Arbeitsbedingungen, individuellen Voraussetzungen und gesundheitlichen Folgen bedeutsam. Da eine Darstellung der einschlägigen Modelle den Rahmen dieses Buches sprengen würde, sollen hier nur drei Ansätze besprochen werden, die im Kontext von Multitasking besonders relevant sind, nämlich die Handlungsregulationstheorie, das Transaktionale Stressmodell und das Job-Demand-Control-Modell.

2.2.2.2 Handlungsregulationstheorie

Hacker (2005) und Volpert (1987) legten ein allgemeines arbeitsbezogenes Handlungsmodell vor, aus dem Konsequenzen für die Beanspruchung abgeleitet werden können. Nach ihrem Verständnis erfordern Arbeitstätigkeiten zielorientiertes Handeln, bei dem eine kognitive Regulation der Handlung erforderlich ist. Die mit einer Arbeitshandlung verbundenen Ziele sind hierarchisch von Zielen über Handlungen und Operationen bis zu einzelnen Bewegungen gegliedert. Der Ansatz unterscheidet je nach kognitiver Komplexität der Tätigkeit drei Regulationsebenen: denkgestützte Regulation (intellektuelle Ebene), wissens-/erfahrungsgestützte Regulation (perzeptive Ebene) und psychisch automatisierte, routinegeleitete Regulation (psychomotorische Ebene). Der Handlungsregulationsprozess besteht in der Zielbildung, der Planung von Handlungsschritten sowie in der mentalen Überwachung der Zielerreichung. Die Theorie geht von der Grundannahme aus, dass Menschen Tätigkeiten bevorzugen, die hierarchisch und sequentiell vollständig sind („vollständige Tätigkeit"). Drei Regulationsebenen von Handlungen

Die intrapsychische Handlungsregulation ist eng mit psychischen Beanspruchungsreaktionen verknüpft: So wirken sich Regulationsanforderungen wie z. B. Komplexität und Vollständigkeit ebenso wie Regulationsmöglichkeiten wie z. B. Handlungsspielraum günstig auf die erlebte Beanspruchung aus. Ungünstige Beanspruchungen entstehen dann, wenn die selbstständige Handlungsregulation durch Regulationshindernisse, Regulationsunsicherheit oder Regulationsüberforderung gestört wird (vgl. Abb. 18).

Versucht man Multitasking in die Terminologie der Handlungsregulationstheorie einzuordnen (vgl. hierzu z. B. Frese & Zapf, 1994; Hacker & Sachse, 2014; Zapf & Semmer, 2004), so ist der Begriff der Regulationsanforderung wohl am ehesten angemessen. Zum Regulationsproblem im Sinne einer Regulationsüberforderung wird sie erst dann, wenn sich die Multitasking-Anforderungen als zu komplex gestalten, um sie noch erfolgreich regulieren zu können. Gründe hierfür können u. a. zu viele oder zu schwierige Anforderungen, ungenügende Regulationsmöglichkeiten in der Arbeitssituation oder ungenügende Regulationskapazitäten der Person sein. Multitasking kann je nach Ausprägung den Regulationsanforderungen oder -problemen zugeordnet werden

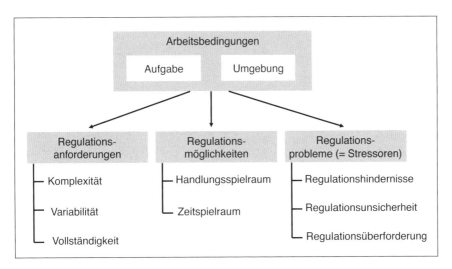

Abbildung 18: Anforderungen, Möglichkeiten und Probleme bei der Handlungsregulation (nach Zapf & Semmer, 2004)

2.2.2.3 Transaktionales Stressmodell

Lazarus und Folkman (1984) fokussierten in ihrem Modell intrapsychische Verarbeitungsprozesse, die beim Stressgeschehen ablaufen. Stress ist nach diesem Konzept eine Funktion der Bewertung durch das aktive, sich mit der Umwelt auseinandersetzende Individuum. Ereignisse in der Umwelt werden vor dem Hintergrund der individuellen Voraussetzungen bewertet. Erst durch die Bewertung des Individuums wirken sie belastend oder Stress erzeugend. Die kognitive Bewertung der Situation kann an drei Stationen festgemacht werden (vgl. Abb. 19): Bei der primären Bewertung wird der potenzielle Stressor als schädigend, bedrohlich oder aber als herausfordernd eingeschätzt. Bei der sekundären Bewertung schätzt das Individuum seine vorhandenen Bewältigungsfähigkeiten und -möglichkeiten ein. Die Neubewertung bezieht sich auf Informationen der eigenen Stressreaktion aus der Umwelt und deren Reflexion mit Blick auf potenziell neu auftretende Stresssituationen.

Das Transaktionale Stressmodell postuliert drei Bewertungsprozesse

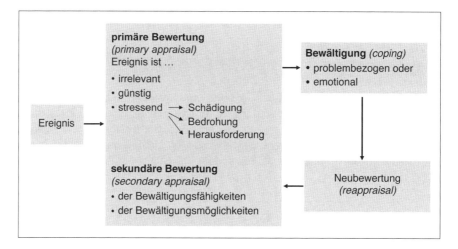

Abbildung 19: Bewertungsprozesse in Stresssituationen (nach Lazarus & Launier, 1981)

Ob Multitasking-Anforderungen zu Beanspruchungsfolgen (Stress) führen, ist nach diesem Modell also von der Bewertung der Situation sowie den Bewältigungskompetenzen der Person abhängig. Demnach könnten Multitasking-Anforderungen zu einer Herausforderung („challenge stressor") oder zu einer Bedrohung („hindrance stressor") werden, je nach individuellen Leistungsvoraussetzungen und Bewertungen.

2.2.2.4 Job-Demand-Control-Modell

Karasek (1979) ging davon aus, dass eine hohe Arbeitsintensität (job demands) alleine noch nicht zu negativen Beanspruchungsfolgen führt. Bei deren Vorhersage ist vielmehr die erlebte Kontrolle *(control)* mit zu berücksichtigen. Ungünstig ist eine Kombination einer dauerhaft hohen Arbeitsintensität mit einem als gering erlebten Handlungsspielraum *(high strain job*; vgl. Abb. 20). Personen in solchen Arbeitskonstellationen haben ein signifikant erhöhtes Risiko für Erschöpfungszustände, Depressivität, Nervosität, Schlaf- und Beruhigungsmittelkonsum sowie kardiovaskuläre Erkrankungen. Arbeitsplätze, an denen eine hohe Arbeitsintensität mit Kontrollmöglichkeiten gepaart sind *(active job)*, sind dagegen mit salutogenen Auswirkungen auf die Motivation und Gesundheit, u. a. psychologisches Wachstum und Entwicklung von Kompetenzen, verbunden (Theorell, 2003). Eine geringe Arbeitsintensität, gleich ob ohne *(passive job)* oder mit Kontrollmöglichkeiten *(low strain job)*, soll dagegen mit wenig Stress, jedoch mit Unterforderung und wenig Entwicklungsmöglichkeiten verbunden sein.

Das Job-Demand-Control-Modell postuliert eine interaktive Wirkung von Arbeitsanforderungen und Autonomie

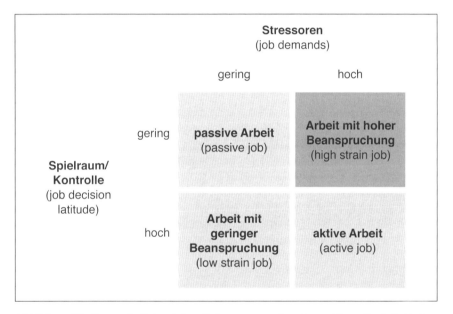

Abbildung 20: Stress als Folge hoher Belastungen und geringen Kontrollmöglichkeiten (nach Karasek, 1979)

Während die beiden Haupteffekte des Modells – eine erhöhte Wahrscheinlichkeit für Stressreaktionen bei hoher Arbeitsintensität sowie eine geringere Wahrscheinlichkeit bei vorhandener Kontrolle – unbestritten sind, liegen zur Wechselwirkung beider Variablen, zur sogenannten „Pufferhypothese", uneinheitliche Befunde vor (vgl. Schmidt & Hollmann, 2004). Von Karasek und Theorell (1990) wurde später die soziale Unterstützung als weitere Moderatorvariable in das Modell aufgenommen.

Multitasking-Anforderungen tragen im Regelfall zu einer Erhöhung der Arbeitsanforderungen und der Arbeitsintensität *(job demands)* bei und haben damit nach Karasek eine höhere Beanspruchung zur Folge. Ob diese stressend *(high strain job)* oder aber aktivierend *(active job)* wirken, hängt u. a. von den Kontrollmöglichkeiten *(job decision latitude)* ab. Kann z. B. ein Erwerbstätiger selbstständig entscheiden, in welcher Reihenfolge die Paralleltätigkeiten abgearbeitet werden, so wird er diese Arbeit eher als aktivierend denn als stark beanspruchend erleben.

3 Auswirkungen von Multitasking

3.1 Folgen von Multitasking bei der Arbeit

Nachdem das Phänomen „Multitasking" und seine kognitions-, neuro- und arbeitswissenschaftlichen Bezüge dargelegt wurden, gibt dieses Kapitel einen Einblick in die Folgen, mit denen Multitasking verbunden sein kann. Veränderungen in der Arbeitsleistung und der erlebten Beanspruchung sind die am häufigsten beschriebenen Konsequenzen von Multitasking bei der Arbeit (Baethge & Rigotti, 2010; Rigotti & Baethge, 2013; Zimber et al., 2010).

Multitasking wurde v. a. im Zusammenhang mit Leistung und Beanspruchung untersucht

Einen ersten Zugang zu dem Spektrum potenzieller Folgen von Multitasking bietet die bereits erwähnte qualitative Studie mit 21 leitenden Sekretärinnen (Zimber et al., 2010). Multitasking wurde von den Befragten recht unterschiedlich bewertet: In zwölf Interviews stand die mit Multitasking verbundene Herausforderung im Vordergrund, in sechs Interviews die daraus resultierende Belastung. Die restlichen Personen konnten sich nicht eindeutig positionieren. Diese erlebten Multitasking als ein Phänomen, das sich in unterschiedlichen Situationen als günstig oder als ungünstig erweisen kann. Insgesamt wurden mehr negative als positive Assoziationen genannt. Die positiven Bewertungen waren überwiegend leistungsbezogen (u. a. Zeitersparnis, Bestätigung der eigenen Leistungsfähigkeit). Negative Begleiterscheinungen bestanden in mentaler Daueranforderung und negativen Beanspruchungsreaktionen (u. a. Stress, Müdigkeit, Affektlabilität, Aggressivität, erhöhter Blutdruck). Auch Leistungseinbußen (z. B. höhere Fehlerquote, Vergessen von Aufgaben) infolge von Multitasking wurden berichtet.

Multitasking wird unterschiedlich wahrgenommen und subjektiv mit positiven wie negativen Folgen verknüpft

3.1.1 Leistungsbezogene Folgen

3.1.1.1 *Leistungsveränderungen in Laborstudien*

Leistungsveränderungen bei Multitasking gelten aus der Laborforschung als sehr gut belegt: So konnten in verschiedenen Studien erhöhte Reaktionszeiten, Wechsel- und Mischkosten sowie Fehlerraten festgestellt werden (Rubinstein et al., 2001). Wechselkosten werden insbesondere in Form von Interferenzeffekten, d. h. in wechselseitigen Störungen beim Umschalten zwischen zwei Aufgaben (vgl. ausführlicher hierzu Kap. 2), deutlich und schlagen sich in substanziellen Leistungseinbußen nieder (vgl. Lee & Taatgen, 2002; Salvucci & Taatgen, 2008). Spezifische Prozesse der Informationsverarbeitung wie das Enkodieren (Einprägen), Auswählen und Abrufen sind für Interferenzen anfälliger als andere wie z. B. das Ausführen von Handlungen (Koch, 2008). Je mehr kognitive Ressourcen also für den jeweiligen Teilprozess aufgewendet werden müssen, umso höher fallen die Leistungsbeeinträchtigungen bei Doppelaufgaben aus.

Multitasking führt zu abnehmender Gesamtleistung

Auch Buser und Peter (2012) konnten Leistungsverschlechterungen bei der Kombination von Aufgaben (Sudoku und Wortsuche in einem Buchstabengitter) im Vergleich zur seriellen Bearbeitung der Aufgaben nachweisen. Dabei spielte die Freiwilligkeit des Multitasking-Verhaltens keine Rolle. Darüber hinaus zeigten sich keine Geschlechtsunterschiede in der Multitasking-Leistung.

Ergebnisse, die bezüglich der Leistungsveränderungen noch differenzierter zu bewerten sind, legten Mark, Gudith und Klocke (2008) vor. In einer experimentellen Studie untersuchten sie, wie 24 Probanden, die bei einer Aufgabe unterbrochen wurden, im Vergleich zu einer gleich großen Gruppe ohne Unterbrechung mit der Primäraufgabe nach der Unterbrechung zurechtkamen. Überraschenderweise erledigten sie die Aufgabe nach einer Unterbrechung in kürzerer Zeit. Bei der Qualität der Aufgabenbearbeitung zeigten sich keine statistisch bedeutsamen Unterschiede. Allerdings gingen diese Kompensationsleistungen in der Gesamtgruppe mit einer Reihe von psychischen Kosten einher: Sie mussten sich signifikant stärker anstrengen und erlebten mehr Zeitdruck, Frustration und Stress als die Kontrollpersonen.

> **Leistungserhalt geht mit höherer Anstrengung und Zeitdruck einher**

Ein Nachteil solcher Laborforschung besteht darin, dass die Doppelaufgaben, die dort eingesetzt werden, z. B. geometrische Muster zuordnen und gleichzeitig Kopfrechnen (Rubinstein et al., 2001), auf Aufgabenstellungen im Alltag nur begrenzt übertragbar sind. Es stellt daher eine große Herausforderung für die Multitasking-Forschung dar, solche Aufgabenstellungen zu entwickeln, die für alltags- oder arbeitsplatznahe Probleme Relevanz haben (Müller & Krummenacher, 2008; Monsell, 2003; Tombu & Jolicoeur, 2003).

3.1.1.2 Leistungsveränderungen in Feldstudien

Welche Leistungsindikatoren herangezogen werden sollten, um die Arbeitsleistung zu erfassen, wird in der Literatur kontrovers diskutiert: Infrage kommen Kompetenzen der Beschäftigten, das Arbeitsverhalten sowie das Arbeitsergebnis (Viswesvaran & Ones, 2000). Die Forschergruppe um Campbell (Campbell, McCloy, Oppler & Sager, 1993) entwickelte ein Modell zur Vorhersage der Arbeitsleistung, bei der sie deklaratives Wissen, prozedurales Wissen (Fähigkeiten) und Motivation multiplikativ verknüpften. Zur Messung der Arbeitsleistung kommen sowohl objektive, ohne Bewertungen von Personen erfasste Messgrößen wie auch subjektive Indikatoren in Frage. Bei letzteren ist wiederum zwischen der Selbst- und Fremdeinschätzung – etwa durch Vorgesetzte, Kollegen oder Kunden – zu unterscheiden.

> **Berufliche Leistung setzt sich aus verschiedenen Komponenten zusammen**

In den folgenden Abschnitten unterscheiden wir zwischen der Qualität und der Quantität der Leistung, da die Auswirkungen von Multitasking hierauf differenziert zu bewerten sind.

Ergebnisse zur Leistungsqualität

Zunächst ein Beispiel aus dem Alltag, das die möglichen Folgen von Multitasking plakativ vor Augen führt: Ablenkung durch sogenannte „fahrfremde Tätigkeiten" wie z. B. Telefonieren entsteht dann, wenn der Fahrer seine Aufmerksamkeit von der Fahraufgabe abwendet und zeitlich begrenzt auf ein Objekt, ein Ereignis oder eine Person richtet. Diese Tätigkeit kann durch bestimmte Ziele des Fahrers bedingt sein (z. B. eine CD einzulegen), durch die Situation (z. B. ein interessantes Gebäude) oder als Reaktion auf unkontrollierte, zufällige Ereignisse (z. B. plötzliches Auftauchen eines Kindes oder Tieres). Ablenkungen und damit verbundene Risiken werden allerdings von vielen Autofahrern noch immer verharmlost: Nur jeder zweite Autofahrer verzichtet demnach bewusst auf das Telefonieren im Auto; jeder Dritte telefoniert zwar im Auto, nutzt jedoch eine Freisprecheinrichtung; 15 % der Befragten führen Telefongespräche trotz Verbot auch ohne Freisprechanlage (Deutscher Verkehrssicherheitsrat, o. J.). Aus der Unfallforschung ist bekannt, dass bereits geringe Ablenkungszeiten das Unfallrisiko erheblich steigern können. Schweift der Blick des Autofahrers z. B. nur eine kurze Zeitspanne von der Straße zum Navigator, ist das rechtzeitige Reagieren auf weitere Verkehrsereignisse nahezu unmöglich. Tätigkeiten, die direkt mit dem Fahren und Führen eines Kraftfahrzeugs zu tun haben, sind u. a. Lenken, Schalten, Gas geben und Bremsen. Die Technik im Auto ist für eine schnelle und einfache Bedienung optimiert. Anders sieht es dagegen mit Geräten aus, die nicht für die Bedienung während des Fahrens gedacht sind, z. B. das Handy oder Smartphone. Selbst mit der vorgeschriebenen Freisprechanlage lenken Telefonate grundsätzlich von anderen Tätigkeiten ab, auch von der Teilnahme am Straßenverkehr. Katastrophale Folgen kann z. B. das Bedienen eines Smartphones während der Fahrt haben. Abbildung 21 stellt unterschiedliche Ablenkungsfaktoren im Straßenverkehr nach ihrer Häufigkeit und dem jeweils damit verbundenen Unfallrisiko dar (die Einteilung erfolgte auf der Grundlage einer qualitativen Analyse von Unfallstatistiken; vgl. Deutscher Verkehrssicherheitsrat, o. J.).

Ablenkungen beim Autofahren erhöhen das Unfallrisiko

Welche Ansätze könnten zur Erklärung solcher Leistungsveränderungen herangezogen werden? Weiter oben haben wir bereits die höhere Aufgabenschwierigkeit und

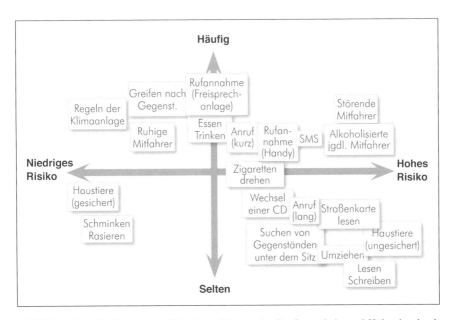

Abbildung 21: Häufigkeit von Ablenkungsfaktoren im Straßenverkehr und Höhe des damit verbundenen Verkehrsrisikos (Deutscher Verkehrssicherheitsrat, o. J., Abdruck erfolgt mit freundlicher Genehmigung des Deutschen Verkehrssicherheitsrats)

die erhöhte kognitive und physiologische Aktivierung, die mit Mehrfachaufgaben einhergeht, angesprochen (vgl. Monsell, 2003; Paridon & Kaufmann, 2010). Nach dem Yerkes-Dodson-Gesetz (Yerkes & Dodson, 1908) ist davon auszugehen, dass zwischen der physiologischen Aktivierung und der Leistungsfähigkeit ein umgekehrt U-förmiger Zusammenhang besteht. Bei Unter- als auch Überforderung ist die Leistung geringer als bei mittlerem Aktivierungsniveau. Aufgrund des Arousals, das bei Multitasking-Aufgaben auftritt, ist von einer geringeren Leistung als bei einem mittleren Aktivierungszustand auszugehen (ausführlicher hierzu vgl. weiter unten).

Multitasking übersteigt vermutlich schnell ein mittleres Aktivierungsniveau

Cohen (1980) belegte in seinem „Cognitive Fatigue Model", dass unkontrollierbare kognitive Stressoren wie z. B. Informationsüberfluss oder unvorhersehbare Unterbrechungen eine mentale Ermüdung und langfristig eine kognitive Erschöpfung nach sich ziehen. Diese kann sich in Leistungseinbußen z. B. einer erhöhten Fehlerrate oder Unfällen niederschlagen.

Zeigarnik-Effekt: Nicht vollendete Aufgaben und Arbeitsergebnisse, mit deren Qualität man nicht zufrieden ist, bleiben länger im Gedächtnis

Zeigarnik (1927) konnte nachweisen, dass die Spannung, die bei einer Konzentrationsaufgabe aufgebaut wird, erst dann abgebaut wird, wenn diese Aufgabe abgeschlossen ist. Andernfalls bleibt diese Spannung „im Hintergrund" bestehen und sorgt dafür, dass die vorherige Aufgabe die gerade bearbeitete Aufgabe stören kann. Da Menschen ein Bedürfnis nach Aufgabenvollendung haben, scheint die Unzufriedenheit mit der Qualität der erbrachten Leistung zu einer gedanklichen Weiterbeschäftigung zu führen. Demnach ist anzunehmen, dass die Bearbeitungsqualität bei der Verfolgung multipler Aufgabenziele nachlassen kann. Insgesamt ist also unter Multitasking-Bedingungen von einer nachlassenden Leistungsqualität auszugehen, je komplexer und schwieriger die Aufgabe ausfällt und je länger diese andauert.

Ein Beispiel für die Messung von Leistungsveränderungen unter Multitasking-Aufgaben im realitätsnahen Setting stellt die Forschung an Fahrsimulatoren *(dual-task driving studies)* dar. In solchen Untersuchungen werden die Teilnehmer aufgefordert, während des Autofahrens (Primäraufgabe) weitere (Sekundär-)Aufgaben wie z. B. Kopfrechnen oder Konzentrationsaufgaben zu bearbeiten. Die Aufgabe am Fahrsimulator besteht üblicherweise darin, die Fahrspur zu halten, d. h. Seiten- und Mittellinie nicht zu überschreiten, wobei Geschwindigkeit und Schwierigkeit der Strecke variiert werden können. Ein Vorteil dieser Versuchsanordnung besteht darin, dass die Leistung über Apparate objektiv erfasst werden kann.

Im Fahrsimulatorexperiment von Strayer und Johnston (2001) mussten die Probanden parallel zum Autofahren telefonieren. Während der Telefonate nahmen die Fahrfehler wie auch die Reaktionszeiten signifikant zu. In einer Studie von Paridon und Kaufmann (2010) wurden in der Experimentalgruppe neben der Fahraufgabe zwei Varianten von Sekundäraufgaben vorgegeben: eine aus mehreren Teilaufgaben bestehende Distraktionsaufgabe (u. a. auf einem Mobiltelefon Nummern eingeben, aus einer Geldbörse passendes Wechselgeld holen) sowie eine Rechtschreibkontrolle von Texten, die den Probanden am Bildschirm präsentiert wurden. Die Kontrollgruppe hatte dagegen lediglich eine Aufgabe ohne Parallelaufgabe zu bearbeiten. Als Leistungsindikatoren wurden bei der Primäraufgabe die Einhaltung der Fahrspur und bei den Sekundäraufgaben die mittleren Reaktionszeiten für die richtigen Reaktionen erfasst. Unter den Multitasking-Bedingungen wurden signifikant mehr Fehler bei der Fahraufgabe registriert (1.2 m gegenüber 0.76 m Linienabweichung; $p < .001$). Ebenso waren die Leistungen bei den Sekundäraufgaben signifikant geringer als in der Kontrollgruppe (6.98 gegenüber 2.27 richtigen Antworten von 9 Aufgaben; $p < .001$). Die Autorinnen schließen aus diesen Ergebnissen eine deutlich höhere Fehleranfälligkeit bei Multitasking-Anforderungen, die sich auf die Verkehrssicherheit ungünstig niederschlägt. Diese Ergebnisse sind konsistent mit den Befunden, die McCartt, Hellinga und Braitman (2006) sowie Horrey und Wickens (2006) in ihrem Literaturreview bzw. ihrer Metaanalyse zusammentrugen. Danach können Paralleltätigkeiten wie Telefonieren während des Lenkens eines Fahrzeuges zu einem signifikant erhöhten Unfallrisiko beitragen.

Studien in Fahrsimulatoren zeigen, dass zusätzliche Aufgaben die Fahrleistung drastisch verschlechtern

In einigen Fahrsimulatorexperimenten wurden darüber hinaus auch die Art und Schwierigkeit der Zweitaufgabe variiert. Hierbei sollte überprüft werden, ob die oben berichteten Leistungseinbußen eher bei kognitiv anspruchsvolleren Sekundäraufgaben auftreten als z. B. bei Aufgaben, die leicht automatisiert werden können. Im oben erwähnten Experiment von Strayer und Johnston (2001) mussten die Probanden während der Fahraufgabe eingeblendete Wörter wiedergeben (einfache Aufgabe) oder nach einer bestimmten Regel produzieren (schwierigere Aufgabe). Die Leistungseinbußen waren bei der Produktionsaufgabe erheblich, während unter der Wiedergabe-Bedingung keine signifikanten Leistungsveränderungen bei der Fahraufgabe beobachtet wurden. In einem Fahrsimulatorexperiment von Kiefer und Urbas (2006; Kiefer, Schulz, Schulze-Kissing & Urbas, 2006) war parallel zum Autofahren ein d2-Aufkerksamkeits-Konzentrations-Test zu bearbeiten. Bei diesem Test müssen in Reihen, die aus d und p bestehen und mit keinem, einem, zwei, oder drei Strichen versehen sind, alle „d" mit zwei Strichen so schnell wie möglich markiert werden (Brickenkamp et al., 2010). Der Fokus dieser Studie lag hier ebenfalls auf dem Leistungsverhalten bei der Zweitaufgabe. Die Autoren gestalteten die Sekundäraufgaben unterschiedlich anspruchsvoll, um mögliche Leistungsveränderungen unter Multitasking-Bedingungen auf jeweils beteiligte Informationsverarbeitungsprozesse zurückführen zu können. Hierzu gaben sie drei unterschiedliche Varianten von d2-Aufgaben vor: Die Probanden mussten (a) nur das mittlere Muster der Testzeilen bearbeiten, (b) jeweils die ganze Zeile bearbeiten, bevor die nächste Zeile dargeboten wurde, (c) jeweils die ganze Zeile bearbeiten und sich zusätzlich merken, welche Zeile als nächstes zu bearbeiten war. Auf der Grundlage von Wickens' (2002) Modell multipler Ressourcen wurde bei der Testwiederholung für Version (b) der stärkste Leistungsanstieg erwartet, da die Bearbeitung dort rasch automatisiert werden kann. Für die mit einer zusätzlichen Gedächtnisleistung angereicherte Version (c) wurden die geringste Leistung und ebenso die geringste Leistungsverbesserung erwartet, da hierbei höhere kognitive Prozesse aktiviert werden mussten. Diese Annahmen konnten im Experiment überwiegend bestätigt werden. Die aus den oben genannten Konzepten abgeleitete Annahme, dass die Leistungsbeeinträchtigung durch Multitasking von der Schwierigkeit der Aufgaben und von dem Ausmaß der zur erfolgreichen Bearbeitung erforderlichen kognitiven Ressourcen abhängt, kann aufgrund dieser experimentellen Befunde somit bestätigt werden.

Das Ausmaß der Leistungseinbußen durch Multitasking ist abhängig von der Komplexität der Aufgaben

Unter der praktischen Perspektive der Arbeitsgestaltung könnte neben der Schwierigkeit der Doppelaufgabe auch die Kontrolle, die der Beschäftigte über die Aufgabenbearbeitung hat, eine wichtige Rolle spielen (vgl. Ulich, 2010). In einem eigenen Fahrsimulatorexperiment (Zimber, Neuthinger & Thunsdorff, 2012) variierten wir bei insgesamt 92 Probanden zusätzlich zur Aufgabenschwierigkeit (60 bzw. 90 km/h) auch den Handlungsspielraum. Vergleichbar mit dem Versuchsaufbau von Kiefer und Kollegen (2006) mussten die Versuchspersonen parallel zum Autofahren den oben beschriebenen d2-Test bearbeiten. Der Handlungsspielraum wurde über zwei Zusatzmodule im d2-Test operationalisiert: die Möglichkeit, den Tastendruck zur Bestätigung des Buchstabens rückgängig zu machen („Reset"-Taste) und die Option, einzelne Buchstaben bei der Bearbeitung zu überspringen („Weiter"-Taste). Personen ohne Handlungsspielraum verfügten dagegen nicht über diese Funktionen und konnten die dargebotenen Buchstaben ausschließlich mit „Ja" oder „Nein" bestätigen. Konsistent mit den oben berichteten Befunden machten die Probanden bei höherer Schwierigkeit der Fahraufgabe signifikant mehr Fehler (1.92 gegenüber 0.14 Fehlern bei einfacher Fahrstrecke; $p<.01$). War ein Handlungsspielraum vorhanden, so konnten die Leistungseinbußen aufgrund höherer Schwierigkeit kompensiert werden, was mit dem in Abbildung 22 dargestellten signifikanten Interaktionseffekt belegt wird.

> **Verfügbarer Handlungsspielraum kann negative Leistungseffekte von Multitasking abschwächen**

Der Handlungsspielraum erwies sich in dieser Studie jedoch nur bei der schwierigen, nicht bei der einfachen Fahraufgabe als leistungsförderlich; bei einfacher Strecke machten die Probanden sogar mehr Fahrfehler, wenn sie Einfluss auf die Bearbeitung des d2-Tests hatten. Ob dieses Ergebnis allein der Versuchsanordnung geschul-

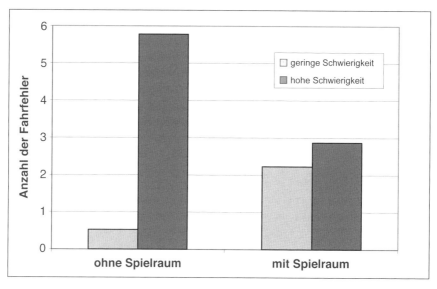

Abbildung 22: Anzahl der Fahrfehler in Abhängigkeit von zwei Bedingungen im Fahrsimulatorexperiment von Zimber et al. (2012; insges. $N=92$; Haupteffekt Schwierigkeit: $p<.001$; Haupteffekt Spielraum: n.s.; Interaktionseffekt Schwierigkeit × Spielraum: $p<.001$)

det ist oder auf die besondere Bedeutung von Kontrollmöglichkeit bei schwierigen, aber nicht bei Multitasking-Aufgaben verweisen könnte, muss noch in weiteren Experimenten untersucht werden.

Ergebnisse zur Leistungsmenge und Produktivität

Die bisher vorgestellten Studien fundieren auf objektiven Leistungsdaten und gehen von einer mit der Schwierigkeit nachlassenden Qualität aus. Trifft dies auch für andere Leistungsindikatoren zu?

Adler und Benbunan-Fich (2012) untersuchten an einer Stichprobe amerikanischer Studierender zwei Indikatoren: die Genauigkeit sowie die Produktivität bei der Bearbeitung einer Multitasking-Aufgabe. Übereinstimmend mit den oben berichteten Ergebnissen aus Fahrexperimenten stand die Genauigkeit mit den Anforderungen in einem linearen negativen Zusammenhang, d. h. je höher die Anforderungen, desto mehr Fehler machten die Studierenden. Im Gegensatz hierzu bestand zwischen den Multitasking-Anforderungen und der Produktivität ein umgekehrt U-förmiger Zusammenhang, d. h. letztere war bei mittleren Anforderungen höher als bei geringen oder hohen Anforderungen.

<small>Unterschiedliche Effekte auf die Qualität und Quantität der Arbeitsleistung durch Multitasking</small>

Weigl, Müller, Angerer, Vincent und Sevdalis (2012) untersuchten Zusammenhänge zwischen der Häufigkeit von Multitasking-Anforderungen und der selbst eingeschätzten Leistung. Bei den befragten Ärzten zeigten sich geringe positive Zusammenhänge, d. h. sie hatten subjektiv den Eindruck höherer Produktivität, wenn mehrere Tätigkeiten von ihnen gleichzeitig gefordert wurden.

<small>Subjektiv kann der Eindruck höherer Produktivität durch Multitasking entstehen</small>

Van der Horst, Klehe und van Leeuwen (2012) untersuchten den Zusammenhang zwischen der Multitasking-Fähigkeit und der Arbeitsleistung bei Callcenter-Agenten. Die Fähigkeit wurde bei der Personalauswahl erfasst und die Arbeitsleistung durch Vorgesetzte später eingeschätzt. Die Multitasking-Fähigkeit zeigte nur einen indirekten Zusammenhang zur Arbeitsleistung, der über die fluide Intelligenz vermittelt wurde. Ein direkter negativer Effekt resultierte jedoch für die Vorhersage leistungsbezogener Kündigung.

Aral, Brynjolfsson und van Alstyne (2012) werteten über einen Zeitraum von 10 Monaten über 125.000 E-Mails einer Personaldienstleistungsfirma aus. Die Autoren kamen zu dem Schluss, dass höhere Multitasking-Anforderungen mit einem höheren Output verbunden waren, jedoch die Produktivität bei einer bestimmten Anzahl paralleler Projekte wieder sinkt: „More multitasking is associated with more project output, but diminishing marginal returns" (S. 849). Der von Adler und Benbunan-Fich (2012) beschriebene umgekehrt U-förmige Zusammenhang zwischen Multitasking-Anforderungen und Produktivität konnte hier also bestätigt werden. Zudem zeigten sich längere durchschnittliche Bearbeitungszeiten einzelner Projekte, je mehr Projekte von den Beschäftigten parallel bearbeitet wurden.

<small>Eine Steigerung der Produktivität durch Multitasking wird durch geringere Effektivität „erkauft"</small>

Aus den hier berichteten Ergebnissen der Feldforschung lassen sich folgende Zusammenhänge zwischen Multitasking und Leistung festhalten:
– Je schwieriger und kognitiv anspruchsvoller die Multitasking-Aufgabe ist, umso mehr Fehler treten bei ihrer Bearbeitung auf (vgl. hierzu ausführlicher Louopulos,

Dismukes & Barshi, 2009). Dieser Zusammenhang gilt sowohl für die Primär- wie auch für die gleichzeitig zu bearbeitende Sekundäraufgabe. Bei sicherheitsrelevanten Aufgaben wie z. B. im Straßenverkehr ist Multitasking daher mit erhöhten Risiken verbunden.
– Im Gegensatz zur Genauigkeit und Qualität der Aufgabenbearbeitung ist die Produktivität bei mittelschweren Multitasking-Aufgaben am höchsten. Ähnliches gilt auch für das subjektive Leistungsempfinden, das in einem positiven Zusammenhang mit Multitasking-Anforderungen steht. Sehr hohe Anforderungen wirken sich auf die Produktivität und das Leistungsempfinden wiederum negativ aus.
– Möglichkeiten, aktiv auf die Bearbeitung von Multitasking-Aufgaben Einfluss zu nehmen (Handlungsspielraum), können sich leistungsförderlich auswirken.

3.1.2 Multitasking und seine Folgen für Beanspruchung und Stress

Die Anforderungen, die Multitasking-Aufgaben an Menschen stellen, müssen auch im Zusammenhang mit Beanspruchung und Stress als weitere potenziellen Wirkungen von Arbeit diskutiert werden (zu den arbeitspsychologischen Konzepten vgl. Kap. 2.2.2).

3.1.2.1 Kurzfristige Beanspruchungsreaktionen

Bei der Untersuchung von Beanspruchung und Stress im Kontext von Multitasking ist die Unterscheidung von kurz- und mittel- bis langfristigen Reaktionen von zentraler Bedeutung. Was passiert, wenn eine Person für begrenzte Zeit Multitasking-Anforderungen ausgesetzt ist? Wie im letzten Kapitel ausführlich beschrieben, verlangt Multitasking der Person zusätzliche kognitive Kapazitäten insbesondere im Arbeitsgedächtnis ab. Dies ist mit einem erhöhten Energieaufwand verbunden, der einer physiologischen Aktivierung (Arousal) bedarf, um die geforderten Ressourcen bereitzustellen (Lazarus, 1999; Semmer, Grebner & Elfering, 2010). Dieser Aktivierungszustand stellt kurzfristig kein gesundheitliches Risiko dar: Individuen können überdurchschnittliche Anforderungen gut kompensieren, indem sie sich stärker anstrengen, z. B. schneller und sogar über ihre Kapazität hinaus arbeiten (Hockey, 1997). Diese Argumentation ist konsistent mit dem in Kapitel 2.2.2 dargestellten Transaktionalen Stressmodell, wonach Individuen, die eine Situation als Herausforderung bewerten, ein erhöhtes Maß an Energie zur Bewältigung bereitstellen (Lazarus & Folkman, 1984). Hockey (1997) nimmt an, dass dieser Arousal-Zustand überwiegend mit positiven Kognitionen und Emotionen assoziiert ist. Frankenhaeuser (1986) nannte diesen Zustand „effort without stress".

Kurzfristig können Fehlbeanspruchungen aufgrund von Multitasking durch erhöhte Anstrengung kompensiert werden

Aus der mit dieser Kompensationsreaktion verbundenen Beanspruchung können kurzfristige, in der Regel reversible Folgen resultieren (Richter & Hacker, 1998). Ob sich diese als Ermüdung, Monotonie, Sättigung oder Stress äußern, hängt wiederum von der Bewertung der Situation und den verfügbaren Bewältigungsressourcen ab (Lazarus & Folkman, 1984). Stressreaktionen sind vor allem dann wahrscheinlich, wenn vorher festgelegte Pläne bei der Handlungsregulation nur ungenügend umgesetzt werden können oder die Anforderungen nicht den eigenen Zielen entsprechen (vgl. Frese & Zapf, 1994).

Die bisher vorliegenden empirischen Befunde bestätigen diese Annahmen weitgehend: In einer experimentellen Studie wiesen Wetherell, Hyland und Harris (2004) einen Zusammenhang zwischen einer Multitasking-Aufgabe und der Konzentration von Immonglobulin A im Speichel nach, die als Indikator für eine Stressreaktion zu interpretieren ist. Die Autoren konnten zeigen, dass diese physiologische Reaktion durch die subjektive Einschätzung der Aufgabe als stressend oder nicht stressend vorhergesagt werden konnte. Im oben dargestellten Fahrsimulatorexperiment von Paridon und Kaufmann (2010) wurden neben Leistungs- auch Beanspruchungsreaktionen erfasst, und zwar die Herzrate während der Multitasking-Aufgabe und das subjektive Beanspruchungserleben nach der Aufgabe. Die Herzrate stieg unter der Doppelaufgabenbedingung an ($M=86.1$ gegenüber $M=80.5$ Schlägen/Minute; $p<.001$), während in der Kontrollbedingung keine signifikante Veränderung festzustellen war. Das subjektive Beanspruchungserleben nahm nach der Doppelaufgabe ebenfalls signifikant zu ($M=3.4$ vorher und $M=4.3$ nachher auf einer Skala von 1 bis 10; $p<.001$). Multitasking-Aufgaben aktivieren also nicht nur, sie können auch kurzfristig Stressreaktionen auslösen.

Multitasking konnte mit einer erhöhten physiologischen Aktivierung in Verbindung gebracht werden

Wovon hängt es ab, ob Multitasking-Aufgaben kurzfristig Stress erzeugen oder nicht? Möglicherweise reicht die im Transaktionalen Stressmodell postulierte Bewertung der Anforderung alleine nicht aus, um die Beanspruchungsreaktion vorhersagen zu können. Nach den Annahmen des oben dargestellten Job-Demand-Control-Modells sollte die Ausprägung der Anforderung sowie der erlebten Kontrollmöglichkeiten dafür ausschlaggebend sein, welche Reaktion erfolgt. Hohe Anforderungen bei verfügbarem Handlungsspielraum sollten sich demnach aktivierend, aber nicht Stress erzeugend, hohe Anforderungen ohne Handlungsspielraum dagegen Stress erzeugend auswirken. Karasek und Theorell (1990) bezeichnen erstere Annahme als Aktivierungs- oder Lernhypothese, letztere als Strain-Hypothese.

Diese Annahmen wurden in dem bereits oben skizzierten Fahrsimulatorexperiment (Zimber et al., 2012) überprüft, indem die Schwierigkeit der Multitasking-Aufgabe (60 bzw. 90 km/h) und der verfügbare Handlungsspielraum systematisch variiert wurden (für Angaben zur Operationalisierung vgl. Kap. 3.1.1). Zur Beanspruchungsmessung wurde, vergleichbar mit der Versuchsanordnung von Paridon und Kaufmann (2010), eine Kombination von psychophysiologischen Maßen (elektrodermale Aktivität, Herzrate und EEG) mit einem breiten Spektrum subjektiver Indikatoren (Engagement/positive Gestimmtheit, psychische Ermüdung, Stress, Monotonie, Anstrengung und *task load* nach dem NASA Task-Load-Index) gewählt. Personen, die parallel zum Konzentrationstest die schwierige Streckenvariante zu bewältigen hatten ($N=47$), wiesen eine höhere Pulsfrequenz ($M=76.9$ gegenüber $M=63.0$ Schlägen/Minute; $p<.01$), weniger Alpha-Wellen im EEG ($M=6.5$ gegenüber $M=11.3\,\mu V$; $p<.05$) sowie eine höhere Anstrengung ($M=75.0$ gegenüber $M=46.8$; $p<.01$) und einen höhren *task load* ($M=5.3$ gegenüber $M=4.0$; $p<.05$) auf. War bei hoher Aufgabenschwierigkeit ein Handlungsspielraum vorhanden, so fielen die Pulsfrequenz, das Stresserleben, die geistige und körperliche Anstrengung geringer und Engagement/positive Gestimmtheit signifikant höher aus als in der Gruppe, welche die schwierige Aufgabe ohne Handlungsspielraum

Handlungsspielraum hilft bei komplexen Simultantätigkeiten, physiologische Beanspruchungsreaktionen zu verringern

bewältigen musste (für das Beispiel Sättigung/Stress vgl. Abb. 23). Demnach kann die Wahrscheinlichkeit von Stress und anderen negativen Folgen reduziert werden, wenn bei der Bewältigung von Multitasking-Anforderungen Handlungsspielraum gewährt wird. Dies gilt allerdings nur für komplexe Multitasking-Anforderungen: Bei der einfacheren Doppelaufgabenvariante im Fahrexperiment erhöhte ein zusätzlicher Handlungsspielraum sogar die erlebte Anstrengung und das Stressempfinden (vgl. Abb. 23).

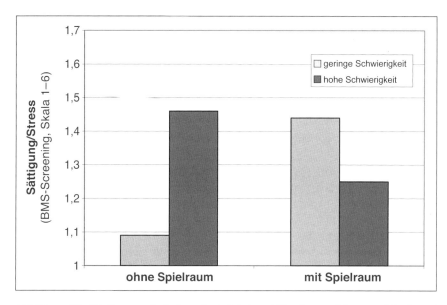

Abbildung 23: Einfluss von Aufgabenschwierigkeit und Handlungsspielraum auf Sättigung/Stress in einem Fahrsimulationsexperiment (Interaktionseffekt Schwierigkeit × Spielraum: $p < .001$; nach Zimber et al., 2012)

Kurzfristig zeigte sich nach einer Multitasking-Aufgabe eine Abnahme von Monotonie und psychischer Ermüdung

Die Übertragbarkeit der Aktivierungshypothese auf Multitasking-Anforderungen wurde in einer weiteren Untersuchung (Zimber, 2014) überprüft: Zur Induktion von Multitasking wurde hier eine 20-minütige Kurzform des Simultankapazitätstests (SIMKAP; Bratfisch & Hagmann, 2008) verwendet. Dabei mussten $N = 114$ Studierende mehrere büronahe Aufgaben zunächst seriell, danach parallel bewältigen. Vor dem Test sowie unmittelbar nach der Multitasking-Aufgabe beantworteten die Versuchspersonen Fragen zu ihrer aktuellen Beanspruchung. Nach der Multitasking-Aufgabe stieg die erlebte Anstrengung hochsignifikant von knapp 80 auf 120 Punkte auf der Anstrengungsskala (Eilers, Nachreiner & Hänecke, 1986) an. Kurzfristige Beanspruchungsreaktionen, erfasst mit dem BMS-Screening (Richter, Debitz & Schulze, 2002), konnten ebenfalls festgestellt werden: Psychische Ermüdung und Monotonie-Erleben nahmen infolge der Multitasking-Aufgabe hochsignifikant ab; keine Verlaufsunterschiede wurden dagegen in Bezug auf Sättigung/Stress registriert (vgl. Abb. 24).

Die Untersuchungsergebnisse sind als Hinweis auf eine psychophysiologische Aktivierung durch Multitasking zu bewerten, die aber kurzfristig gut kompensiert werden kann, sodass keine Stressreaktion entsteht. Da hier nur kurzfristige Reaktionen untersucht wurden, lässt die Untersuchung allerdings keinen Rückschluss darauf zu, wie lange dieser Kompensationsmechanismus (vgl. Hockey, 1997) anhält.

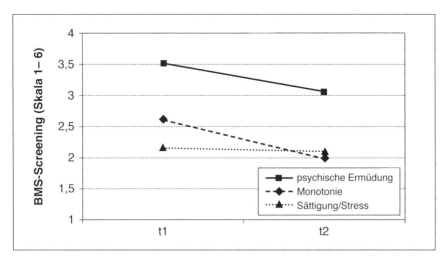

Abbildung 24: Monotonie, psychische Ermüdung und Sättigung/Stress vor (t1) und nach (t2) einem Multitasking-Test (Effekte: Monotonie: $F(1, 113) = 31.85$, $p < .001$; psychische Ermüdung: $F(1, 113) = 13.69$, $p < .001$; Sättigung/Stress: $F(1, 113) = 0.29$, $p = .59$; Zimber, 2014)

Die wenigen Befunde zu kurzfristigen Beanspruchungsreaktionen auf Multitasking lassen sich folgendermaßen zusammenfassen: Multitasking-Anforderungen wirken sich aktivierend aus (vgl. Hockey, 1997; Karasek & Theorell, 1990; Lazarus, 1999), was sich in „harten" psychophysiologischen Daten wie auch in der subjektiven Aktivierung, z.B. weniger Müdigkeits- und Monotonie-Erleben, ausdrückt. Inkonsistente Ergebnisse liegen dagegen zum Stresserleben während und nach Multitasking-Aufgaben vor. Vermutlich hängt eine Stressreaktion von der Schwierigkeit und der Dauer der Multitasking-Aufgabe ab. Da hierzu recht unterschiedliche experimentelle Aufgabenstellungen herangezogen wurden, ist zurzeit noch keine verallgemeinernde Aussage möglich. Allerdings existieren erste Hinweise darauf, dass neben der Aufgabenstellung selbst auch die Umstände bei der Handlungsregulation, z.B. der verfügbare Handlungsspielraum, eine Rolle spielen könnte, ob Multitasking Stress erzeugt oder nicht. Dieses Ergebnis deckt sich mit den Annahmen des Handlungsregulationsmodells (vgl. Frese & Zapf, 1994; Hacker, 2005), wonach Möglichkeiten bzw. Behinderungen bei der Regulation von Arbeitsanforderungen für die Beanspruchungsreaktion ausschlaggebend sind.

Multitasking wirkt zumindest kurzfristig aktivierend

3.1.2.2 Mittel- bis langfristige Beanspruchungsreaktionen

Bei der im letzten Abschnitt dargestellten Kompensation erhöhter Anforderungen durch mehr Anstrengung (Hockey, 1997; Lazarus, 1999) handelt es sich um einen kurzfristigen Anpassungsmechanismus auf situative Anforderungen. Wie verhält es sich damit, wenn die hohen Anforderungen über einen längeren Zeitraum anhalten?

Ohne Erholungsmöglichkeiten führt eine ständige Aktivierung zu chronischem Stress

Längerfristige, z.B. negative gesundheitliche Auswirkungen von Arbeit werden über eine chronische Stressreaktion vermittelt. Energiereserven werden dabei aufgezehrt, es kommt zu einer Dauermobilisierung, die ohne korrigierende Maßnahmen im weiteren Verlauf zu psychovegetativen Reaktionsbildungen mit Krankheitswert führen kann (Schröder, 1996).

Erklärungsansätze für die Entstehung negativer arbeitsbedingter gesundheitlicher Folgen stellen die Theorien von Hockey (1997) sowie die von Meijman und Mulder (1998) dar. Nach Hockey (1997) lassen sich unterschiedliche Symptome des Leistungsabbaus infolge von Dauerbeanspruchung beobachten: Die oben beschriebene, bei kurzfristiger Beanspruchung erfolgreiche Kompensation, u.a. durch höhere Anstrengung, bringt psychische Kosten wie die Daueraktivierung des sympathischen Nervensystems mit sich. Typischerweise verengt sich hierbei der Aufmerksamkeitsfokus, die Aufgabenbearbeitung wird selektiver und oberflächlicher, die Risikobereitschaft wächst, die Ermüdung nimmt zu. Für Meijman und Mulder (1998) sind physiologische (z.B. Hormonausschüttung) und psychologische Reaktionen während der Arbeit (z.B. Veränderung in der Stimmung) adaptive Reaktionen auf die Arbeitsbedingungen und persönlichen Anstrengungen. In ihrem Anstrengungs-Erholungs-Modell postulieren sie, dass diese Reaktionen reversibel sind, sofern sie durch Erholungsvorgänge ausgeglichen werden können. Bei einem Nachlassen der Belastung stabilisiert sich das psychobiologische System wieder auf dem Ausgangszustand. Fehlende oder mangelnde Erholung hat dagegen langfristig negative Folgen für die Gesundheit und das psychische Wohlbefinden. Beanspruchungen können dann nämlich nicht mehr vollständig ausgeglichen werden und summieren sich auf. Die Belastungsreaktionen fallen dann stärker aus und schlagen sich im schlimmsten Fall in einem Zusammenbruch des Systems nieder (Meijman & Mulder, 1998).

Erholung ist ein dem Beanspruchungsprozess entgegengesetzter Prozess

Beanspruchungsfolgen von Arbeitsstressoren mit Krankheitswert haben eine gewisse Latenzzeit

Kausale Zusammenhänge zwischen Arbeitsstressoren und Gesundheit benötigen vermutlich eine Latenzzeit von mindestens zwei Jahren, um „krankheitswertig" im Sinne diagnostizierbarer psychischer Störungen, z.B. Depressivität, auszufallen (Dormann & Zapf, 1999). In kürzeren Zeiträumen sind Indikatoren der psychischen Beanspruchung besser geeignet, gesundheitlich relevante Veränderungen abzubilden. Als ein valides Konstrukt zur Erfassung emotionaler sowie kognitiver Beanspruchungsfolgen haben sich in zahlreichen Studien Irritation und dessen Subkomponenten emotionale (z.B. „Ich reagiere gereizt, obwohl ich es gar nicht will.") und kognitive (z.B. „Es fällt mir schwer, nach der Arbeit abzuschalten.") Irritation erwiesen (Mohr, Rigotti & Müller, 2005). Es gibt einige theoretische sowie empirische Hinweise darauf, dass Irritation eine Mittlerrolle zwischen Stressoren und weiteren, schwerwiegenderen Beeinträchtigungen des Wohlbefindens und der Gesundheit einnimmt (Mohr et al., 2005).

Beanspruchungsreaktionen auf Multitasking-Anforderungen, die über kurzfristige Aufgabenstellungen hinausgehen, wurden bisher kaum untersucht. Weigl und Kollegen (2012) untersuchten in ihrer Studie mit Krankenhausärzten auch die Häufigkeit simultaner Tätigkeiten und selbst berichtete psychische Beanspruchungen. Sie stellten hierbei einen signifikant positiven Zusammenhang fest. In der bereits in Kapitel 3 vorgestellten Untersuchung bei Berufstätigen und Studierenden (Zimber & Chaudhuri, 2013) wurden neben Multitasking-Anforderungen verschiedene Beanspruchungsindikatoren erhoben. Diese Anforderungen hingen signifikant positiv mit der erlebten Anstrengung und negativ mit Monotonie-Erleben zusammen, was die o. g. Aktivierungshypothese bestätigt. Ein konsistenter Zusammenhang mit der Stimmung und dem Stresserleben konnte in dieser Studie nicht nachgewiesen werden. Eine Ausnahme stellt die kognitive Irritation dar, die positiv mit Multitasking-Anforderungen korrelierte. Vermutlich tragen solche, in der Regel nicht abgeschlossenen Aufgaben aufgrund des oben beschriebenen Zeigarnik-Effektes (Zeigarnik, 1927) zur gedanklichen Weiterbeschäftigung bei. Zur Validierung dieses Ergebnisses wurde zusätzlich die Skala „Informationsverarbeitung" aus dem Work Design Questionnaire (WDQ; Morgeson & Humphrey, 2006; dt. Übersetzung von Stegmann et al., 2010), die ebenfalls Denk- und Konzentrationsanforderungen erfasst, eingesetzt. Multitasking- und Informationsverarbeitungsanforderungen korrelierten mit $r = .45$ statistisch hochsignifikant. Die Zusammenhänge mit den Beanspruchungsindikatoren erwiesen sich mit einer Ausnahme (Sättigung/Stress) als vergleichbar (vgl. Tab. 4).

Multitasking-Anforderungen stehen mit der gedanklichen Weiterbeschäftigung mit Problemen bei der Arbeit in Verbindung

Tabelle 4: Zusammenhänge (Pearson-Korrelationen) zwischen Multitasking- bzw. Informationsverarbeitungsanforderungen und Beanspruchungsindikatoren (Zimber & Chaudhuri, 2013)

Beanspruchungs-indikatoren	Multitasking-Anforderungen	Anforderung an die Informationsverarbeitung
Anstrengung	.26**	.22**
positive Gestimmtheit	.06	.06
Müdigkeit	.05	.01
Monotonie	−.17**	−.26**
Sättigung/Stress	.00	−.10*
kognitive Irritation	.16**	.19**
emotionale Irritation	.04	−.01

Anmerkungen: * $p < .05$, ** $p < .01$.

In einer Tagebuchstudie untersuchten Baethge und Rigotti (2013a) mögliche Auswirkungen und Korrelate von Multitasking-Anforderungen während der Frühschicht von 133 Gesundheits- und Krankenpflegern über fünf Arbeitstage hinweg. Multitasking-Anforderungen sowie weitere Tätigkeitsmerkmale wurden dabei täglich dreimal während der Arbeit erfasst, psychische Beanspruchung sowie die subjektive Arbeitsleistung des Tages am Feierabend vor dem Zubettgehen. Es zeigte sich, dass Multitasking-Anforderungen sehr eng mit der Wahrnehmung des Workloads, also der quantitativen Arbeitsbelastung während der Schicht, zusammenhingen. Ferner konnte gezeigt werden, dass an Tagen mit mehr Multitasking-Anforderungen am Abend mehr Irritation und Erschöpfung erlebt wurde. Auch zeigte sich, dass an solchen Tagen mehr Aufgaben nicht erledigt (vergessen) wurden sowie die Pflegekräfte mit der Qualität ihrer Arbeitsleistung deutlich unzufriedener waren.

> **An Arbeitstagen mit mehr Multitasking-Anforderungen wird auch noch am Feierabend über mehr Stress berichtet**

Multitasking-Anforderungen können nach diesen Befunden durchaus als Stressoren eingestuft werden. Können sie kurzfristig noch gut kompensiert werden, so tragen sie nach längeren Zeiträumen vermutlich zu negativen Beanspruchungsfolgen wie Irritation und emotionaler Erschöpfung bei. Allerdings sind weitere Untersuchungen erforderlich, um diese vorläufigen Befunde bestätigen zu können.

3.1.3 Was beeinflusst den Zusammenhang zwischen Multitasking und seinen Folgen?

Verschiedene äußere und innere Bedingungen haben Einfluss darauf, wie und ob Multitasking bewältigt werden kann und ob die oben berichteten Folgen auf die Leistung und Beanspruchung der Beschäftigten überhaupt entstehen. Die verfügbaren empirischen Hinweise auf Bedingungen, die Multitasking und seine Folgen beeinflussen, lassen sich grob in zwei Kategorien, Arbeitsbedingungen und Tätigkeitsmerkmale einerseits und individuelle Neigungen und Fähigkeiten andererseits, zusammenfassen.

> **Die Betrachtung von Drittvariablen hilft dabei, ein differenzierteres Bild zu erhalten**

Zu unterscheiden sind (a) Prädiktoren, welche die Wahrscheinlichkeit für das Auftreten von Multitasking-Anforderungen, bzw. -Verhalten erhöhen, von (b) Mediatoren, welche Prozesse und Variablen beschreiben, die einen Wirkzusammenhang vermitteln und erklären können, und (c) Moderatoren, die einen Einfluss auf die Stärke des Zusammenhangs zwischen zwei Variablen nehmen. Zu Beginn des Buches haben wir uns bereits mit verschiedenen Prädiktoren auf der gesellschaftlichen Makroebene, Arbeits- und Organisationsmerkmalen auf der Mesoebene sowie individuellen Faktoren auf der Mikroebene auseinandergesetzt. Diese Einteilung wollen wir hier wieder aufgreifen.

3.1.3.1 Makroebene: Gesellschaftliche Bedingungen

> *Was ist das für eine Regel?*
> *Je mehr zeitsparende Maschinen es gibt, desto mehr steht der Mensch*
> *unter Zeitdruck.*
> Sebastian de Grazia: Of Time, Work and Leisure

> **Polychronizität: Die Präferenz, mehrere Aufgaben gleichzeitig zu bearbeiten**

Gesellschaftliche Rahmenbedingungen, die zu einer Beschleunigung und Intensivierung der Arbeit beitrugen, haben wir bereits in Kapitel 1 diskutiert. Polychronizität, auf die wir weiter unten aus individueller Perspektive noch genauer eingehen werden, wurde ursprünglich als Kulturvariable etabliert. Sie wurde dann zunächst als Beschreibungsmerkmal von Organisationskulturen adaptiert (Bluedorn, Kalliath, Strube & Martin, 1999) und schließlich als Persönlichkeitseigenschaft verwendet (Conte, Rizzuto & Steiner, 1999).

Paradoxerweise verschärft der technische Fortschritt die Intensivierung der Arbeit. Viele Informationen sind heute innerhalb von Sekundenbruchteilen verfügbar, während man früher langwierige Recherchen betreiben musste. Durch die Kommunikation per E-Mail entsteht die Erwartung, jederzeit und überall erreichbar zu sein. So kamen auf eine an einem Freitagnachmittag verschickte Rundmail an Wissenschaftler u. a. folgende Abwesenheitsmeldungen zurück: „Ich bin heute (14. Februar) aufgrund einer Dienstreise nur eingeschränkt erreichbar", „Ich bin heute aufgrund einer Dienstreise nicht im Büro" oder „Ich bin von Fr, 14.02.2014 bis Mo, 17.02.2014 abwesend". Dies zeigt, wenn auch nur anekdotisch, wie sehr manche die ständige Erreichbarkeit verinnerlicht haben.

3.1.3.2 Mesoebene: Arbeitsbedingungen und Tätigkeitsmerkmale

In der bereits oben erwähnten Studie (König et al., 2010) wurde bei 192 Marketing- und Vertriebsmitarbeitern eines Schweizer Pharmaunternehmens untersucht, mit welchen beruflichen und außerberuflichen Anforderungen die Häufigkeit von Multitasking-Verhalten in Beziehung stand. Die Autoren nahmen an, dass Multitasking eine Strategie zur besseren Bewältigung hoher Arbeitsanforderungen darstellen könnte, da hierdurch mehr Arbeit in einem kürzeren Zeitraum abgeleistet werden kann. Die *quantitative* Arbeitsbelastung stand in einem mäßigen, jedoch positiv signifikanten Zusammenhang ($r = .16$; $p < .05$) zur Ausprägung des Multitasking-Verhaltens. Der ebenfalls angenommene positive Zusammenhang zu familiären Anforderungen bestätigte sich dagegen nicht. Interessanterweise erwies sich der Zusammenhang zwischen Multitasking-Verhalten und der Ausprägung der Polychronizität als deutlich stärker *($r = .49$, $p < .01$)*. Dies spricht dafür, dass ein bedeutender Anteil des Multitasking-Verhaltens selbst gewählt ist und nicht allein durch äußere Anforderungen bestimmt wird.

Ein relativ enger Zusammenhang zwischen Multitasking-Verhalten und Polychronizität spricht für einen hohen Selbststeuerungsanteil

In der eigenen Studie (Zimber & Chaudhuri, 2013) untersuchten wir bei der Teilstichprobe der Berufstätigen neben Multitasking-Anforderungen und -Verhalten auch ausgewählte Arbeitsbedingungen, u. a. Belastungen durch äußere Tätigkeitsbedingungen, Überforderung, Handlungsspielraum und soziale Unterstützung. Wie Tabelle 5 zeigt, bestanden hochsignifikante positive Zusammenhänge zwischen den Belastungen durch äußere Tätigkeitsbedingungen (Lärm, Hitze, Zugluft etc.) und Überforderung einerseits und den beiden Multitasking-Maßen andererseits. Der Handlungsspielraum und die soziale Unterstützung korrelierten mit diesen nur schwach und nicht konsistent. In weiteren Analysen zeigte sich, dass Multitasking-Anforderungen und -Verhalten vor allem durch die erlebte Überforderung vorhergesagt werden konnten, was in Übereinstimmung mit den oben berichteten Ergebnissen von König und Kollegen (2010) steht.

Sowohl Multitasking-Anforderungen als auch -Verhalten korrelieren positiv mit erlebter Überforderung

Die Notwendigkeit, zwischen mehreren Aufgaben zu wechseln, wird darüber hinaus mit dem Begriff der *Fragmentierung* in Verbindung gebracht, der ursprünglich

Tabelle 5: Korrelationen zwischen Multitasking und ausgewählten Arbeitsbedingungen (Zimber & Chaudhuri, 2013; N = 419 Berufstätige)

Arbeitsbedingungen	Multitasking-Anforderungen[a]	Multitasking-Verhalten[b]
Belastungen durch äußere Tätigkeitsbedingungen	.21**	.15**
Überforderung	.33**	.24**
Handlungsspielraum	−.04	.08
soziale Unterstützung	.02	.18**

Anmerkungen: * $p < .05$; ** $p < .01$. [a] in der letzten halben Arbeitsstunde; Baethge und Rigotti (2013a); [b] während der letzten Arbeitsschicht; König et al. (2010)

aus der Computersprache stammt[2]. Im Arbeitskontext wird der Begriff der Fragmentierung häufig als Metapher für eine Arbeitstätigkeit gebraucht, die im tayloristischen Sinne stark arbeitsteilig organisiert ist (vgl. z. B. Weik & Lang, 2003). Der Begriff wird jedoch ebenfalls für eine räumliche und zeitliche Entgrenzung von Arbeit aufgrund der Unabhängigkeit von festen Arbeitsorten und -zeiten u. a. durch die Verfügbarkeit moderner Medien (vgl. Alexander, Ettema & Dijst, 2010) oder für die Entgrenzung von Berufstätigkeit und Privatleben z. B. bei Heim- und Telearbeit (vgl. Hyman, Scholarios & Baldry, 2005) oder auch für die „Zerstückelung" des Arbeitstages durch viele Parallelaufgaben und häufige Unterbrechungen (z. B. Mark, Gonzáles & Harris, 2005) verwendet. Arbeitsaufgaben können nur selten an einem Stück bearbeitet oder zu Ende gebracht werden, weil die Arbeitnehmer durch Störungen, Unterbrechungen oder durch neue Aufgaben aus ihrer bisherigen Beschäftigung herausgerissen werden. Die Beschäftigten müssen ihre Aufmerksamkeit neu fokussieren, dürfen dabei aber die alte Aufgabe nicht vergessen und müssen nach der Zweitaufgabe wieder zu ihrer Primäraufgabe zurückfinden (vgl. Mark et al., 2005). Nach einer Sekundäranalyse der Zeitbudgetstudie des Statistischen Bundesamtes von Merz und Böhm (2006) wiesen insgesamt 28 % aller Befragten fragmentierte Arbeitstage auf. Die Arbeitstage von abhängig Beschäftigten waren deutlich seltener fragmentiert als jene von Selbstständigen (Freiberufler: 61 %; Unternehmer: 59 %; vgl. Merz & Böhm, 2006, S. 3). Die Autoren erklären diese deutliche Differenz mit dem Umstand, dass Selbstständige in der Regel für unterschiedliche Auftraggeber und Projekte tätig sind und sich die Arbeitszeit zwischen diesen aufteilen müssen.

Der fragmentierte Arbeitstag

Ein Phänomen, das im Zusammenhang mit fragmentierter Arbeit besonders häufig auftritt und einen Tätigkeitswechsel erzwingen kann, ist die *Arbeitsunterbrechung*.

---

2 Dort spricht man von Fragmentierung, wenn in einem Speicherraum ungenutzte Speicherbereiche („Fragmente") zwischen benutzten Speicherbereichen bestehen.

In einer Studie mit 24 Beschäftigten eines IT-Unternehmens gingen Mark et al. (2005) davon aus, dass diese Berufsgruppe besonders stark von Unterbrechungen und Tätigkeitswechseln betroffen ist. Auf der Grundlage von standardisierten Tätigkeitsbeobachtungen mit einem Gesamtumfang von über 700 Arbeitsstunden analysierten sie Auslöser und Kontextfaktoren von Tätigkeitswechseln *(task-switching)* und kamen dabei zu folgenden Ergebnissen:

- 57% aller erfassten Aufgaben wurden nach einer durchschnittlichen Dauer von etwa 11 Minuten unterbrochen.
- Arbeitsunterbrechungen waren häufiger morgens zu Arbeitsbeginn als am Nachmittag zu beobachten; am späten Nachmittag und gegen Feierabend wurden längere ungestörte Arbeitsphasen beobachtet.
- Personen, die in einem Großraumbüro arbeiteten, wurden signifikant häufiger unterbrochen.
- In der Regel waren es externe Auslöser, die zu einem Tätigkeitswechsel führten; selbst initiierte Wechsel traten dagegen seltener auf, und zwar am ehesten bei Überwachungsaufgaben und Arbeitspausen.
- 77% der unterbrochenen Tätigkeiten wurden noch am gleichen Tag wiederaufgenommen. Durchschnittlich 2.3 andere Tätigkeiten mit einer Zeitdauer von über 25 Minuten wurden zwischengeschaltet, um die Tätigkeit wiederaufzunehmen; der Aufwand für die Erinnerung an die frühere Tätigkeit und die Neuorientierung nach der Unterbrechung wurde von den Betroffenen als hoch eingeschätzt und als belastend erlebt.

Durchschnittlich wurden Aufgaben nach 11 Minuten unterbrochen

Mark et al. (2005) verweisen auf die Einschränkung ihrer zentralen Aussagen auf eine Branche mit starker Arbeitsfragmentierung und regen an, zur Prüfung der Generalisierbarkeit ihrer Befunde Unternehmen aus anderen Branchen zu untersuchen.

Eine weitere Feldstudie (Czerwinski, Horvitz & Wilhite, 2004) mit 11 „Wissensarbeitern" aus unterschiedlichen Branchen kam zu vergleichbaren Ergebnissen: In dieser Tagebuchstudie protokollierten die Probanden den Verlauf ihrer Tätigkeiten über eine gesamte Arbeitswoche. Neben ihren Routine- und Projektaktivitäten investierten die Beschäftigten viel Zeit für ihr Aufgabenmanagement (13% der Arbeitszeit) sowie für Kommunikationsaufgaben, u.a. die Bearbeitung von E-Mails (23%), Telefonieren (8%) und Teilnahme an Sitzungen (6%). Im Durchschnitt wurden die Tätigkeiten innerhalb der Arbeitswoche 50-mal gewechselt. Die Mehrheit der Aufgabenwechsel war selbst initiiert (40%) oder aufgabenimmanent bedingt (26%). Darüber hinaus waren auch externe Unterbrechungen für den Tätigkeitswechsel verantwortlich (14% durch Telefonanrufe, 10% durch Verabredungen und Besprechungen, 3% durch eingehende E-Mails). Je zentraler und komplexer eine Aufgabe war, umso wahrscheinlicher kehrten die Beschäftigten zu ihr zurück. Unterbrechungen wurden bei solchen Aufgaben als besonders belastend erlebt, da eine Wiederaufnahme der Primäraufgabe in umso höherem Maße kognitive Ressourcen in Anspruch nimmt, je anspruchsvoller die Aufgabe ist. Die Autoren empfehlen, zur Entlastung technisch unterstützte Erinnerungshilfen einzusetzen (weitere Informationen hierzu vgl. Kapitel 4).

Ein beträchtlicher Anteil von Aufgabenwechseln ist selbstinitiiert

3.1.3.3 Mikroebene: Interindividuelle Unterschiede bei Persönlichkeitseigenschaften, individuellen Neigungen und Fähigkeiten

Wie oft bei der Arbeit mehrere Dinge parallel verrichtet werden, scheint nicht nur von äußeren Faktoren abhängig zu sein. Nach den Annahmen des Person-Environment-Fit-Modells (Edwards, Caplan & Van Harrison, 2000) ist davon auszugehen, dass Personen, deren Neigung es entspricht, mehrere Dinge gleichzeitig zu tun, solche Situationen oder Anforderungen stärker aufsuchen, da sie hierbei positivere emotionale Zustände erleben.

In dem weiter oben beschriebenen Experiment von Mark et al. (2008) erwiesen sich die Leistungen nach Unterbrechung der Primäraufgabe als abhängig von bestimmten Persönlichkeitsmerkmalen:

> Persönlichkeitseigenschaften spielen für die gewählte Arbeitsstrategie eine Rolle

– Personen mit einer hohen Ausprägung an „Offenheit für neue Erfahrungen", eine der fünf Dimensionen des Big-Five-Persönlichkeitsansatzes, brachten die Primäraufgabe nach einer Unterbrechung schneller zu Ende als Personen mit einer geringen Ausprägung.
– Der gleiche Zusammenhang zeigte sich bei Probanden mit einem geringen Bedürfnis nach kognitiver Geschlossenheit. Dieses Konstrukt gibt an, wie stark eine Person dazu neigt, an einmal gesetzten Strukturen festzuhalten oder hiervon abzuweichen (Collani, 2004). Flexible Personen scheinen demnach bei der Bearbeitung von Multitasking-Aufgaben im Vorteil zu sein.

> Multitasking-Verhalten tritt insbesondere bei einer Kombination aus hohen Multitasking-Anforderungen und Polychronizität auf

König und Kollegen (2010) untersuchten drei Persönlichkeitsmerkmale, die im Zusammenhang mit Multitasking-Verhalten stehen können: Polychronizität als positive Einstellung sowie Neigung zur gleichzeitigen Bearbeitung mehrerer Aufgaben oder Projekte; Impulsivität als Tendenz, auf Reize rasch zu reagieren, anstatt die eigenen Reaktionen zu kontrollieren; kognitive Interferenz als Neigung, sich mit nicht unmittelbar situationsrelevanten Gedanken zu beschäftigen. *Polychronizität* erwies sich in dieser Untersuchung als der stärkste Prädiktor von Multitasking-Verhalten ($r = .49$; $p < .01$). Auch die Ausprägung der *Impulsivität* stand damit in einem signifikanten, allerdings deutlich schwächeren Zusammenhang ($r = .21$; $p < .01$). Die *kognitive Interferenz* sagte das Multitasking-Verhalten dagegen nicht vorher. Im Vergleich zu den Arbeits- und familiären Anforderungen erwiesen sich in der Studie von König und Kollegen die untersuchten Persönlichkeitsmerkmale, insbesondere Polychronizität, als deutlich stärkere Prädiktoren des Multitasking-Verhaltens. Dennoch blieb bei Kontrolle dieser Merkmale ein statistisch signifikanter Einfluss der quantitativen Arbeitsbelastung bestehen. Es ist also davon auszugehen, dass Multitasking besonders begünstigt wird, wenn gleichzeitig hohe Arbeitsanforderungen *und* eine individuelle Neigung zum Multitasking bestehen.

Eine neuere Studie (Sanderson, Bruk-Lee, Viswesvaran, Gutierrez & Kantrowitz, 2013) untersuchte den Einfluss von Polychronizität auf den Zusammenhang zwischen der Multitasking-Fähigkeit und der Arbeitsleistung bei 119 Beschäftigten aus unterschiedlichen Branchen. Diese absolvierten neben einem Selbsteinschätzungsfragebogen kognitive Leistungstests sowie einen Test zur Erfassung der Multitasking-Fähigkeit. Bei Personen mit der Neigung, mehrere Arbeiten gleichzeitig zu erledigen (hohe Polychronizität), war die Beziehung zwischen ihrer Multitasking-

Fähigkeit und ihrer Arbeitsleistung signifikant enger als bei monochron orientierten Beschäftigten. Die Autoren folgern hieraus, dass die Multitasking-Fähigkeit nur bei einer vorhandenen Präferenz von Paralleltätigkeiten die Arbeitsleistung vorhersagen kann. Bei monochron orientierten Beschäftigten ist die Multitasking-Fähigkeit dagegen kein relevanter Prädiktor.

Um mögliche Zusammenhänge mit im Kontext von Multitasking bisher nicht untersuchten Konstrukten zu explorieren, bezogen wir in die eigene Studie bei Berufstätigen und Studierenden (Zimber & Chaudhuri, 2013) ein breiteres Spektrum von Persönlichkeitsmerkmalen ein. Diese Konstrukte und ihre möglichen Beziehungen mit Multitasking im Einzelnen vorzustellen, würde den Rahmen dieser Arbeit sprengen. Es sei nur so viel erwähnt, dass das Multitasking-Verhalten außer mit Polychronizität (z. B. „Ich beschäftige mich gerne mit verschiedenen Dingen gleichzeitig", „Ich denke, es ist am besten, wenn man mehrere Arbeiten und Aufträge erledigen muss", $r=.42$, $p<.01$), seinem auch hier stärksten Persönlichkeitskorrelat, signifikant positiv mit Gewissenhaftigkeit ($r=.15$, $p<.01$), lernbezogener Zielorientierung ($r=.17$, $p<.01$), der Kompetenz, mit Fehlern umzugehen ($r=.22$, $p<.05$), dem Lernen aus Fehlern ($r=.14$, $p<.01$), dem Denken an Fehler ($r=.16$, $p<.01$) sowie dem generalisierten Kompetenzerleben ($r=.12$, $p<.01$) korrelierte. Eine signifikant negative Beziehung wurde dagegen zu vermeidungsbezogener Zielorientierung ($r=-.16$, $p<.01$) festgestellt. Im Vergleich zur Polychronizität fielen diese Korrelationen allerdings eher schwach aus.

In einer schrittweisen Regression wurde überprüft, welche dieser Persönlichkeitsmerkmale auch unter Kontrolle der jeweils anderen Faktoren einen statistisch signifikanten Vorhersagebeitrag auf das Multitasking-Verhalten behalten. Hierbei zeigte sich, dass vier Persönlichkeitsmerkmale in einem statistisch hochsignifikanten Vorhersagemodell insgesamt 14 % der Varianz erklären konnten: Je höher das Ausmaß an Polychronizität und behavioraler Aktivierung (BAS) und je geringer die behaviorale Hemmung (BIS) und die vermeidungsbezogene Zielorientierung, umso höher die Wahrscheinlichkeit, Multitasking zu zeigen. Hierbei überrascht der jeweils positive Zusammenhang mit behavioraler Aktivierung (Impulsivität) und behavioraler Hemmung (Ängstlichkeit), da diese bei den Korrelationsanalysen keine Zusammenhänge aufgewiesen hatten.

Möglicherweise sind also neben individuellen Einstellungen (Polychronizität) und einem nicht vermeidenden Arbeitsstil auch biologisch determinierte Aktivierungs- und Hemmsysteme („Temperament") mitverantwortlich dafür, dass Multitasking als Bewältigungsstrategie eingesetzt wird. Dies bestätigt z. T. die in der Literatur (vgl. König & Waller, 2010; König et al., 2010) geäußerte Annahme, dass die Neigung zu Multitasking auch im Zusammenhang mit Aktivierung und Impulsivität steht. Der positive Einfluss von Ängstlichkeit bedarf dagegen noch weiterer Klärung. Wie König und Kollegen (2010) verglichen wir mit unseren Daten den Einfluss von Persönlichkeitsmerkmalen mit jenem der Arbeitsbedingungen. Überforderung und Polychronizität erklärten ca. 26 % der Varianz des Multitasking-Verhaltens. Polychronizität kam zwar ein insgesamt stärkerer Einfluss zu, jedoch blieb hierbei auch der Haupteffekt der Überforderung erhalten. Die Wechselwirkung zwischen Überforderung und Polychronizität hatte jedoch keine zu-

Multitasking-Verhalten scheint auch eine Frage des „Temperaments" zu sein

sätzliche Vorhersagekraft. Arbeitsbedingungen und individuelle Neigungen könnten demnach weitgehend unabhängige Einflussfaktoren auf Multitasking-Verhalten darstellen.

Exkurs: Prädiktoren der Multitasking-Fähigkeit

Während sich die Wahrscheinlichkeit des Multitasking-Verhaltens durch bestimmte Arbeitsbedingungen, Persönlichkeitsmerkmale und individuelle Neigungen vorhersagen lässt, gehen die wenigen Befunde zu den Einflussfaktoren der Multitasking-Fähigkeit von einem stärkeren Einfluss kognitiver Fähigkeiten aus: König, Bühner und Mürling (2005) erfassten die Multitasking-Fähigkeit in einer Laborstudie mit 122 Studierenden mit Hilfe des Tests Simultankapazität/Multi-Tasking (SIMKAP; Bratfisch & Hagmann, 2003), einem computergestützten Multitasking-Test. Zur Vorhersage der Testleistungen wurden kognitive Merkmale (Arbeitsgedächtnis, die Aufmerksamkeit und die fluide Intelligenz) sowie Persönlichkeitsmerkmale (Extraversion und Polychronizität) erfasst. Die Autoren fanden statistisch signifikante Zusammenhänge der Multitasking-Fähigkeit mit der Arbeitsgedächtnis- und Aufmerksamkeitsleistung sowie der fluiden Intelligenz. Extraversion und Polychronizität hingen mit der Multitasking-Leistung dagegen nicht statistisch signifikant zusammen. Auch eine schrittweise Regressionsanalyse zeigte keine substanzielle Erhöhung des Vorhersagebeitrags durch die Persönlichkeitsmerkmale.

Auch Morgan und Kollegen (2013) konnten in einer experimentellen Studie im Flugsimulator Leistungsunterschiede bei Multitasking-Aufgaben mit der Arbeitsgedächtniskapazität in Verbindung bringen.

Auch in der oben erwähnten Studie (Zimber, 2014) kam der SIMKAP bei $N = 114$ Studierenden zum Einsatz. Von dem breiten Spektrum der berücksichtigten Persönlichkeitsvariablen (vgl. oben) korrelierte lediglich die Polychronizität ($r = .22$; $p < .01$) mit der Stresstoleranz, einem der beiden Indikatoren der Multitasking-Fähigkeit. Zur Simultankapazität bestand dagegen auch hierzu keine Beziehung ($r = .01$; n. s.). Persönlichkeitsmerkmalen scheint somit keine wesentliche Erklärungskraft für die Multitasking-Fähigkeit zuzukommen.

Altersunterschiede bei Multitasking

Es konnte gezeigt werden, dass die Multitasking-Leistung von der Arbeitsgedächtnisspanne und -kapazität, der Verarbeitungsgeschwindigkeit (fluide Intelligenz) und weiteren Aufmerksamkeitsressourcen abhängt. Diese kognitiven Funktionen verschlechtern sich in der Regel durch Alterungsprozesse. Der Abbauprozess beginnt bereits im Alter von 20 bis 25 Jahren (Hedden & Gabrieli, 2004). Aufmerksamkeit umfasst zum einen die Intensität, zum anderen die Selektivität (Posner & Boies, 1971). Während die Intensität vor allem mit der Verarbeitungsgeschwindigkeit in Verbindung gebracht wird (Bühner et al., 2006; König et al., 2005), geht es bei der Selektivität darum, relevante von irrelevanten Informationen trennen zu können. Die General-Slowing-Hypothese geht davon aus, dass mit zunehmendem Alter die Verarbeitungsgeschwindigkeit abnimmt (Hertzog, 1989; Salthouse, 1991a, 1991b). Dies konnte durch verschiedene Befunde sowie Metaanalysen gestützt werden (Salthouse, 1996). Es liegt daher die Vermutung nahe, dass mit zunehmendem Alter die Leistung bei Multitasking-Aufgaben abnimmt.

> Mit zunehmenden Lebensalter verschlechtern sich die kognitiven Leistungsvoraussetzungen

In Laborstudien zeigte sich tatsächlich, dass ältere Personen bei Multitasking schlechter abschneiden als jüngere (Alm & Nilsson, 1995; Kliegel, Mackinlay & Jäger, 2008; Monk et al., 2004; Riby, Perferct & Stollery, 2004). In diesen Studien werden jedoch meist Extremgruppen miteinander verglichen. Bei den jüngeren Probanden handelte es sich zumeist um Studierende im Alter zwischen 20 und 30 Jahren. Als Vergleichsgruppe wurden Personen über 60 Jahren herangezogen. Jedoch ist es zu kurz gegriffen, allein das kalendarische Alter zu betrachten. Schalk und Kollegen (2010) unterscheiden fünf verschiedene Aspekte des Alterns (vgl. Abb. 25).

In Laborstudien wurden meist extreme Altersgruppen verglichen

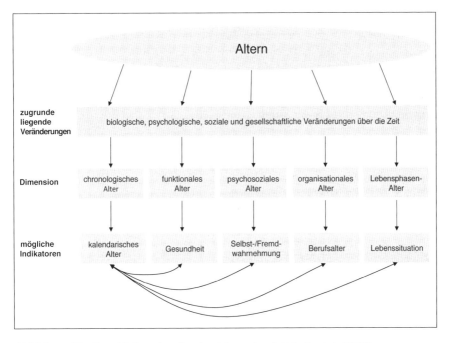

Abbildung 25: Verschiedene Aspekte des Alterns (nach Schalk et al., 2010)

Es werden fünf Typen oder Dimensionen des Alterns unterschieden: das chronologische Alter als Anzahl der Lebensjahre, das funktionale Alter als die körperliche Gesundheit und Leistungsfähigkeit, das psychosoziale Alter als Selbst- und Fremdwahrnehmung (das soziale Alter als Erwartungen des Umfeldes an die eigene Altersgruppe) des eigenen Alters, das organisationale Alter als die Beschäftigungszeit und Expertise, und das Lebensphasen-Alter als der Lebensabschnitt, in dem sich die Person befindet (z. B. verheiratet, mit Kindern unter 6 Jahren). Neben dem chronologischen Alter dürften in Bezug auf Multitasking vor allem das funktionale Alter sowie das organisationale Alter von Bedeutung sein. Während sich zwar durchschnittlich ein Abbau kognitiver Leistungsfähigkeit mit zunehmendem kalendarischem Alter aufzeigen lässt, nimmt gleichzeitig die Varianz der kognitiven Leistungsfähigkeit im Alter zu. Dies bedeutet, dass die Leistungsunterschiede bei Älteren deutlicher ausgeprägt sind als bei Jüngeren. Das organi-

Alter lässt sich nicht nur an den Lebensjahren festmachen

sationale Alter könnte als Indikator der Expertise in einem bestimmten Tätigkeitsbereich angesehen werden. Zu vermuten sind Unterschiede zwischen Novizen und Experten bei der Bearbeitung von Multitasking-Aufgaben.

Baethge und Rigotti (2015) untersuchten in einer Tagebuchstudie das Zusammenwirken von kalendarischem und funktionalem Alter (gemessen über die kognitive Verarbeitungsgeschwindigkeit) und fanden ein unerwartetes Muster: Es zeigte sich, dass Jüngere stärker von einer höheren Verarbeitungsgeschwindigkeit profitierten als ältere Beschäftigte. Dagegen spielten bei älteren Beschäftigten Unterschiede in der Verarbeitungsgeschwindigkeit keine Rolle für den Zusammenhang zwischen Multitasking-Anforderungen und erlebter Beanspruchung (Irritation). Aus diesem Befund kann geschlussfolgert werden, dass für ältere Beschäftigte die basale kognitive Leistungsfähigkeit an Bedeutung verliert, da andere Bewältigungsmechanismen genutzt werden. Eine mögliche Erklärung wäre, dass Ältere durch eine längere Berufserfahrung komplexere Repräsentationen von Arbeitsabläufen gespeichert haben und somit die reine Verarbeitungsgeschwindigkeit an Bedeutung verliert. Dies führt uns zum Unterschied in der Multitasking-Fähigkeit zwischen Novizen und Experten in einem bestimmten Tätigkeitsbereich. Experten verfügen über komplexere Repräsentationen von Tätigkeitsabläufen und Handlungswissen, „also die Gesamtheit handlungsleitender individuell gespeicherter Informationen als Aktionsprogramme, Vorstellungs-(mentale) Modelle und Begriffssystem" (Hacker & Sachse, 2014, S. 264). Zudem werden Routinetätigkeiten bei Experten zunehmend auf der automatischen Regulationsebene reguliert. So werden Ressourcen freigesetzt, über die Novizen in einem Feld (noch) nicht verfügen.

Geschlechtsunterschiede bei Multitasking?

Hartnäckig hält sich das Stereotyp, dass Frauen besser im Multitasking seien als Männer. Empirisch lassen sich hierfür jedoch keine profunden Belege finden. Buser und Peter (2012) fanden keine Geschlechtsunterschiede in ihren Doppelaufgaben (Sudoku und Buchstabengitter). Auch Ellis, Daniels und Jauregui (2010) konnten keine Unterschiede in den Testleistungen bei Studierenden finden, die während einer Vorlesung in sozialen Netzwerken surfen durften. Auch im Experiment von Paridon und Kaufmann (2010) gab es keine Hinweise auf unterschiedliche Leistungen von Männern und Frauen bei Doppelaufgaben. Strayer, Medeiros-Ward und Watson (2013, S. 810) stellen fest: „The weight of the empirical evidence overwhelmingly suggests gender invariance in multitasking, with individual differences in executive attention most likely underlying the ability to multitask".

3.2 Wo steht die angewandte Multitasking-Forschung?

In den letzten drei Kapiteln wurde der aktuelle Forschungsstand zu Multitasking zusammengefasst. Dabei sollte an einigen Stellen deutlich geworden sein, dass die anwendungsbezogene Forschung noch am Anfang steht und viele konzeptionelle und methodische Fragen nicht befriedigend beantwortet werden konnten.

In diesem Kapitel stellen wir ein integratives Modell zu Multitasking vor, das seine unterschiedlichen Komponenten, Einflussgrößen und Folgen aufnimmt (Kap. 3.2.1). Aus den offenen Forschungsfragen und methodischen Problemen wird eine Agenda für die künftige angewandte Multitasking-Forschung abgeleitet (Kap. 3.2.2).

3.2.1 Vorschlag eines integrativen Modells

Die Anforderung, in einem definierten Zeitraum mehrere Aufgaben gleichzeitig zu erledigen, resultiert häufig aus einer externen Unterbrechung. Der Aufgabenwechsel *(task-switching)* kann aber auch selbst initiiert sein. Dabei wird die ursprünglich bearbeitete Primäraufgabe von einer Sekundäraufgabe abgelöst oder parallel zu dieser verrichtet. Der Betroffene muss diese Aufgaben nun in eine größere, komplexe Arbeitsaufgabe integrieren (Salvucci, 2005). In welcher zeitlichen Reihenfolge er die Teilaufgaben bearbeitet, hängt u. a. von ihren Charakteristiken ab (z. B. Schwierigkeit, Ähnlichkeit erforderlicher Ressourcen und Automatisierbarkeit; vgl. Müller & Krummenacher, 2008) sowie von der Bewertung als mehr oder weniger zentral oder dringlich (Gonzáles & Mark, 2004, 2005). Die Art und Häufigkeit von Multitasking bei der Arbeit variiert mit berufsspezifischen Tätigkeitsanforderungen und Arbeitsbedingungen (z. B. quantitative Arbeitsbelastungen, verfügbarer Handlungsspielraum) sowie mit individuellen Persönlichkeitsmerkmalen und Neigungen (z. B. Polychronizität). Welche Auswirkungen Multitasking auf die Leistung und die erlebte Beanspruchung mit sich bringt, hängt nicht nur von der Dauer

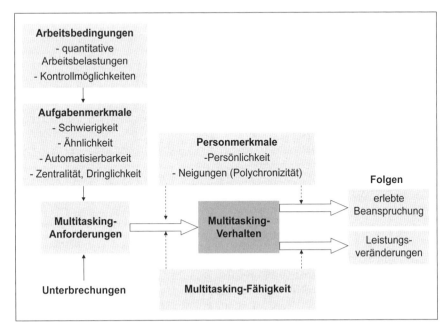

Abbildung 26: Arbeitsmodell zu den Bedingungen und Folgen von Multitasking bei der Arbeit

Das integrative Modell verknüpft Multitasking mit Unterbrechungen, Aufgabenmerkmalen, Arbeitsbedingungen, Persönlichkeit, Leistung und Beanspruchung

simultaner Arbeit, sondern auch von spezifischen individuellen Fähigkeiten (z. B. Arbeitsgedächtnis- und Aufmerksamkeitskapazität; vgl. König et al., 2005) und persönliche Präferenzen ab. Ein Leistungsabbau kann somit durch vorhandene Multitasking-Fähigkeiten und -Präferenzen kompensiert werden (vgl. Sanderson et al., 2013). Ebenso trägt eine höhere Anstrengung kurzfristig dazu bei, negative Beanspruchungsreaktionen wie Ermüdung, Sättigung und Stress zu vermeiden (Zimber, 2014). Ob Multitasking-Anforderungen und -Verhalten durch ihren zusätzlichen Energiebedarf langfristig negative Konsequenzen haben, ist zwar theoretisch anzunehmen (Hockey, 1997; Meijman & Mulder, 1998), vereinzelte empirische Belege (Baethge & Rigotti, 2013b) bedürfen hier aber noch weiterer Bestätigung.

Zur Untersuchung von Multitasking bei der Arbeit und seinen möglichen Folgen sind somit eine Reihe von Einflussgrößen zu berücksichtigen, die in Abbildung 26 zusammenfassend dargestellt sind.

Dieses Modell weist eine Reihe von Überschneidungen mit dem heuristischen Modell von Baethge und Rigotti (2010, S. 68) auf, das ebenfalls Unterbrechungen, spezifische Aufgabencharakteristika, allgemeine Tätigkeitsmerkmale und personale Faktoren als für Multitasking relevant ansieht. Zusätzlich wird Multitasking in diesem Modell in den Kontext organisationaler Rahmenbedingungen wie Unternehmenskultur, räumliche Struktur, personelle Besetzung und Arbeitszeitmodell gestellt (vgl. Baethge & Rigotti, 2010, S. 68 f.).

3.2.2 Probleme der Multitasking-Forschung und weiterer Forschungsbedarf

Nur wenige Multitasking-Studien im Alltagskontext, da methodisch schwer umsetzbar

Obgleich Multitasking zu einem geflügelten Wort geworden und in den allgemeinen Sprachgebrauch eingeflossen ist, gibt es vergleichsweise wenige Studien, die diesem Phänomen in alltagsnahen Kontexten nachgegangen sind. Dies hat sicherlich auch mit folgenden Schwierigkeiten bei der Operationalisierung von Multitasking im Feld zu tun:

1. Sofern es sich nicht um die seltene Kombination physischer Arbeitstätigkeiten handelt, ist die gleichzeitige Bearbeitung von Aufgaben *nicht offen beobachtbar*. Multitasking findet zum großen Teil mental statt und ist somit nur teilweise einer Verhaltensbeobachtung zugänglich.
2. Man ist daher überwiegend auf subjektive Einschätzungen der Betroffenen angewiesen. Diese sind jedoch aufgrund von unterschiedlichen subjektiven Multitasking-Konstrukten nur eingeschränkt valide (Zimber et al., 2010). Hinzu kommt, dass die Einschätzung von Multitasking nicht direkt während der Handlung erfolgen kann, da die Verbalisierung der ausgeführten Tätigkeiten einen massiven Störfaktor darstellen und wiederum selbst kognitive Ressourcen binden würde. Auch die spätere Erinnerung an Multitasking-Situationen dürfte mit Fehlern behaftet sein (Rigotti & Baethge, 2013).
3. Umfassendere und objektivere Auskünfte können Studien geben, die Verhaltensbeobachtung und Interview/Befragung am Arbeitsplatz miteinander verbinden (sog. „Beobachtungsinterviews"). Diese sind allerdings durch den Nachteil kleiner und selektiver Stichproben belastet (z. B. Schmich & Gnam, 2013). Darüber

hinaus können mit der Beobachtungsmethode nur Paralleltätigkeiten innerhalb definierter Zeitintervalle und damit kein „tatsächliches" Multitasking festgestellt werden (Zimber, 2010).

Der Einsatz und die Entwicklung von geeigneten Methoden zur Untersuchung von Multitasking in *alltagsnahen* Situationen stellt somit nach wie vor eine große Herausforderung für die angewandte Forschung dar (Kiefer & Urbas, 2006). Vielversprechend sind bisher solche Messverfahren (z. B. Bratfisch & Hagman, 2008) und experimentelle Simulationen (z. B. Kiefer et al., 2006; Paridon & Kaufmann, 2010), die Multitasking-Situationen einerseits standardisiert und intern valide, andererseits aber auch mit arbeitsnahen oder -ähnlichen Aufgabenstellungen, d. h. mit angemessener ökologischer Validität, erfassen. Es stellt eine wichtige Aufgabe der künftigen Multitasking-Forschung dar, diese Simulationen noch enger an natürlichen Aufgabenstellungen angelehnt zu entwickeln und mit einem breiteren Spektrum an Persönlichkeitsmerkmalen sowie Leistungs- und Beanspruchungsindikatoren zu kombinieren. Da bisher wenig über die langfristigen Wirkungen von Multitasking-Anforderungen auf Leistung, Beanspruchung und Gesundheit bekannt ist, sind *Langzeit*experimente und -beobachtungen dringend erforderlich. Dadurch könnten auch mögliche Wirkungsprozesse in „Multitasking-Berufen", z. B. bei Fluglotsen oder Tätigkeiten in einem Callcenter, besser abgeschätzt und auf dieser Grundlage geeignete Präventionsmaßnahmen entwickelt werden.

Feldexperimente mit alltagsnahen Multitasking-Anforderungen haben einen hohen Erkenntniswert

4 Praxisempfehlungen

Dieses Kapitel bedient Praktiker, die unterschiedlichste Interessen mitbringen

Dieses Kapitel richtet sich an Praktiker, vor allem an Führungskräfte, die mit unterschiedlichen Anliegen an das Thema herantreten könnten: Manche werden Instrumente und Vorgehensweisen zur Bewertung ihrer Arbeitsplätze suchen. Manche werden sich für Ansätze zur Arbeitsgestaltung und -optimierung interessieren. Andere werden Hinweise zur Auswahl oder Entwicklung von Personal suchen, das mit Multitasking-Anforderungen häufig konfrontiert ist. Wieder andere möchten mehr über Präventionsmaßnahmen erfahren, etwa um Überlastungszustände soweit möglich zu reduzieren oder um Veränderungen in der Arbeitsleistung zu vermeiden.

Zu Beginn des Kapitels werden allgemeine Hinweise zum praktischen Vorgehen entlang des Management-Zyklus gegeben (Kap. 4.1). Hieran schließt die Vorstellung von Instrumenten zur Analyse von Multitasking im Arbeitskontext an (Kap. 4.2). Breit dargestellt werden Maßnahmen zur besseren Bewältigung von Multitasking-Anforderungen, unterteilt in bedingungs- und verhaltensbezogene Maßnahmen (Kap. 4.3). Ausführungen zur Planung und Evaluation betrieblicher Veränderungsmaßnahmen (Kap. 4.4) sowie ein Fazit und Ausblick (Kap. 4.5) schließen diesen Praxisteil ab.

4.1 Praktisches Vorgehen im Unternehmen

Erfolgreiche Maßnahmen bedürfen einer systematischen Planung nach dem Management-Zyklus

Ob Maßnahmen im Unternehmen tatsächlich zu einer besseren Situation beitragen, hängt wesentlich von dem Vorgehen ab, das hierfür gewählt wird. Dieses bezieht sich auf die *systematische Planung und Umsetzung* sowie auf die *Gestaltung und Kontrolle des Prozesses*. Bevor auf die Bewertung und Bewältigung von Multitasking-Anforderungen eingegangen wird, möchten wir daher das für einen Maßnahmenerfolg erforderliche Vorgehen kurz beleuchten: Eine systematische Planung und Umsetzung vollzieht sich in folgendem Management-Zyklus (vgl. Abb. 27; ausführlicher hierzu Zimber, 2003):

– Zunächst werden alle problemrelevanten Informationen gesammelt; dies kann z. B. in Form einer Arbeitsplatzbegehung, einer Dokumentenanalyse und/oder einer Mitarbeiterbefragung geschehen. Nur auf einer breiten Datengrundlage lassen sich bestehende Probleme und Veränderungsbedarf zuverlässig analysieren. Die vorliegenden Informationen werden anschließend zusammengeführt und interpretiert. Auf die Erfassung von Multitasking im Arbeitskontext durch geeignete Analyseinstrumente wird weiter unten eingegangen (Kap. 4.2).

– Aus dem in der Analysephase gefundenen Veränderungsbedarf werden nun möglichst konkrete und überprüfbare Ziele formuliert. Die Ziele sollen herausfordernd, aber auch erfüllbar sein. Die sogenannten „SMART"-Kriterien besagen, dass gut umsetzbare Ziele spezifisch, messbar, attraktiv, realisierbar und terminiert formuliert sein sollten.

– Nun ist zu überlegen, mit welchen Maßnahmen die gewünschten Verbesserungen erreicht werden können. Die Auswahl vieler Maßnahmen gleichzeitig birgt

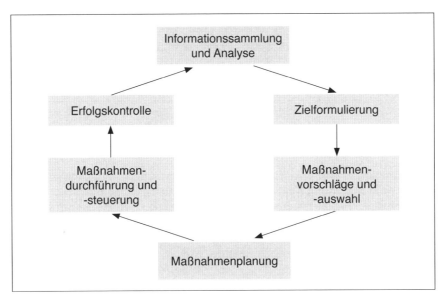

Abbildung 27: Management-Zyklus bei betrieblichen Maßnahmen

die Gefahr, sich zu verzetteln und die Mitarbeiter zu überfordern. Das Für und Wider zu den Maßnahmenoptionen ist daher sorgfältig gegeneinander abzuwägen.

– Die Maßnahme(n), die ausgewählt wurde(n), wird/werden nun systematisch geplant, mit Terminen versehen und inhaltlich vorbereitet. Damit die gewählte Maßnahme auf die gesetzten Ziele zugeschnitten werden kann, sind u. a. die Lernziele, die Form und Organisation der Maßnahme zu konkretisieren.

– Während der Durchführung dieser Maßnahmen erfolgt eine Begleitung oder „Steuerung". Diese beinhaltet alle Aktivitäten, die erforderlich sind, um die Maßnahme wie geplant abzuwickeln, die weitere Planung zu verbessern und den formulierten Zielen Schritt für Schritt näher zu kommen.

– Nach Abschluss der Maßnahme sollte eine Erfolgskontrolle auf der Basis der ursprünglich vereinbarten Ziele stattfinden. Lässt sich aus den Ergebnissen ein weiterer Verbesserungsbedarf ableiten, erfolgt wiederum eine ausführliche Informationssammlung usw.

Bei der Auswahl geeigneter Maßnahmen immer mehrere Optionen gegeneinander abwägen

Für die *Prozessgestaltung* hat sich aus praktischen Erfahrungen bei der Maßnahmenumsetzung eine Reihe von Grundsätzen etabliert, die man in sechs Leitlinien zusammenfassen kann (vgl. folgender Kasten; ausführlicher hierzu Zimber, 2003).

Leitlinien zur Gestaltung betrieblicher Prozesse

1. *Partizipation:* Die gesamte Belegschaft muss einbezogen werden.
2. *Konsensorientierung:* Anzustreben ist eine gemeinsame Sichtweise der Probleme und ihrer Lösungen.
3. *Kontinuität:* Das Maßnahmenpaket muss als langfristiger Prozess angelegt sein.

Sechs Leitlinien für die Einführung und Umsetzung betrieblicher Veränderungen

> 4. *Integration:* Die Interventionsziele sind bei allen wichtigen betrieblichen Entscheidungen zu berücksichtigen.
> 5. *Transparenz:* Alle Ergebnisse müssen dokumentiert, die Informationsweitergabe muss sichergestellt werden.
> 6. *Projektmanagement:* Alle Maßnahmen müssen systematisch durchgeführt und gesteuert werden.

4.2 Analyse von Multitasking-Komponenten

Die Befragungsergebnisse der BiBB/BAuA-Erwerbstätigenbefragung (vgl. ausführlicher in Kap. 1 und Kap. 3) zeigen, dass die gleichzeitige Bearbeitung mehrerer Aufgaben in vielen Berufen zum Alltag geworden ist. Gepaart mit generellem Zeit- und Leistungsdruck sowie häufigen Unterbrechungen bei der Arbeit kann diese psychische Belastung zu negativen Beanspruchungsfolgen beitragen. Im September 2013 ist die revidierte Fassung des Arbeitsschutzgesetzes (ArbSchG) in Kraft getreten. Im Rahmen der gesetzlichen Anforderungen an Gefährdungsbeurteilungen wird nun explizit die Betrachtung psychischer Belastungen gefordert. So heißt es nun in § 4 des ArbSchG: „Die Arbeit ist so zu gestalten, dass eine Gefährdung für das Leben sowie die physische und die *psychische Gesundheit* möglichst vermieden und die verbleibende Gefährdung möglichst gering gehalten wird" und in § 5 wurde in Satz 3 „Eine Gefährdung kann sich insbesondere ergeben durch", als sechster Punkt „6. *psychische Belastungen bei der Arbeit*" ergänzt (Änderungen hervorgehoben). Multitasking-Anforderungen können als psychische Belastung aufgefasst werden und sind somit relevant für die Gefährdungsbeurteilung.

Im Rahmen eines allgemeinen Qualitätsmanagements kann die Analyse von Multitasking-Anforderungen und -Verhalten zur Vermeidung von Fehlern und Leistungseinbußen genutzt werden. Aber auch für die Personalauswahl sowie Personalentwicklung kann es von großem Interesse sein, die Multitasking-Anforderungen von Tätigkeiten zu bestimmen, um zum einen geeignete Personen auszuwählen (vgl. van der Horst et al., 2012) und zum anderen, um gezielt Kompetenzen zur Ausübung bestimmter Tätigkeiten zu trainieren.

Nicht zuletzt kann die Analyse des eigenen Multitasking-Verhaltens, der Multitasking-Präferenz und der Multitasking-Anforderungen dabei helfen, effektive Zeitmanagementstrategien zu erarbeiten. Im Folgenden gehen wir auf die einzelnen Komponenten genauer ein.

4.2.1 Multitasking-Anforderungen

Berufe mit hohen Multitasking-Anforderungen sind beispielsweise im Gesundheitswesen und allgemein in informationsintensiven Branchen zu finden. Bei der Beurteilung von Multitasking-Anforderungen erscheint es sinnvoll, deren potenzielle Konsequenzen in die Betrachtung einfließen zu lassen. Aufbauend auf Interviewstudien haben Fischer und Mautone (2005) ein Modell zur Beurteilung von

Multitasking-Anforderungen vorgeschlagen (vgl. Abb. 28). Sie unterscheiden dabei zwischen geringfügigen und schwerwiegenden Konsequenzen bei auftretenden Fehlhandlungen.

Modell zur Beurteilung von Multitasking-Anforderungen unterscheidet zwischen geringfügigen und schwerwiegenden Konsequenzen

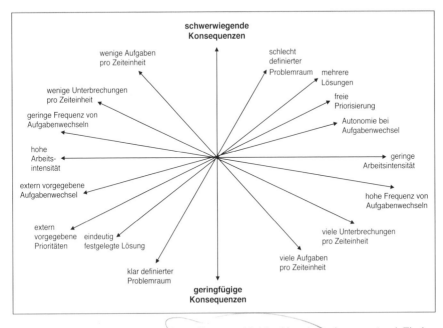

Abbildung 28: Dimensionen zur Beurteilung von Multitasking-Anforderungen (nach Fischer & Mautone, 2005; eigene Übersetzung)

Die ermittelten Dimensionen können drei Kategorien zugeordnet werden: den Umgebungsbedingungen, der Koordination von Aufgaben und den Aufgabencharakteristiken (vgl. Kasten).

Das Modell bietet ein differenziertes Analyseschema und liefert konkrete Hinweise zur Arbeitsgestaltung

Dieses Modell bietet ein sehr differenziertes Schema zur Analyse von Multitasking-Anforderungen und kann so konkrete Hinweise zur Arbeitsgestaltung liefern. Die Analyse der einzelnen Komponenten kann dabei mit unterschiedlichen diagnostischen Zugängen wie Arbeitsplatzbeobachtungen, Selbst- und Fremdeinschätzungen sowie moderierten Gruppendiskussionen erfolgen.

Rahmenbedingungen zur Beurteilung von Multitasking-Anforderungen

1. *Umgebungsbedingungen:*
   - Anzahl von Aufgaben in einer definierten Zeitspanne
   - Anzahl von Informationsquellen, die in einer definierten Zeitspanne geprüft werden müssen
   - Häufigkeit von Unterbrechungen
2. *Koordination von Aufgaben:*
   - vorgegebene Priorisierung vs. unklare Priorisierung
   - vorgegebene oder selbstbestimmter Aufgabenwechsel

- rascher oder verzögerter Aufgabenwechsel
- ständiger vs. verteilter Aufgabenwechsel
- hohe vs. geringe Ähnlichkeit verschiedener Aufgaben
- Interdependenz von Aufgaben
3. *Aufgabencharakteristika:*
   - kurze vs. lange Aufgabendauer
   - benötigte Fähigkeiten/Fertigkeiten zur Ausführung der Aufgabe(n)
   - automatische/eindeutige Ausführung vs. Auswahl zwischen verschiedenen Handlungsalternativen
   - geringe vs. schwerwiegende Konsequenzen von Fehlern
   - Schnelligkeit vs. Genauigkeit bei der Arbeitsleistung
   - viele verschiedene Aufgaben vs. viele gleichartige Aufgaben
   - durchgängige vs. gelegentliche Überwachung notwendig
   - Art der Aufgabe (visuelle, auditive Kontrolle, motorische Reaktion, Auswahl aus Alternativen, etc.)

Standardisierte und validierte Erhebungsinstrumente, welche diesem komplexen diagnostischen Schema folgen, existieren unseres Wissens noch nicht. Eine Reihe klassischer Verfahren beinhaltet die Erfassung von Multitasking-Anforderungen, auch wenn diese nicht so benannt werden. Tabelle 6 gibt einen Überblick zu ausgewählten Instrumenten mit Bezügen zu Multitasking-Anforderungen.

Tabelle 6: Ausgewählte Fragebogenverfahren mit Bezügen zu Multitasking-Anforderungen

Verfahren	Autoren	Relevante Subskalen	Anzahl Items	Beispielitem
ISTA: Instrument zur stressbezogenen Tätigkeitsanalyse	Semmer, Zapf & Dunckel (1999)	Zeitdruck	5	Wie oft wird bei Ihrer Arbeit ein hohes Arbeitstempo verlangt?
		Komplexität	5	Wie oft erhalten Sie Aufträge, die besonders schwierig sind?
		Konzentrationsanforderungen	5	Wie oft müssen Sie bei Ihrer Arbeit viele Dinge gleichzeitig im Kopf haben?
SALSA: Saluto-genetische Subjektive Arbeitsanalyse	Rimann & Udris (1997)	Überforderung durch die Arbeit	6	Es passiert so viel auf einmal, dass man es kaum bewältigen kann.

Tabelle 6: Fortsetzung

Verfahren	Autoren	Relevante Subskalen	Anzahl Items	Beispielitem
FIT: Fragebogen zum Erleben von Intensität und Tätigkeitsspielraum in der Arbeit	Richter et al. (2000)	Arbeitsintensität	13	Bei dieser Arbeit muss man zu viele Dinge auf einmal erledigen.
KFZA: Kurzfragebogen zur Arbeitsanalyse	Prümper et al. (1995)	Qualitative Arbeitsbelastung	2	Es werden zu hohe Anforderungen an meine Konzentrationsfähigkeit gestellt.
		Quantitative Arbeitsbelastung	2	Ich stehe häufig unter Zeitdruck.
TAA: Tätigkeits- und Arbeitsanalyseverfahren	Büssing et al. (2004)	Zeitdruck bei unspezifischen zeitlichen Festlegungen	2	Man hat bei seiner Arbeit immer wieder zu viel auf einmal zu tun

4.2.2 Multitasking-Verhalten

Da Multitasking häufig die Kombination motorischer und kognitiver Prozesse beinhaltet und letztere nicht direkt beobachtbar sind, ist man bei der Beurteilung tatsächlichen Multitasking-Verhaltens, insbesondere in realen Settings, zusätzlich auf die Einschätzung der handelnden Person angewiesen. König und Kollegen (2010) entwickelten eine Selbsteinschätzungsskala zum Multitasking-Verhalten und konnten u. a. eine schwache positive Korrelation zum Workload und eine deutlich positive Korrelation zu Polychronizität in einer Stichprobe von Büroangestellten aus dem Gesundheitssektor berichten. Die Fragen sind im Kasten in Abschnitt 2.1.1.2 wiedergegeben.

Multitasking-Verhalten lässt sich mit Fragebögen oder Verhaltensprotokollen („Tagebuch") erfassen

Um Erinnerungseffekte zu minimieren, erscheint uns darüber hinaus eine fortlaufende Dokumentation über den Arbeitstag eine gute Strategie. Dies kann in Form eines „Tagebuches" entweder mit Papier und Stift oder auch elektronisch erfolgen. Exemplarisch ist in Tabelle 7 ein Protokollblatt zur Erfassung von Arbeitsunterbrechungen dargestellt. Die Kategorien können dabei dem Kontext angepasst werden. Zusätzlich zu Unterbrechungen kann nach Mehrfachaufgaben gefragt werden.

Tabelle 7: Exemplarisches Protokollblatt zur Erfassung von Arbeitsunterbrechungen (nach Rigotti & Baethge, 2014)

Nr.	Beginn der Unterbrechung	Ende der Unterbrechung	Haben Sie die Unterbrechung vorhergesehen?	Durch was/ wen wurden Sie unterbrochen?	Wie komplex war die Aufgabe, bei der Sie unterbrochen worden sind?[a]	Wie komplex war die Unterbrechungsaufgabe?[a]
1	8:30	8:40	Nein	Chefin persönlich	2	1
2	8:55	9:10	Nein	Kunde Telefon	4	3
3	9:25	9:55	Nein	Kollege E-Mail	2	5

Anmerkung: [a] Skala von 1 (gar nicht komplex) bis 5 (sehr komplex).

Dabei können entweder festgelegte Zeitintervalle oder Zeitpunkte vorgegeben werden oder ein fortlaufendes Verhaltensprotokoll erstellt werden. Im Rahmen von Untersuchungen zur Auftretenshäufigkeit von Arbeitsunterbrechungen konnten solche Listen bereits erfolgreich eingesetzt werden.

4.2.3 Multitasking-Präferenz (Polychronizität)

Das „Inventory of Polychronicity Values" (Bluedorn et al., 1999), welches als Organisationsklimavariable konzipiert worden ist, wurde von König et al. (2005) ins Deutsche übersetzt und adaptiert, um die individuelle Multitasking-Präferenz mit 10 Items zu erfassen. Eine spätere Neuentwicklung wurde von Poposki und Oswald (2010) mit 14 Items vorgelegt. Sie definierten Polychronizität als „[…] a noncognitive variable reflecting an individual's preference for shifting attention among ongoing tasks, rather than focusing on one task until completion and then switching to another task" (S. 250). Eine deutsche Fassung dieses Instrumentes wurde bisher nicht entwickelt.

Einschätzung der Multitasking-Präferenz eignet sich zur Überprüfung der Person-Umwelt-Passung

Studien deuten darauf hin, dass Polychronizität alleine noch kein valider Prädiktor für die Leistung bei Multitasking-Aufgaben darstellt, jedoch die Wahrscheinlichkeit zum Multitasking-Verhalten erhöht. Ausschlaggebend für die Effekte von Polychronizität, insbesondere auf Zufriedenheit, scheint eher ein guter Person-Environment-Fit zu sein (König & Waller, 2010). Sanderson und Kollegen (2013) konnten in einer amerikanischen Stichprobe von Beschäftigten einen Interaktionseffekt zwischen der Multitasking-Fähigkeit und der Ausprägung der Polychroniät auf die Aufgabenleistung ermitteln (vgl. Abb. 29). Hecht und Allen (2005) konnten aufzeigen, dass eine Passung zwischen Multitasking-Anforderungen und Polychronizität positiv mit Arbeitszufriedenheit und Wohlbefinden in Verbindung steht.

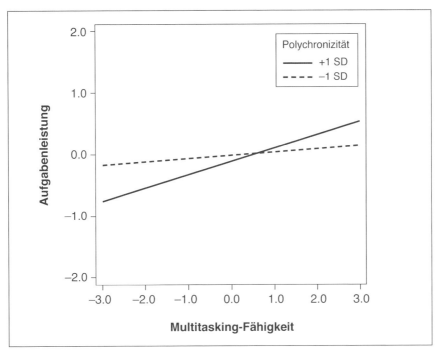

Abbildung 29: Interaktion zwischen der Multitasking-Fähigkeit und der Polychronizität (Sanderson et al., 2013, S. 560).

4.2.4 Multitasking-Fähigkeit

Wie wir in Kapitel 2.2 dargestellt haben, ist die Leistung bei einer Multitasking-Aufgabe von basalen kognitiven Leistungsvoraussetzungen abhängig. Hierzu zählen das Arbeitsgedächtnis, die fluide Intelligenz und Aufmerksamkeitsprozesse. Kognitive Leistungstests können daher zur Diagnostik individueller Unterschiede der Multitasking-Fähigkeit herangezogen werden.

Die Multitasking-Fähigkeit lässt sich mit Komponenten von Leistungs- und Intelligenztests erfassen

Die *Informationsverarbeitungsgeschwindigkeit* bezieht sich auf eine sehr basale Fähigkeit, die mit fluider Intelligenz positiv korreliert ist (Lehrl, Gallwitz, Blaha & Fischer, 1991; Neubauer, 1995). Eine Reihe von Testverfahren kann zur Diagnostik kognitiver Fähigkeiten eingesetzt werden. Wir können hier nur einige Beispiele nennen. Der „Kurztest für allgemeine Basisgrößen der Informationsverarbeitung" (KAI; Lehrl et al., 1991) besteht aus zwei Subtests, dem Buchstaben-Lesen und Zeichen-Nachsprechen, und wird zur Diagnostik der Arbeitsspeicherkapazität eingesetzt. Die reine Verarbeitungsgeschwindigkeit kann aber auch gut mit simplen Reaktionszeittestungen gemessen werden. Diese Fähigkeit misst z. B. der Untertest „Alertness" der TAP von Zimmermann und Fimm (2002, 2012; Testbatterie zur Aufmerksamkeitsprüfung). Die Versuchsperson blickt auf einen Fixationspunkt in einem schwarzen Bildschirm und reagiert, sobald statt des Fixationspunktes ein Kreuz erscheint. Gemessen werden Reaktionszeit und Fehler.

Ein umfangreicher Intelligenztest zur Erfassung der Verarbeitungsgeschwindigkeit und -kapazität ist beispielsweise der „Berliner Intelligenzstruktur-Test" (BIS-Test; Jäger, Süß & Beauducel, 1997). Das Berliner Intelligenzstrukturmodell postuliert, dass es verschiedene operative Fähigkeiten gibt, dies sind die Verarbeitungskapazität, der Einfallsreichtum, die Bearbeitungsgeschwindigkeit und Merkfähigkeit. Diese können in drei inhaltsgebundenen Fähigkeitsklassen untersucht werden: sprachgebundenes Denken, zahlengebundenes Denken und anschauungsgebundenes, figural-bildhaftes Denken. Das Modell erscheint uns in Verbindung mit der Diagnostik der Multitasking-Fähigkeit gutes Potenzial zu besitzen. Allerdings liegen für den BIS bisher nur Normen für 16- bis 19-jährige Schüler vor. Der Einsatz im Erwachsenenalter ist damit eingeschränkt.

Fluide Intelligenz kann mit den „Standard Progressive Matrices" (SPM) nach Raven (Heller, Kratzmeier & Lengfelder, 1998) erfasst werden. Von Raven, Court und Horn (2009) wurde eine aktualisierte Version veröffentlicht. Die klassischen Raven Aufgaben gelten als kulturunabhängig, da keine sprachlichen Informationen verarbeitet werden müssen. Es werden Muster vorgegeben und eine Lücke in der Abfolge der Muster muss anhand vorgegebener Alternativen, aufgrund einer oder mehrerer Gesetzmäßigkeiten, ausgewählt werden.

Des Weiteren bieten sich Testverfahren zur Messung der Konzentrationsleistung an. Der „Frankfurter Adaptiver Konzentrationsleistungs-Test" (FAKT-II; Moosbrugger & Goldhammer, 2007) erlaubt die Erfassung verschiedener Aufmerksamkeitsfacetten: Konzentrations-Leistung (KL), Konzentrations-Genauigkeit (KG) und Konzentrations-Homogenität (KH). Das „Frankfurter Aufmerksamkeits-Inventar 2" (FAIR-2; Moosbrugger, Oehlschlägel & Steinwascher, 2011) ist ein Paper-Pencil-Test zur Erfassung der Kontinuität der Aufmerksamkeit sowie des Arbeitstempos in einer kurzen Zeitspanne. Der Test nimmt nur wenige Minuten in Anspruch.

SIMKAP ist ein computergestütztes Verfahren zur Erfassung der Multitasking-Fähigkeit

Ein Test, der ausdrücklich die Simultankapazität erfasst, wurde von Bratfisch und Hagman (2003) entwickelt. Bei dem computergestützten Verfahren SIMKAP (Simultankapazität/Multi-Tasking) müssen gleichzeitig Suchaufgaben gelöst und Fragen beantwortet werden, die das Nachschlagen im Kalender oder Telefonbuch erfordern.

Der „Arbeitseffizienztest" (AET), ein eignungsdiagnostisches Verfahren für Büroberufe von Conzelmann und Kersting (2012), erfasst, wie effizient Aufgaben mit komplexen Informationen bearbeitet werden. Im Test wird eine an Postkorbübungen erinnernde E-Mail-Bearbeitungsaufgabe kombiniert mit einer Aufgabe, bei der das Gehalt von Mitarbeitern auf der Grundlage bereitgestellter Informationen festgesetzt werden muss. Laut den Autoren werden mit diesem Test mittels ökologisch valider Aufgaben schlussfolgerndes Denken, die Arbeitsgedächtniskapazität sowie die Bearbeitungsgeschwindigkeit abgeprüft.

In der „Testbatterie für Berufseinsteiger – Konzentration" (START-K) von Bretz, Nell und Sniehotta (2010) wird die Konzentrationsfähigkeit in einer Daueraufmerksamkeitsaufgabe erfasst. Der Test wird speziell für Berufseinsteiger empfohlen und beansprucht, Aufmerksamkeitsleistungen in einem für berufliche Tätigkeiten relevanten Zeitraum zu erheben. Für die Anwendung bei einem Personenkreis im Alter von 16 bis 40 Jahren wurde der „Konzentrationstest für die Personalauswahl" (K-PA) auf der Grundlage des START-K entwickelt (Bretz & Nell, 2015).

4.3 Maßnahmenempfehlungen

Um potenziellen negativen Folgen von Multitasking und verwandten Anforderungen auf die Leistungsfähigkeit oder die Beanspruchung (vgl. Kap. 3.1) vorzubeugen, lässt sich in der betrieblichen Gesundheitsförderung (z. B. Badura, Ritter & Scherf, 1999) grundsätzlich an zwei Punkten ansetzen: Man kann die Arbeitsbedingungen, die hierauf Einfluss haben (vgl. Kap. 3.1.3) verändern; in diesem Fall spricht man von Verhältnisprävention. Alternativ kann man die individuellen Verhaltensweisen, die zur Bewältigung der Multitasking-Anforderungen beitragen (vgl. Kap. 3.1.3), verändern; in diesem Fall spricht man von Verhaltensprävention. Wieland (2006) fügte als dritten Pfeiler des betrieblichen Gesundheitsmanagements die kulturelle Prävention hinzu.

Verhältnispräventive (bedingungsbezogene) und verhaltenspräventive Maßnahmen

Darüber hinaus können Maßnahmen darauf abzielen, die zugrunde liegenden Belastungen zu beseitigen oder zumindest zu verringern oder die verfügbaren Ressourcen auszubauen. Hieraus ergibt sich folgendes Vier-Felder-Schema (vgl. Tab. 8), das folgendermaßen auf Multitasking-Anforderungen übertragen werden kann.

Tabelle 8: Mögliche Interventionsansätze bei Multitasking-Anforderungen

	Verhältnisse	**Verhalten**
Belastungen	z. B. enge zeitliche Vorgaben oder Rollenüberforderung beseitigen, Arbeitsunterbrechungen reduzieren	z. B. Gedächtnis durch externe Speicher entlasten, Automatisierung von Teilhandlungen
Ressourcen	z. B. Handlungsspielraum erweitern, Arbeitszeiten flexibilisieren	z. B. Arbeitsabläufe selbst strukturieren, Zeitmanagement und Arbeitspausen einplanen

4.3.1 Bedingungsbezogene Maßnahmen

Wie in Kapitel 3.1.3 deutlich wurde, bedarf eine erfolgreiche Bewältigung von Multitasking-Anforderungen günstiger Arbeitsbedingungen. Im Folgenden gehen wir daher auf mögliche Handlungsfelder für Führungskräfte ein, die für die Gestaltung der Arbeitsbedingungen mitverantwortlich sind.

Obwohl die Bedeutung der bedingungsbezogenen Interventionen, d. h. der Veränderung der Verhältnisse, insbesondere durch Maßnahmen der Arbeitsgestaltung,

Tabelle 9: Merkmale motivations-, persönlichkeits- und gesundheitsförderlicher Aufgabengestaltung (Ulich, 2005, S. 194)

Gestaltungsmerkmal	Angenommene Wirkung	Realisierung durch ...
Vollständigkeit	– Mitarbeiter erkennen Bedeutung und Stellenwert ihrer Tätigkeit – Mitarbeiter erhalten Rückmeldung über den eigenen Arbeitsfortschritt aus der Tätigkeit selbst	– Aufgaben mit planenden, ausführenden und kontrollierenden Elementen und der Möglichkeit, Ergebnisse der eigenen Tätigkeit auf Übereinstimmung mit gestellten Anforderungen zu prüfen
Anforderungsvielfalt	– unterschiedliche Fähigkeiten, Kenntnisse und Fertigkeiten können eingesetzt werden, einseitige Beanspruchungen können vermieden werden	– Aufgaben mit unterschiedlichen Anforderungen an Körperfunktionen und Sinnesorgane
Möglichkeiten der sozialen Interaktion	– Schwierigkeiten können gemeinsam bewältigt werden – gegenseitige Unterstützung hilft, Belastungen besser zu ertragen	– Aufgaben, deren Bewältigung Kooperation nahelegt oder voraussetzt
Autonomie	– stärkt Selbstwertgefühl und Bereitschaft zur Übernahme von Verantwortung – vermittelt die Erfahrung, nicht einfluss- und bedeutungslos zu sein	– Aufgaben mit Dispositions- und Entscheidungsmöglichkeiten
Lern- und Entwicklungsmöglichkeiten	– allgemeine geistige Flexibilität bleibt erhalten – berufliche Qualifikationen werden erhalten und weiterentwickelt	– problemhaltige Aufgaben, zu deren Bewältigung vorhandene Qualifikationen eingesetzt und erweitert bzw. neue Qualifikationen angeeignet werden müssen
Zeitelastizität und stressfreie Regulierbarkeit	– wirkt unangemessener Arbeitsverdichtung entgegen – schafft Freiräume für stressfreies Nachdenken und selbst gewählte Interaktionen	– Schaffen von Zeitpuffern bei der Festlegung von Vorgabezeiten
Sinnhaftigkeit	– vermittelt das Gefühl, an der Erstellung gesellschaftlich nützlicher Produkte beteiligt zu sein – gibt Sicherheit der Übereinstimmung individueller und gesellschaftlicher Interessen	– Produkte, deren gesellschaftlicher Nutzen nicht in Frage gestellt wird – Produkte und Produktionsprozesse, deren ökologische Unbedenklichkeit überprüft und sichergestellt werden kann

seit einiger Zeit immer wieder betont wird, liegt der Schwerpunkt betrieblicher Gesundheitsförderungsaktivitäten nach wie vor bei den personenbezogenen Interventionen, d. h. bei der Veränderung des Verhaltens (vgl. Kap. 4.3.3). Tatsächlich zeigen aber auch die differenzierten Kostenschätzungen, dass ein erheblicher Anteil der Ursachen arbeitsbedingter Erkrankungen in betrieblichen Verhältnissen, d. h. in den Arbeitsbedingungen, zu verorten ist (vgl. hierzu Ulich & Wülser, 2005). Wenn auch davon auszugehen ist, dass sich Verhaltens- und Verhältnisorientierung zumindest teilweise wechselseitig bedingen, so gilt doch, dass in der Sachlogik Verhaltensprävention der Verhältnisprävention stets nachgeordnet bleibt.

Verhältnisprävention vor Verhaltensprävention

Eine eigenständige Handlungsregulation ist angewiesen auf definierte, ganzheitliche und geschlossene Aufgaben sowie auf durchschaubare, vorhersehbare und gezielt beeinflussbare Arbeitsanforderungen, auf Handlungs- und Entscheidungsspielräume und auf ausreichende technische und materielle Ressourcen (vgl. Hacker, 2005; Ulich, 2005; vgl. Tab. 9).

Bei der *Arbeitsgestaltung* stellt sich einerseits die Frage nach den äußeren Arbeitsbedingungen wie z. B. Lärm, Licht und anderen Umgebungseinflüssen. Von besonderer Bedeutung ist in diesem Zusammenhang indes die Gestaltung der Arbeitsaufgaben. In der Arbeitswissenschaft ist deshalb auch die Rede vom „Primat der Aufgabe" (Ulich, 2005). Merkmale motivations-, persönlichkeits- und gesundheitsförderlicher Aufgabengestaltung sind in Tabelle 9 zusammengefasst. Unter den genannten Aufgabenmerkmalen kommt der Ganzheitlichkeit bzw. Vollständigkeit insofern zentrale Bedeutung zu, als die Möglichkeit der Erfüllung oder Nichterfüllung einer Reihe der anderen Merkmale durch den Grad der Aufgabenvollständigkeit bedingt ist (Ulich & Wülser, 2005).

„Primat der Aufgabe": Gestaltung der Arbeitsaufgaben hat Vorrang

In der Arbeitspsychologie gilt einerseits der Grundsatz, dass die Anforderungen, die Arbeitsaufgaben an eigenständiges Denken, Planen und Entscheiden stellen, sich förderlich auf die Kompetenzen, das Vertrauen in die eigene Selbstwirksamkeit, die Lernpotenziale und auch die Persönlichkeit des Beschäftigten auswirken (Ulich, 2005). Wie in den vorangehenden Kapiteln deutlich gemacht wurde, können Anforderungen aber auch zu hoch oder zu komplex sein, sodass sie mit den zur Verfügung stehenden Ressourcen nicht mehr gut bewältigt werden können. Sie treffen auch auf unterschiedliche Persönlichkeitsmerkmale, die durch *differentielle Arbeitsgestaltung* berücksichtigt werden können. Das Prinzip der differentiellen Arbeitsgestaltung (vgl. Ulich, 2005) umfasst das Angebot verschiedener Arbeitsstrukturen, zwischen denen Beschäftigte frei wählen können. Da Menschen sich aber weiterentwickeln, sollten Wechsel zwischen verschiedenen Arbeitsstrukturen möglich und diese Strukturen selbst veränderbar sein. Dieses Offenhalten von Veränderungsmöglichkeiten und Gestaltungsspielräumen nennt Ulich (2005) *dynamische* Arbeitsgestaltung. Die Möglichkeit, zwischen Alternativen wählen und die Wahl gegebenenfalls korrigieren zu können, bedeutet einerseits eine Abkehr von der Suche nach dem „einen richtigen Weg" für die Gestaltung von Arbeitstätigkeiten und Arbeitsabläufen, andererseits einen erheblichen Zuwachs an Autonomie und Kontrolle über die eigenen Arbeitsbedingungen.

Die Arbeitsaufgaben sollten auf die Kompetenzen und Ressourcen des Beschäftigten abgestimmt sein

4.3.2 Die Rolle der Führungskraft

Führungskräfte haben eine Schlüsselrolle bei der Gestaltung gesunder Arbeitsbedingungen

In den letzten Jahren wurde vermehrt darauf hingewiesen, dass der Umgang mit Arbeits- und Gesundheitsschutzfragen letztlich eine Frage der Unternehmenskultur sei (z. B. Badura & Hehlmann, 2003; Wieland, 2006). Ein Teil der in diesem Zusammenhang genannten Wirkungen kann durch empirische Untersuchungen bestätigt werden. So weisen neuere Untersuchungsergebnisse deutliche Zusammenhänge zwischen Möglichkeiten der Partizipation im Arbeitsalltag und Krankenstand bzw. Fehlzeiten auf (vgl. Ulich & Wülser, 2005).

Zunehmend wird das Verhalten von Führungskräften als bedeutsam für die erlebte Beanspruchung und arbeitsbezogene Gesundheit von Beschäftigten erkannt. Wegge, Shemla und Haslam (2014) postulieren fünf mögliche Wirkpfade von Führung auf die Gesundheit der Teammitglieder: (1) direkte personenbezogene Beeinflussung, (2) systemische Beeinflussung (durch Arbeitsgestaltung und Delegation), (3) puffernde Funktion zur Abmilderung von Stressoren bei der Arbeit, (4) Etablierung eines gesundheitsförderlichen Teamklimas und (5) Führungskräfte als Rollenmodell. Im Folgenden konzentrieren wir uns auf den systemischen Pfad und beleuchten genauer das Delegationsverhalten von Führungskräften.

4.3.2.1 Delegationsverhalten von Führungskräften

Führungskräfte sind sowohl direkt als auch indirekt für die Gestaltung von Arbeitsaufgaben verantwortlich. In direkter Zuständigkeit delegieren sie Aufgaben an Mitarbeiter und können dadurch die geforderte Quantität und Qualität des Arbeitsergebnisses beeinflussen. Dies wird beispielsweise in der ausführlichen Klassifikation von 13 Führungsfunktionen aus der Arbeit von Fleishman und Kollegen (1991) deutlich, in der sich unter der Funktion „utilizing and monitoring personnel resources" die Punkte „dividing work loads" und „assigning responsibilities" finden (S. 261). Obwohl Delegation von Aufgaben („Teilung der Arbeitsbelastung") eine zentrale Funktion von Führungskräften ist, wurde das Delegationsverhalten von Führungskräften in der Arbeits- und Organisationspsychologie kaum beforscht. Leanna (1986) definiert Delegation als Entscheidungsautonomie, die an Mitarbeiter *(subordinates)* abgegeben wird. Yukl und Fu (1999) fassen den Begriff noch weiter und verstehen unter Delegation (1) die Zuteilung von neuen, herausfordernden Aufgaben an Mitarbeiter, (2) die Übertragung von Verantwortlichkeiten über Entscheidungen, die die Führungskraft sonst selbst inne hat und (3) die Erweiterung von Handlungsspielraum und die Erlaubnis zum Handeln ohne Rücksprache mit der Führungskraft.

Eine angemessene Aufgabendelegation wirkt sich positiv auf Zufriedenheit und Commitment aus

Damit gehen psychologische Definitionen weit über die geläufige Bedeutung der Delegation als Aufgabenweitergabe hinaus und umfassen eine Erweiterung von Autonomie, Verantwortlichkeit und Tätigkeitsspielraum von Mitarbeitern. Delegation in diesem Sinn kann somit auch verstanden werden als die Zuteilung vollständiger Aufgaben im Sinne der Handlungsregulationstheorie (Frese & Zapf, 1994; Hacker & Sachse, 2014). Diese erweiterte Form der Delegation zeigt positive Zusammenhänge zu Arbeitszufriedenheit (Pellegrini & Scandura, 2006) und Commitment und Leistung (Chen & Aryee, 2007). Handlungsspielraum kann dazu genutzt werden, die Arbeit zeitlich flexibel aufzuteilen, damit Belastungsspitzen vermieden werden können.

Die Wahrnehmung einer fairen Aufgabenverteilung durch die Führungskraft im Team scheint Ergebnissen von Holstad, Rigotti und Otto (2013) folgend eine wichtige Rolle in Bezug auf die erlebte Beanspruchung einzunehmen. Die schwedische WOLF-Studie hat beispielsweise gezeigt, dass bestimmte Führungsverhaltensweisen (z. B. Informationen an Mitarbeiter weitergeben, fürsorglich, ermutigend und anerkennend sein) mit einem geringeren Auftreten von ischämischer Herzerkrankung einhergehen, und dies auch dann, wenn andere Risikofaktoren kontrolliert werden (Nyberg et al., 2009). Nielsen, Randall, Yarker und Brenner (2008) konnten zeigen, dass sich Führungsverhalten indirekt, vermittelt über Tätigkeitsmerkmale (Rollenklarheit, Sinnerleben, Entwicklungschancen) auf die Gesundheit der Geführten auswirkt. Es wurden eine Reihe weiterer Mediatoren zwischen dem Führungsverhalten und Auswirkungen auf Verhaltens- und Befindensindikatoren von Beschäftigten untersucht. Darunter waren die Sinnhaftigkeit der Tätigkeit (Arnold et al., 2007; Korek, Felfe & Zaepernick-Rothe, 2010), *empowerment* (Avolio et al., 2004) oder Selbstwirksamkeitserwartungen (Nielsen & Munir, 2009). Obgleich Führungsverhalten nicht nur als Ressource, sondern auch als Stressor wirken kann (z. B. Tepper, 2000), wurden unseres Wissens bisher nur selten (Tätigkeits-)Stressoren als mögliche Mediatoren zwischen Führungsverhalten und dem Befinden von Beschäftigten systematisch untersucht (Skogstad et al., 2007). Multitasking-Anforderungen, die aus dem Delegationsverhalten von Führungskräften entstehen, könnten also ein bedeutsames und bisher nicht berücksichtigtes Bindeglied zwischen Führung und Gesundheit von Beschäftigten darstellen.

> Ein unterstützendes Führungsverhalten kann gesundheitliche Risiken reduzieren

Vincent (2011) entwickelte die „Gesundheits- und Entwicklungsförderliche FührungsverhaltensAnalyse" (GEFA). Das Instrument unterscheidet sich von den bislang etablierten Führungskonstrukten, wie etwa der transformationalen oder transaktionalen Führung durch seine arbeitspsychologische Fundierung. Vincent (2011) differenziert dabei zwischen Anforderungen (entwicklungsorientierte Führung), Stressoren (überfordernde Führung) sowie Ressourcen (unterstützungsorientierte Führung), welche jeweils mit mehreren Subskalen im Fragebogen GEFA operationalisiert sind (Vincent, 2011). Die empirischen Belege sind überzeugend. So konnte u. a. gezeigt werden, dass eine Konstellation aus hoher überfordernder Führung und geringer unterstützungs- sowie entwicklungsorientierter Führung mit deutlich erhöhten Werten in emotionaler Erschöpfung, Irritation und psychosomatischen Beschwerden in Zusammenhang steht. Die Besonderheit des Instrumentes im Vergleich zu anderen Konstrukten des Führungsverhaltens liegt darin, dass hier explizit nach dem Einfluss der Führungskraft auf Tätigkeitsmerkmale gefragt wird. Es zeigten sich deutliche inkrementelle Validitätsgewinne der GEFA zu transformationaler Führung. Korek und Rigotti (2012) konzipierten einen Fragebogen zur Erfassung aufstiegsförderlicher Führung. Auch hier wird das Delegationsverhalten der Führungskraft als zentral betrachtet. Im Sinne aufstiegsförderlicher Führung geht es hierbei um die Übertragung möglichst vollständiger und komplexer Aufgaben. Herausfordernde Aufgaben gehen an die Fähigkeitsgrenze des Teammitglieds (Locke &

> Kombinationen aus entwicklungsorientierter, überfordernder und unterstützungsorientierter Führung können Gesundheitsrisiken vorhersagen

Latham, 2002). Durch die Übertragung vollständiger Tätigkeiten, die mit Handlungs- und Zeitspielräumen versehen sind, wird die persönliche Entwicklung gefördert. Ein Zusammenhang zu Multitasking-Anforderungen wurde bisher nicht untersucht, ist aber zu vermuten.

4.3.2.2 Aus- und Rückwirkungen auf die Führungskräfte

Führungskräfte sind nicht nur Gestalter, sondern selbst in hohem Maß von Zeit- und Leistungsdruck betroffen. In der BIBB/BAuA-Erwerbstätigenbefragung 2006 gaben 64 % der Führungskräfte an, häufig unter Termin- und Leistungsdruck arbeiten zu müssen, bei Beschäftigten ohne Leitungsfunktion waren es „nur" 48 % (eigene Berechnung). Auch hierbei kann Delegation eine Rolle spielen: Yukl und Fu (1999) berichten beispielsweise, dass Delegation die Arbeitsmenge für Führungskräfte reduziert und stellen diese Tatsache als Hauptgrund von Führungskräften für Delegation dar. Für Führungskräfte sollte die Delegation vollständiger Aufgaben mit Handlungsspielraum zu einer Verringerung ihres Zeit- und Leistungsdrucks führen, weil sie somit entlastet werden. Geschieht dies nicht, sondern werden unvollständige Aufgaben ohne Spielräume delegiert, können die notwendigen Abstimmungs- und Rückkopplungsprozesse den Zeit- und Leistungsdruck für die Führungskraft sogar steigern.

Delegation von vollständigen Aufgaben mit Handlungsspielraum verringert den Zeit- und Leistungsdruck

Prinzipien der Leistungssteuerung durch Vorgabe von Renditezielen sind in vielen Bereichen lange etabliert. Auch im öffentlichen Bereich hat das „New Public Management" breit Einzug gehalten. Führung durch Ziele *(management by objectives)* soll eine motivationssteigernde Wirkung haben. Jedoch werden Zielvereinbarungen wohl allzu häufig zu reinen Zielvorgaben. Die vom oberen Management beschlossenen Ziele werden dann nach unten weitergereicht. Die Vorgabe, Vorjahresergebnisse in jedem Folgejahr zu übertreffen, führt dabei ohne Zweifel zu einer zunehmenden Arbeitsverdichtung. In einer qualitativen Studie arbeiteten Wallo, Ellstrom und Kock (2013) heraus, dass Führungskräfte aufgrund systembedingter Zwänge eine größere Leistungs- als Entwicklungsorientierung in ihrem Führungsverhalten zeigen. Führungskräfte sind selbst Teil des Systems und verfügen daher nur über eingeschränkte Handlungsspielräume, die sie an ihre Teammitglieder weitergeben können. Eine nachhaltige Wirkung kann Führung also nur dann entfalten, wenn sie in eine entsprechende Organisationskultur eingebettet ist (vgl. Wilde, Hinrichs & Schüpbach, 2010).

In stark leistungsorientierten Unternehmen geben Führungskräfte ihren Mitarbeitern eher wenig Handlungsspielraum

4.3.3 Verhaltensbezogene Maßnahmen

Dieses Unterkapitel richtet sich an Personen, die von Multitasking-Anforderungen direkt betroffen sind. Ziel der folgenden Abschnitte ist es, ihre Kompetenzen zur Selbststeuerung oder Selbstregulation zu erweitern. Unter *Selbststeuerung* oder *Selbstregulation* versteht man individuelle Strategien zur Steuerung von Gefühlen, Gedanken und Verhalten, die vor, während und nach einer Handlung auftreten (Müller & Wiese, 2010).

Die von Praktikern häufig gestellte Frage, ob die Arbeit überhaupt Spielräume für die individuelle Selbststeuerung lässt und worin diese bestehen können, lässt sich kaum allgemein abhandeln. Der Spielraum, über den eine Person verfügt, um ihren Arbeitsalltag stärker nach psychischen Erfordernissen zu orientieren, lässt sich am besten am praktischen Beispiel verdeutlichen: Im Einführungskapitel haben wir einen typischen Montagvormittag der Teamleiterin Franka L. beschrieben. Häufige externe Unterbrechungen, unvorhersehbare Aufgaben, die dazwischen- oder hinzukommen, nicht zuletzt ein beträchtlicher Anteil an Kopfarbeit kennzeichnen die Aufgaben, die Franka L. verrichten muss. Damit ist sie eine relativ typische Vertreterin des mittleren Managements.

In Bezug auf ihre Multitasking-Anforderungen haben wir festgestellt, dass „echtes" Multitasking im Sinne von gleichzeitiger Verrichtung mehrerer Tätigkeiten bei ihr eher selten stattfindet. Einfache, automatisierbare Routinetätigkeiten treten im modernen Führungsalltag eher selten auf. Durchaus aber muss sie mehrere Aufgabenkomplexe, u. a. die Quartalsabrechnung, das Mitarbeitergespräch, die Abwicklung des Kundenvertrags oder die Anleitung ihrer Assistentin, parallel „managen". Dieses parallele Bearbeiten mehrerer Aufgabenkomplexe entspricht, wie bereits oben ausgeführt, viel eher dem praktischen Verständnis von Multitasking im Alltag (vgl. Salvucci, 2005).

Bei der parallelen Bearbeitung wendet Franka L., teils bewusst, teils automatisch, eine Reihe von *Selbststeuerungsaktivitäten* an: Sie legt sich u. a. eine Strategie für das anstehende Mitarbeitergespräch zurecht; sie legt im Kopf „Merkzettel" für die Sitzung zur Quartalsabrechnung und zur Einarbeitung der neuen Praktikantin an; sie priorisiert ihre Aktivitäten für den Arbeitstag neu, nachdem der Mitarbeiter sich überraschend krank gemeldet hat usw. Sie verfügt damit über eine Reihe von Praktiken, die ihr helfen, aus einem Arbeitstag, an dem erst einmal alles anders verläuft als erwartet, noch das Beste herauszuholen.

<small>Selbststeuerungsaktivitäten dienen der Bewältigung von Multitasking-Anforderungen</small>

Was sollte Franka L. also noch besser machen? Was könnte sie, außer etwa schneller zu arbeiten oder Aufgaben zu delegieren, noch unternehmen, um besser durch den Tag zu kommen, sich nach Feierabend etwas weniger gerädert zu fühlen oder sogar etwas früher zum Abendessen zu Hause zu sein, wie sie es ihrem Partner ursprünglich versprochen hatte?

Die im Folgenden aufgeführten Praxisempfehlungen sollen Beschäftigten (dazu gehören auch Führungskräfte!) dabei helfen,
- Multitasking-Anforderungen in der Arbeitssituation besser einschätzen zu können,
- ihre Arbeitstechniken und persönlichen Bewältigungsstrategien weiter zu entwickeln, um diesen Anforderungen besser gerecht werden können,
- körperliche und psychische Ressourcen z. B. durch Pausen, Erholung und Abschalten von der Arbeit wiederherzustellen sowie
- diese Verhaltensänderungen systematisch zu initiieren, zu kontrollieren und zu verstärken.

4.3.3.1 Multitasking-Anforderungen einschätzen

Kenntnisse zu Beanspruchung und Erholung helfen beim Regulieren von Multitasking-Anforderungen

Eine erfolgreiche Selbstregulation bei der Arbeit setzt Kenntnisse aus der Beanspruchungs- und Erholungsforschung voraus (z. B. Semmer, Grebner & Elfering, 2010; Wieland-Eckelmann, Allmer, Kallus & Otto, 1994). Diese Forschungsgebiete geben auch Antworten auf Fragen im Zusammenhang mit Multitasking-Anforderungen, z. B. wie viel kognitive Ressourcen unterschiedliche Arbeitstätigkeiten verbrauchen. Die Komplexität unterschiedlicher Aufgabenstellungen wurde bereits in den 30er Jahren des 20. Jahrhunderts in experimentellen Studien untersucht. Hierbei ging es u. a. um den sogenannten „*Beachtungsumfang*", den Tätigkeiten erfordern (vgl. Richter & Hacker, 1998).

Tabelle 10: Beachtungsumfang bei unterschiedlichen Arbeitsaufgaben (nach Richter & Hacker, 1998)

Tätigkeit	Ausgefülltheit des Beachtungsumfangs (%)
Putzen, Staubwischen, Kehren	10
Nagel einschlagen	45
bekannten Text schreiben	75
Telefonnummer suchen	100

Wie Tabelle 10 zeigt, ist der vorhandene Beachtungsumfang von maximal 100 % vor allem bei kognitiv anspruchsvollen Aufgaben ausgefüllt. Paralleltätigkeiten sollten bei Arbeiten, die viel Beachtungsumfang erfordern, soweit möglich ausgeschlossen werden. Anders verhält es sich dagegen bei relativ einfachen Routineaufgaben, die den Beachtungsumfang nur zu einem geringen Teil ausfüllen. Diese werden als Einzelaufgabe eher als monoton erlebt und erlauben somit parallele Tätigkeiten.

Tätigkeiten mit geringerem „Beachtungsumfang" lassen sich gut mit anspruchsvolleren kombinieren oder abwechseln

Die im folgenden Kasten aufgeführten Arbeitstätigkeiten – keine Pausenbeschäftigungen! – sind prinzipiell gut zur Kombination mit anderen Aufgaben oder auch zum Tätigkeitswechsel (vgl. hierzu weiter unten) nach kognitiv anstrengenden (Multitasking-)Aufgaben geeignet.

> **Aufgaben, die sich gut mit anderen Aufgaben kombinieren lassen oder für einen Tätigkeitswechsel geeignet sind:**
>
> – Einfache Schreibtischtätigkeiten wie z. B. Posteingang/-ausgang sortieren, Unterlagen in einem Ordner abheften, Listen anlegen o. Ä.
> – Routinetätigkeiten wie z. B. den Schreibtisch, die Festplatte oder das E-Mail-Fach aufräumen o. Ä.
> – Technische Routinetätigkeiten wie z. B. Kopieren, Faxen, Scannen o. Ä.
> – Gänge z. B. zum Postfach, in die Teeküche, zur Materialausgabe o. Ä.
> – Einfache Kommunikationsaufgaben wie z. B. sich mit Kollegen abstimmen

Praxisempfehlungen

Empfohlen wird ein nach Möglichkeit bewusst geplanter Wechsel zwischen kognitiv anspruchsvollen (Multitasking-)Aufgaben und einfachen Aufgaben mit einem geringen Beachtungsumfang. Hier sind also aktuelle Empfehlungen konform mit Forschungsbefunden vor über 80 Jahren. Dadurch können mentale Ressourcen nach einer stark beanspruchenden Arbeitsphase besser wiederhergestellt werden (vgl. hierzu Kap. 4.3.3.7, „Beanspruchungs-Erholungszyklus").

4.3.3.2 Arbeitstechniken und Bewältigungsstrategien weiterentwickeln, Arbeitshilfen nutzen

Nach den Ergebnissen der Tagebuchstudie von Czerwinski und Kollegen (2004) werden im Büroalltag häufig Tätigkeitswechsel durch externe Unterbrechungen ausgelöst. Innerhalb einer Arbeitswoche wurden von den Probanden durchschnittlich 50 solcher Wechsel dokumentiert. Umso komplexer die Primäraufgabe ist, umso mehr kognitive Ressourcen nimmt ihre Wiederaufnahme nach einer Unterbrechung in Anspruch. Denn zur Bearbeitung komplexer Aufgaben am PC sind in der Regel mehrere Dokumente gleichzeitig präsent zu halten. Es besteht daher ein großer Bedarf, die Wiederaufnahme durch Erinnerungshilfen zu erleichtern. Die Autoren schlagen hierfür eine technische Hilfe vor, bei der Dokumente, die parallel bearbeitet werden, auf einer Taskleiste am unteren Ende des Bildschirms abgelegt (vgl. Abb. 30) und dadurch für den Anwender leichter präsent gehalten werden. Der im Betriebssystem Microsoft mitgelieferte „Task Manager" stellt die Dokumente lediglich in der zeitlichen Reihenfolge ihrer Bearbeitung dar. Eine zusätzlich installierte Anwendungssoftware („GroupBar", vgl. Czerwinski et al., 2004) kann die Aufgaben auch nach selbst definierten Prioritäten anordnen.

Eine Taskleiste auf dem Bildschirm hält Tätigkeiten v. a. nach Unterbrechungen besser präsent

Abbildung 30: Auszug aus dem Task-Manager in Microsoft Windows zur Visualisierung offener Aufgaben (Czerwinski et al., 2004, S. 181)

Ratschläge zum Umgang mit der zunehmenden Datenflut bei der Bürokommunikation, insbesondere durch eingehende E-Mails, gibt der Initiativkreis INQA-Büro (2006; vgl. folgender Kasten).

Ratschläge zum Umgang mit der E-Mail-Flut:

- einströmende E-Mail-Flut filtern und kanalisieren
- unerwünschtes und Überholtes täglich löschen
- Aufteilen in Push-Informationen, die direkt ins Postfach geschoben werden, und Pull-Infos, die gleich in einem zugänglichen Speicher landen
- E-Mail-Briefkasten regelmäßig nach definierten Kriterien sortieren

- Überlaufbecken „Gelöschte E-Mails" regelmäßig leeren
- unergiebige Newsletter abbestellen
- Eingangsmusik auf soften Klang regeln

Unter dem Stichwort *Zenware* ist gegenwärtig ein Trend zu einer neuen Übersichtlichkeit und Fokussierung bei Softwarelösungen zu beobachten. Durch immer neu hinzugekommene Funktionen und der zunehmenden Vernetzung von Programmen untereinander hat die Komplexität von Software ständig zugenommen. Kaum jemand nutzt jedoch alle Features eines Programms. Zenware-Programme beschränken sich auf die Kernaufgabe. So gibt es beispielsweise Textprogramme, die einzig und allein das Schreiben eines Textes ermöglichen. Die Formatierung kann dann später in einem anderen Programm vorgenommen werden. Als Unterstützung zur Selbstregulation gibt es auch Programme, die etwa den Internetzugang beschränken oder für eingestellte Zeiten ganz ausblenden.

4.3.3.3 Kognitive Fähigkeiten trainieren

Kognitive Fähigkeiten können u. a. durch rechnergestützte Trainingsprogramme ausgebaut werden

In einer Vielzahl von Experimenten wurde nachgewiesen, dass kognitive Fähigkeiten, die an Multitasking beteiligt sind, durch spezielle, überwiegend rechnergestützte Trainingsprogramme gezielt verbessert werden können. Allerdings wurden die meisten Programme für Forschungszwecke entwickelt und sind daher nicht kommerziell zu erwerben. Die folgende Auswahl von Arbeiten soll aufzeigen, welche kognitiven, für Multitasking relevanten Fähigkeiten nachweislich trainierbar sind.

Buchler, Hoyer und Cererella (2008) überprüften im Rahmen eines Experiments, inwieweit durch Training die Leistung bei der Bearbeitung von Parallelaufgaben verbessert werden kann. Dazu mussten sich Versuchspersonen farblich markierte Zahlenfolgen, die auf einem Bildschirm vorgegeben waren, merken und später wiedergeben. Bis zu vier Zahlenserien waren parallel zu bearbeiten; bei einem Drittel der Serien musste zwischen zwei bis vier Parallelaufgaben hin- und her gewechselt werden. Die Probanden kamen mit dem Aufgabenwechsel während des intensiven fünftägigen Trainings immer besser zurecht. Eine Fragestellung des Experiments richtete sich auf Alterseffekte: Ältere Probanden wiesen eine geringere Multitasking-Leistung auf als jüngere, doch verschwand dieser Alterseffekt im Laufe des Trainings.

Auch ältere Probanden profitierten von einem videobasierten Multitasking-Training

In einem anderen Experiment (Anguera et al., 2013) wurde die Multitiasking-Leistung bei unterschiedlichen Altersgruppen mithilfe des Videospiels „NeuroRacer" trainiert. Während einer Fahraufgabe waren am Bildschirm Muster nach einem vorgegebenen Schema zu bearbeiten. Ältere Probanden von 60 bis 85 Jahren wiesen zwar eine deutlich geringere Ausgangsleistung auf, profitierten jedoch von dem Training so stark, dass deren Leistung mit untrainierten 20-Jährigen vergleichbar war. Die Übungseffekte hielten auch bei einer erneuten Testung nach sechs Monaten an. Die Autoren sehen dieses Ergebnis als Beleg für die Plastizität des kognitiven Kontrollsystems im präfrontalen Kortex an, die auch im höheren Lebensalter erhalten zu bleiben scheint.

Eine der kognitiven Fähigkeiten, die bei der Bewältigung von Multitasking-Anforderungen beteiligt sind, stellt das Arbeitsgedächtnis dar. Eine Literaturübersicht jüngeren Datums (Morrison & Chein, 2011) zeigt, dass die Leistungsfähigkeit des Arbeitsgedächtnisses durch verschiedene Strategien signifikant verbessert werden kann: Die Autoren unterschieden strategische Trainingsansätze *(strategic training)*, die z. B. bei der Automatisierung von Parallelaufgaben unterstützen, von Trainings, die bei der Optimierung allgemeiner Gedächtnisstrategien *(core training)* ansetzen. Durch die bisher entwickelten Trainingsprogramme konnte die Arbeitsgedächtniskapazität ausgebaut werden; allerdings weisen die unterschiedlichen Gruppen von Trainingsansätzen unterschiedliche Effekte auf.

Auch die Kapazität des Arbeitsgedächtnisses kann durch Training ausgebaut werden

Jaeggi, Buschkuehl, Jonides und Perrig (2008) untersuchten, inwieweit sich ein Training des Arbeitsgedächtnisses auch auf andere kognitive Leistungsbereiche transferieren ließ. Die Versuchspersonen hatten am Bildschirm zwei Serien von Reizen, Buchstabenfolgen und räumlich dargebotene Muster synchron zu bearbeiten. Das Training wurde über einen Zeitraum von 8 bis 19 Tagen angeboten. Die Teilnehmer profitierten von dem Training auch dann, wenn der Test eine vollkommen andersartige kognitive Leistung prüfte. Sie bewerteten dies als Zugewinn der fluiden Intelligenz. Die Transferleistung hing maßgeblich von der Dauer des Trainings ab.

4.3.3.4 Durch externe Speicher das Arbeitsgedächtnis entlasten

Wie weiter oben bereits ausführlich besprochen wurde, ist Multitasking mit einem hohen Einsatz kognitiver Ressourcen verbunden. Insbesondere wird, wenn mehrere Aufgaben parallel bearbeitet werden (müssen), die Arbeitsgedächtniskapazität stark in Anspruch genommen (vgl. Kap. 2.2.1): Die Anforderungen der Primär- und Sekundäraufgabe müssen abgespeichert und im Wechsel zwischen den Aufgaben abgerufen werden, der Stand der Bearbeitung muss gespeichert werden usw.

Wie können diese komplexen Gedächtnisanforderungen im Arbeitsprozess vereinfacht werden, ohne dass die Arbeitsleistung hierunter leidet? Eine relativ simple, jedoch effektive Technik stellt das Anlegen von „externen Speichern" dar. Muthig und Schönpflug (1981) bezeichneten die Erinnerungshilfen, die wir im Alltag zur Entlastung des Gedächtnisses benutzen, als *externe Speicher*. Dazu zählen sie alle schriftlich niedergelegten Informationen, Notizen oder Bücher, Kalender und Adressenlisten usw. So machen wir uns z. B. Merkzettel für den Einkauf und hängen sie an ein Pinboard in der Küche, legen einen Brief in die Nähe der Haustür, damit wir nicht vergessen, ihn zum Postkasten mitzunehmen. Diese Gedächtnishilfen haben sich beim Lernen in Schule, Ausbildung und am Arbeitsplatz als sehr nützlich erwiesen. Durch das Anlegen von Notizen, Listen, Exzerpten etc. wird nicht nur das Gedächtnis entlastet, sondern auch das Einprägen (Enkodieren) und das Behalten der Lerninhalte merklich verbessert (vgl. Staub, 2006).

Externe Speicher können unser Gedächtnis beim Behalten und beim Einprägen unterstützen

Wie sind hilfreiche, das Gedächtnis entlastende Notizen konkret anzulegen? In Publikationen zu Lern- und Arbeitstechniken (z. B. Staub, 2006) wird u. a. empfohlen, diese mit genügend Platz am Blattrand zur eventuellen späteren Nachbearbeitung zu versehen. Auch sollten zentrale Stichworte, Abkürzungen und symbolische, z. B. grafische Darstellungen, genutzt werden, damit die Inhalte später schnell abgerufen werden können. Die Wahl des Mediums, d. h., ob z. B. elektronische oder herkömmliche Notizen in Form von Notizzetteln oder Karteikarten genutzt werden, scheint für den erzielten Nutzen eher nachrangig zu sein.

Wie lassen sich diese bewährten Techniken auf Multitasking-Anforderungen übertragen? Stellen wir uns eine Sprechstundenhilfe vor, die nach einer komplexen Behandlung eines Patienten Daten in verschiedene Masken eingibt und währenddessen von einem Anruf unterbrochen wird. Als sie ihre Eingabe wieder aufnehmen möchte, weist sie ihr Arzt auf die Einbestellung eines Patienten hin, und ein ungeduldiger Patient fragt sie, ob er im Wartezimmer von ihr vergessen worden sei. Die Arbeitsschritte bei der Dateneingabe mögen inzwischen routinemäßig ablaufen, doch nach insgesamt drei Unterbrechungen muss sich die Sprechstundenhilfe wieder neu orientieren und ihre letzten Arbeitsschritte rekapitulieren. Ein externer Speicher könnte hierbei mehrfach helfen: etwa in Form einer im Ordner abgelegten Skizze, falls der gleiche Ablauf der Dateneingabe häufig und routinemäßig erfolgt, oder, falls der Ablauf individuell erfolgt, in Form eines Notizzettels, der während der Bearbeitung angelegt wird. Da während des Arbeitens nur selten Notizen angelegt werden, müsste die Sprechstundenhilfe den Patienten darum bitten, kurz am Telefon zu bleiben, während sie einen Merkzettel mit Stichworten zu den bisher erfolgten und noch anstehenden Arbeitsschritten anlegt. Dies erhöht zwar kurzfristig ihren Aufwand, doch erleichtert es den späteren Wiedereinstieg in die Primäraufgabe. Zugleich ist der mit der Tätigkeit verbundene Ablauf auch in Zukunft besser verankert.

Merkzettel sind besonders hilfreich bei Paralleltätigkeiten, damit keine wichtigen Informationen vergessen werden

4.3.3.5 Aufgaben automatisieren und Arbeitsroutinen entwickeln

Durch das Automatisieren von Tätigkeiten werden kognitive Ressourcen frei

Der oben beschriebene „Beachtungsumfang", den eine Tätigkeit erfordert, kann durch konsequentes Üben sukzessive verringert werden. Man spricht hierbei von *Automatisierung*. Ein praktisches Beispiel hierfür ist das Autofahren, das zu Beginn noch die volle Beachtung erfordert und nach langjähriger Fahrpraxis fast nur noch automatisch gesteuert wird.

Diese Erfahrung lässt sich auf automatisierbare Arbeitstätigkeiten wie z. B. Ablage- und Sortieraufgaben oder auch auf bestimmte PC-Tätigkeiten, wie z. B. E-Mails ordnen, übertragen. Je ritualisierter der Ablauf solcher Tätigkeiten erfolgt, umso weniger kognitive Ressourcen kosten sie. Paralleltätigkeiten wie z. B. Unterhaltungen sind dabei nicht nur möglich, sondern schaffen sogar Abwechslung. Auch werden Unterbrechungen, die dabei auftreten, als weniger störend empfunden. Der Automatisierung komplexer Tätigkeiten, die per se intellektuelle Regulationsebenen einschließen, sind aber natürlich auch Grenzen gesetzt.

4.3.3.6 Aufgaben besser strukturieren

In der Literatur zum Zeitmanagement (z. B. Seiwert, 1999, 2014) wurde eine Vielzahl von Techniken vorgelegt mit dem Ziel, eine bessere Übersicht über anstehende Aktivitäten zu gewinnen, Prioritäten zu setzen und dadurch insgesamt mehr Freiraum für Kreativität und Freizeit zu gewinnen. Ein Teil dieser Techniken eignet sich auch zur Aufgabenstrukturierung und Selbstorganisation von Multitasking-Anforderungen.

Grundlage für eine Veränderung des eigenen Zeitmanagements ist die Analyse der bisherigen Zeiteinteilung in Form eines Tages- und Wochenprotokolls (vgl. hierzu Selbstbeobachtungstechniken im Abschnitt 4.3.3.8). Dabei wird neben den Tätigkeiten selbst die hierfür aufgebrachte Zeit protokolliert. Auf der Grundlage des Protokolls werden „Zeitdiebe" oder „Zeitfresser" identifiziert. Typische Zeitfresser sind z. B. fehlende Zielsetzungen, zu viel auf einmal anzufangen, mangelnde Delegation von delegierbaren Aufgaben, Störungen und Unterbrechungen von außen, mangelhafte Kommunikation oder langatmige und schlecht strukturierte Besprechungen. Techniken zur Reduzierung von „Zeitfressern" sind im folgenden Kasten aufgeführt.

Ein Tages- oder Wochenprotokoll hilft, vorhandene Zeitreserven zu identifizieren

> **Techniken zur Reduzierung von „Zeitfressern":**
> - *Prioritäten setzen:* Hierbei ist sicherzustellen, dass zunächst nur an wichtigen oder notwendigen Aufgaben gearbeitet wird und diese Aufgaben nach ihrer Dringlichkeit bearbeitet werden. Eine Methode zur Wertanalyse der Zeitverwendung ist die sogenannte ABC-Analyse. Hierbei werden die Arbeitsaufgaben in unabdingbare Tätigkeiten, in Beschäftigungen mittlerer Wichtigkeit und in abdingbare Ereignisse eingeteilt.
> - *Arbeitsablauf planen:* Bei der sogenannten „ALPEN"-Methode werden zunächst alle Aufgaben notiert, die Länge der Aufgaben kalkuliert, Pufferzeiten eingeplant, Entscheidungen über Prioritäten oder die Delegation von Aufgaben getroffen sowie Tagesergebnisse nachkontrolliert. Als Faustregel gilt, nur etwa 60 % der Zeit zu verplanen und den Rest der Arbeitszeit für Störungen, Unvorhergesehenes und soziale Kontakte zu reservieren. Bei der Aufgabenplanung sollten auch der eigene Arbeitsrhythmus und die individuelle Leistungskurve Beachtung finden. Wichtige oder schwierige Aufgaben sollten nach Möglichkeit in leistungsstarke Zeiten gelegt werden. Bei den meisten Menschen liegen die Leistungsspitzen am späten Vormittag und am frühen Abend.
> - *Störungen kontrollieren:* Vermeidbare Störungen sollten durch Planungsaktivitäten unterbunden, unvermeidbare Unterbrechungen abgekürzt werden. Hierzu wird u. a. empfohlen, feste Termine, z. B. „Sprechstunden", zu vereinbaren, um in diesen Zeiten die Kontakte zu bündeln und im Gegenzug ungestörte Zeitblöcke zu schaffen. Darüber hinaus können Störungen durch das Gesprächsverhalten, z. B. gezielte Frage nach dem Anlass, Zusammenfassungen zum Gesprächsabschluss und „nein" sagen, gesteuert und abgekürzt werden.

Ein weiterer Grundsatz des Zeitmanagements besteht darin, nie mehrere Ziele gleichzeitig zu verfolgen (Seiwert, 2014), was der Definition von Multitasking entspricht. Dies trage eher zum Verzetteln als zum effektiven Arbeiten bei. Am Ende eines Arbeitstages stehe dann meist die Erkenntnis, dass man zwar viel gearbeitet habe, wichtige Dinge aber liegen geblieben oder nicht fertiggestellt seien. Erfolgreiche Menschen zeichneten sich u. a. dadurch aus, dass sie sich während einer

4.3.3.7 Abstand schaffen und Ressourcen wiederherstellen

Das Wechselspiel von Beanspruchung und Erholung verstehen

Arbeit beansprucht psychophysiologische Ressourcen und führt damit bei längerer Exposition zu Ermüdung und Erschöpfung. Besteht ausreichend Zeit und Möglichkeit zur Erholung, kann der Ausgangszustand des Organismus oder eines bestimmten Subsystems wiederhergestellt werden (ausführlicher hierzu vgl. Semmer et al., 2010). Erholung ist also ein der Beanspruchung gegenläufiger und sich mit dieser günstigenfalls abwechselnder Prozess, bei dem mentale, emotionale, motivationale und energetische Ressourcen wiederhergestellt werden (vgl. Abb. 31). So wird z. B. bei der körperlichen Regeneration die nach längerer Aktivität entstandene Sauerstoffschuld durch eine verzögerte Rückstellung der Herzfrequenz allmählich abgebaut. Die Reduktion von Belastungen und die gezielte Nutzung von Regenerationsphasen helfen dabei, die genannten Ressourcen früher in ihren Ausgangszustand zurückzuführen.

Auf längere Arbeitsphasen sollten Erholungsphasen folgen

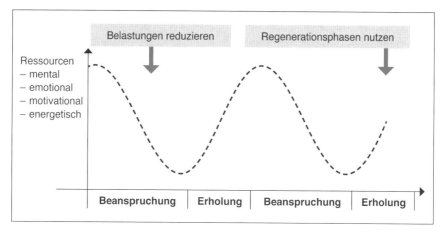

Abbildung 31: Beanspruchungs-Erholungs-Zyklus (nach Krajewski, Schneider & Mühlenbrock, 2010)

Intensive kognitive Beanspruchung verlängert den Zeitraum bis zur Wiederherstellung des Ausgangszustandes

Bei psychischen Belastungen stellen sich die Zusammenhänge zwischen Beanspruchung und Erholung recht komplex dar. Dies liegt u. a. daran, dass unterschiedliche Arten von psychischen Belastungen, z. B. kognitive und emotionale, zu differenzieren sind, die zum Teil unterschiedliche Beanspruchungsreaktionen zur Folge haben (Allmer, 1996b). So äußern sich kognitive Belastungen z. B. durch eine zu hohe Informationsmenge in Überforderung und Ermüdung, während emotionale

Belastungen vor allem Angst, Ärger oder andere negative Emotionen auslösen. Diese unterschiedlichen Belastungs- und Beanspruchungszustände benötigen zur Wiederherstellung des ursprünglichen Zustandes unterschiedliche Maßnahmen (Allmer, 1996b): Bei geistiger Arbeit, die hier im Vordergrund steht, kann die Ausrichtung der Aufmerksamkeit auf die natürliche Umwelt erholend wirken. Denn geistige Arbeit geht in aller Regel mit der Unterdrückung konkurrierender Reize einher. Menschen erleben dies als anstrengend, weil die Aufmerksamkeit dabei nicht ihren gewohnten „freien Lauf" nehmen kann, wie es evolutionär für das Überleben unserer Gattung maßgebend war (Kaplan, 1995). So kann ein Wechsel in die natürliche Umgebung jenen Zustand vigilanter und globaler Aufmerksamkeit wiederherstellen, der als deutlich weniger anstrengend erlebt wird.

In natürlicher Umgebung erholt man sich nach geistiger Anstrengung am besten

Anhaltende (Dauer-)Belastungen können dazu führen, dass der Erholungsprozess nicht abgeschlossen wird. Individuen versuchen unter solchen Umständen, die geforderte Arbeitsleistung durch vermehrte Anstrengung zu kompensieren. Nach Meijman und Mulder (1998) führt dies dazu, dass die kompensatorische Anstrengung zum Ausgleich des Erholungsdefizits die Belastung des Arbeitnehmers zunehmend vergrößert. Die Folge ist eine abwärts gerichtete Spirale, die bei anhaltenden Belastungen in eine Beeinträchtigung von Gesundheit und Wohlbefinden münden kann. In einer Studie mit Busfahrern, die auf ihre Erholungspausen nur begrenzten Einfluss hatten, erwiesen sich schlechter Schlaf, emotionale Erschöpfung und psychosomatische Beschwerden als Folgen eines Erholungsmangels (Sluiter, van der Beek & Frings-Dresen, 1999). Auch eine Häufung von kardiovaskulären Erkrankungen bis hin zu einer erhöhten kardiovaskulären Mortalität wurden als mögliche Konsequenzen eines anhaltenden Erholungsmangels nachgewiesen (Kivimäki et al., 2006).

Chronischer Erholungsmangel kann schwerwiegende körperliche Beeinträchtigungen nach sich ziehen

Erholung geschieht nicht notwendigerweise automatisch. Erfolgreiche Erholung hängt vielmehr von einer Reihe von inneren und äußeren Bedingungen ab, die das Erholungsverhalten beeinflussen (vgl. Blaschke, 2008, S. 309 f.):

- Der erste Schritt im Erholungsprozess ist die *Wahrnehmung* einer bestehenden Erholungsbedürftigkeit. Die Wahrnehmung innerer Zustände tritt während der Arbeit, insbesondere bei fordernden geistigen oder sozialen Aktivitäten, in den Hintergrund. Die Beschäftigten sind dermaßen mit der Aufgabe oder mit anderen Personen beschäftigt, dass eigene Bedürfnisse und momentanes Befinden erst dann ins Bewusstsein treten, wenn der Zustand stark von der Norm abweicht. Durch eine erhöhte Selbstwahrnehmung und durch *innere Achtsamkeit* lässt sich dieser Tendenz entgegenwirken. Achtsamkeit und Achtsamkeitstraining (vgl. hierzu weiter unten) wird daher eine Verbesserung der Selbstregulationsfähigkeit zugeschrieben.
- Wird eine Erholungsbedürftigkeit festgestellt, so besteht die naheliegende Konsequenz im *Erholen* selbst. Allerdings gibt es hier vielfältige äußere und innere Barrieren, die das Initiieren von Erholungsverhalten behindern. Beispiele für äußere Barrieren sind eine geringe Autonomie bei der zeitlichen Arbeitsgestaltung oder familiäre Verpflichtungen wie die Betreuung von Kindern; ein Beispiel für eine innere Barriere ist Arbeitsüberengagement. Die zuletzt genannte Eigenschaft beschreibt Personen, die dermaßen in ihre Arbeit involviert sind, dass sie Arbeit schwer auf den nächsten Tag verschieben oder davon abschalten können.

Auch Erholung muss sorgfältig geplant werden

Dagegen initiieren Personen, die davon überzeugt sind, Erholungsaktivitäten auch in schwierigen Situationen an den Tag legen zu können („erholungsbezogene Selbstwirksamkeit"), eher Erholungsaktivitäten als solche, die diese Überzeugung weniger stark teilen.
- Der nächste Schritt im Erholungsprozess betrifft die *Wahl der Erholungsaktivität*: Wie erhole ich mich am besten? Wie weiter unten im Abschnitt „Erholungsaktivitäten planen und durchführen" herausgearbeitet wird, sind unterschiedliche Aktivitäten in verschiedenen Belastungszuständen unterschiedlich effektiv.

Die Erholungsforschung (vgl. Sonnentag, 2010) hat in den letzten Jahren zunehmend an Bedeutung gewonnen. Ein zentrales Ergebnis dabei ist, dass der Erholungswert viel weniger auf die konkrete Erholungsaktivität als auf die individuell unterschiedliche Erlebnisqualität zurückzuführen ist. Unterschieden werden dabei gedankliches Abschalten von der Arbeit, Entspannung, Mastery-Erlebnisse (d. h. das Erleben von Herausforderungen und deren Bewältigung) und Kontrolle über das, was man macht. Mit ihrem Erholungstraining konnten Hahn, Binnewies, Sonnentag und Mojza (2011) bei 95 Beschäftigten zeigen, dass die Erholungsfähigkeit durch ein spezifisches Trainingskonzept gezielt unterstützt werden kann: Die Teilnehmer wiesen drei Wochen nach Abschluss des Trainings positivere Erholungserfahrungen und eine höhere erholungsbezogene Selbstwirksamkeit auf. Stress und andere negative Beanspruchungsreaktionen nahmen signifikant ab. Dagegen konnte im relativ kurz gewählten Beobachtungszeitraum keine Wirkung auf die emotionale Erschöpfung festgestellt werden.

Pausen effektiv gestalten

Wie im letzten Abschnitt deutlich wurde, nimmt bei anhaltenden Belastungen die Beanspruchung zu. Gleichzeitig verschlechtern sich die Bedingungen für die Ausführung der Arbeit. Erträgliche Beanspruchungshöhen werden durch die Dauerleistungsgrenze ermittelt. Eine Beanspruchung, die über dieser Grenze liegt, ruft Ermüdung hervor. Dabei wird zwischen Ermüdung und ermüdungsähnlichen Zuständen unterschieden. Während Ermüdung die Folge einer Belastung ist, ergeben sich ermüdungsähnliche Zustände z. B. aus Monotonie, Sättigung oder Überforderung. Sie zeigen sich in ähnlichen Symptomen, z. B. Leistungsabfall und Denkstörungen, unterscheiden sich jedoch in der Art ihrer Kompensation deutlich (Richter & Hacker, 1998): Während die ermüdungsähnlichen Zustände bei Änderungen des Arbeitsinhaltes schlagartig abklingen, muss bei Ermüdung für eine ausreichende Erholung gesorgt werden. Bei der Organisation der Arbeit sollte daher angestrebt werden, vermeidbare Ermüdung zu verhindern und für ausreichend Erholung während der Arbeitszeit zu sorgen, damit durch die Arbeit kein Schaden an Gesundheit und Wohlbefinden zugefügt wird. Als Dauerleistungsgrenze gilt die maximale Leistung, die während einer täglichen Arbeitszeit von knapp acht Arbeitsstunden auf Dauer möglich ist und bis zu der eine zusätzliche Erholung nicht notwendig wird. Die Ermüdung nimmt bei Beanspruchungen über der Dauerleistungsgrenze in einem exponentiellen Verlauf zu, was das Risikopotenzial langer Arbeitszeiten verdeutlicht (vgl. Abb. 32).

Marginalie: Arbeiten über der Dauerleistungsgrenze führt zu rascher Ermüdung

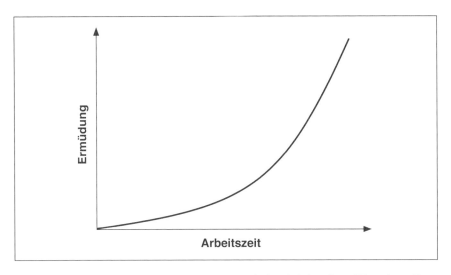

Abbildung 32: Exponentieller Zusammenhang zwischen Arbeitszeit und Ermüdung (Semmer, 2009)

Für die Erholungswirkung von Pausen gilt dagegen ein exponentiell fallender Zusammenhang. Bei Beanspruchungen, die über der Dauerleistungsgrenze liegen, empfiehlt sich daher ein Kurzpausensystem. Mit zwischengeschalteten Kurzpausen wird eine übermäßige Ermüdungskumulation vermieden. Durch *häufige Kurzpausen* kann auch die Ermüdung effektiv verringert werden. Bei gleicher Gesamtpausenzeit ist die Erholungswirkung von häufigen Kurzpausen größer als bei seltenerem Wechsel von Arbeit und Pausenzeiten. Der Erholungswert einer Pause hängt also ab von der Dauer, der Häufigkeit und der zeitlichen Verteilung der Pausen. Mehrere kurze Pausen sind effektiver als wenige längere Pausen gleicher Gesamtlänge (Ulich, 2005). Zu lange Pausen erschweren das Zurückfinden in den Arbeitsprozess. Die Erkenntnis, dass die effektivste Erholung durch Kurzpausen von 5 bis 10 Minuten Dauer erreicht wird, ist in Form der „Kurzpausenregel" als arbeitswissenschaftliche Erkenntnis gesichert. Das Einhalten regelmäßiger Kurzpausen führt zu einer Leistungssteigerung und gleichzeitig zu einer Belastungsverringerung (ausführlicher vgl. Wegge, Wendsche, Kleinbeck & Przygodda, 2012).

Häufige kurze Pausen sind besser geeignet, Ermüdung entgegenzuwirken

Neben der Pausenlänge ist auch die Einbettung der Pausen in die Organisation zu berücksichtigen. Hierbei ist zwischen *organisierten Pausen* und frei gewählten zu differenzieren. Letztere kommen an allen Arbeitsplätzen zum Teil als kaschierte Pausen in Form sogenannter Nebentätigkeiten vor und haben einen geringeren Erholungswert als organisierte Pausen. Frei gewählte Pausen erfolgen in der Regel zu spät, seltener und länger als günstig (Richter & Hacker, 1998). Organisierte Pausen sind daher anderen Formen der Pausengestaltung prinzipiell vorzuziehen.

Darüber hinaus ist die Erholungsfunktion von Arbeitspausen danach zu differenzieren, welche Erholungseffekte erzielt werden sollen, d. h., ob es darum gehen soll, „Energie zu tanken", „zur Ruhe zu kommen", etwas Anregendes zu machen"

Die Funktion einer Pause sollte vom aktuellen Beanspruchungszustand abhängig gemacht werden

oder „etwas Sinnvolles zu tun" (Allmer, 1996b, S. 122; vgl. Abschnitt „Erholungsaktivitäten planen und durchführen" weiter unten). Grundsätzlich sind *aktive Pausen* passiven überlegen. Dies gilt in besonderem Maß für leichte körperliche sowie für geistige Arbeit (Richter & Hacker, 1998). Pausen sollten nach Möglichkeit einen Aktivitätswechsel beinhalten, z. B. Bewegung nach sitzender Tätigkeit, körperliche Rast nach körperlicher Beanspruchung. Auch Bewegungs- und Dehnungsübungen werden zum Ausgleich von vor allem sitzender Tätigkeit empfohlen. Für eine Entspannungsübung sind in der Regel 10 bis 20 Minuten erforderlich. Allerdings ist eine häufige Wiederholung von mehr als einmal pro 90 Minuten einer solchen Entspannung nicht zweckmäßig, da deren Erholungswert dann abzunehmen scheint (vgl. Blaschke, 2008). Eine ideale Dauer für einen *Kurzschlaf* beträgt etwa 10 Minuten. Eine kürzere Schlafdauer ist für die Reduktion von Erschöpfung und die Verbesserung der kognitiven Leistungsfähigkeit weniger effektiv; längere Schlafdauer führt zu vorübergehender Müdigkeit im Anschluss an das Schläfchen, welche wiederum, jedenfalls temporär, die Leistungsfähigkeit einschränkt.

Ein Kurzschlaf von ca. 10 Min. kann helfen, die geistige Leistungsfähigkeit wiederherzustellen

Tätigkeiten bewusst wechseln

Die Wirkung von Erholungszeiten entsteht nicht allein durch ein passives Abwarten des Erholungsvorganges. Sie kann auch durch einen gezielten Wechsel der Art der Beanspruchung erfolgen. Angemessene, genügend häufige und einen Beanspruchungswechsel beinhaltende *Tätigkeitswechsel* können daher auch anstelle von Erholungspausen eingesetzt werden. Hierbei ist darauf zu achten, dass nicht beliebige Tätigkeiten kombiniert werden, sondern solche, die durch einen Beanspruchungswechsel einen Ausgleich herstellen können. Dann kann die Aufnahme der anders beanspruchenden Tätigkeit eine Erholung für die vorangegangene erbringen.

Bei Multitasking-Anforderungen bietet sich ein Tätigkeits- und damit verbundener Beanspruchungswechsel besonders an, da Paralleltätigkeiten in hohem Maße mentale Ressourcen beanspruchen. Wie ein Tätigkeitswechsel konkret aussehen kann, sei am Beispiel eines Assistenten in einem Bildungsunternehmen verdeutlicht: Seine Tätigkeit besteht aktuell darin, Stundenpläne zusammenzustellen. Dabei muss er zwischendurch Rückfragen an die beteiligten Dozenten u. a. zu den Zeiten, zu denen diese noch verfügbar sind, stellen. Nicht immer erreicht er diese sofort, sodass er sich seine Fragen für einen späteren Anruf notieren muss. Gleichzeitig muss er in einem Raumplanungsprogramm nach den für die geplanten Veranstaltungszeiten verfügbaren Räumen schauen. Während diesen Tätigkeiten wird er mehrmals durch Anfragen von Kunden und Kollegen unterbrochen. Welche Tätigkeiten würden sich nach dieser mental stark belastenden Aufgabe für einen gezielten Wechsel anbieten? Der Assistent sollte hierfür Tätigkeiten wählen, die weniger Aufmerksamkeit und Konzentration, vielmehr andere Ressourcen beanspruchen. Geeignet sind u. a. einfache Routinetätigkeiten wie z. B. Posteingang/-ausgang sortieren, den Schreibtisch aufräumen, Unterlagen in einem Ordner abheften, Kopieren und andere Aufgaben, die weniger geistige Ressourcen benötigen. Auch soziale Aktivitäten wie

Nach geistig anstrengenden Arbeitsphasen: Tätigkeiten, die weniger kognitive Ressourcen verbrauchen

ein geplantes Gespräch mit einem Kollegen könnte als wohltuende Abwechslung erlebt werden. Wichtig könnte es für den Assistenten hierbei sein, auch den Kontext seiner Tätigkeit zu wechseln, da sein Arbeitsplatz stark störungsanfällig ist. Hilfreich könnte es hierbei sein, den Arbeitsort kurzfristig zu wechseln, kurz um den Block zu gehen oder, soweit die Arbeitspflichten dies nicht erlauben, zumindest das Zimmer kurzfristig zu wechseln, eine Dehnübung zu machen o. Ä.

Erholungsaktivitäten planen und durchführen

Erholung sollte in der Freizeit und auch während der Arbeit stattfinden. Gerade in Berufen mit viel Kontakt zu anderen Menschen sind Pausen zum Abschalten und Regenerieren zur Wiederherstellung der Ressourcen wichtig (Hacker, 2009).

Damit diese Aktivitäten aber wirklich der Erholung dienen, müssen einige Bedingungen erfüllt sein: Die Aktivität sollte explizit dem Zweck der Erholung dienen, d. h. sie muss in entspannter Atmosphäre verbracht werden können, ohne Sorge vor Missbilligung oder Sorge über die Erfüllung seines Arbeitspensums. Häufig fühlen sich Beschäftigte, die viel arbeiten, nach einem dienstfreien Tag oder Wochenende immer noch gestresst und ausgelaugt – ein Zeichen dafür, dass die Erholungspause nicht richtig genutzt wurde. Menschen scheitern hierbei häufig an falschen Vorstellungen über Erholung und den damit verbundenen Strategien. Ein fehlendes Gespür für die eigene Erholungsbedürftigkeit, die fehlende Wahrnehmung von Erholungsmöglichkeiten, überzogene Leistungsansprüche, Erlebnissucht oder selbst gemachter „Freizeitstress" können zentrale Hindernisse darstellen.

Aus der Erholungsforschung (vgl. Blaschke, 2008; Wieland-Eckelmann et al., 1994) lassen sich einige Regeln für die Wahl einer geeigneten Erholungsaktivität ableiten: *Körperliche Aktivität* und *Sozialkontakt* zeigen sich passiven Erholungsmaßnahmen insbesondere dann überlegen, wenn ihnen keine allzu anstrengenden Tätigkeiten vorangingen. Auch bei geistiger Arbeit kann körperliche Aktivität zu einer Wiederherstellung der Ressourcen beitragen, da hierdurch die Aufmerksamkeit auf eine andere Tätigkeit fokussiert wird und durch Bewegen nur wenig kognitive Ressourcen gebunden werden. Dagegen können passive Tätigkeiten wie Ausruhen oder Fernsehen durchaus geeignet sein, die Beanspruchungswirkungen von anstrengenden Tätigkeiten zu kompensieren. Allerdings sind pauschalen Empfehlungen durch individuelle Bedürfnisse und Vorlieben, die beim Erholungsprozess unbedingt zu berücksichtigen sind, Grenzen gesetzt. Neben den Aktivitäten selbst spielt auch die *Umgebung*, in denen Erholung stattfindet, eine bedeutsame Rolle. In experimentellen Studien (vgl. Blaschke, 2008) konnten effektivere Erholungsprozesse in natürlichen Umgebungen im Vergleich zur urbanen Zivilisation (z. B. Fußgängerzone) nachgewiesen werden.

<aside>Die Wahl einer geeigneten Erholungsaktivität orientiert sich am Kompensationsprinzip</aside>

Oben wurde mehrfach angesprochen, dass die Wirkung von Erholungsmaßnahmen maßgeblich davon abhängt, welche Belastung in der Situation konkret vorliegt. Allmer (1996b, S. 122) unterscheidet vier Typen von Erholungsmaßnahmen, die sich für verschiedene Belastungssituationen unterschiedlich gut eignen (vgl. folgender Kasten).

<aside>Unterschiedliche Erholungsmaßnahmen in unterschiedlichen Belastungssituationen</aside>

> **Erholungsmaßnahmen bei verschiedenen Belastungssituationen:**
>
> - Bei *Monotonie* („Ich fühle mich gelangweilt."): etwas Anregendes machen, z. B. anspruchsvolle Literatur lesen, Denksportaufgaben lösen, Sport treiben oder im Garten arbeiten
> - Bei *Ermüdung* („Ich fühle mich müde und ausgelaugt."): Energie tanken, z. B. durch Ausruhen; unterhaltsame Fernsehsendungen anschauen; Lesen, Dösen und Schlafen; aber auch: Routinetätigkeiten, Spazierengehen, Saunabesuch
> - Bei *Sättigung* („Ich fühle mich frustriert."): etwas Sinnvolles tun, z. B. Ausgehen, Veranstaltungen besuchen, Gespräche führen; aber auch Extrem- und Risikosportaktivitäten
> - Bei *Stress* („Ich stehe unter Strom."): zur Ruhe kommen, z. B. Reizüberflutung eindämmen, Orte der Stille und Beruhigung aufsuchen, entspannen

Entspannungsverfahren wie Autogenes Training, Yoga und Progressive Muskelentspannung senken das aktuelle Erregungsniveau, erhöhen die Belastbarkeit und helfen dabei, bereits bestehende psychosomatische Beschwerden abzubauen. Sport und Bewegung lösen Verspannungszustände, sorgen für mehr körperliche Fitness und aktivieren den Organismus u. a. durch die höhere Sauerstoffaufnahme. Auch die Pflege sozialer Kontakte kann dabei helfen, die überstarke Bedeutung des Berufs zu relativieren und mehr Anregung und Abwechslung zu bekommen.

Von der Vielzahl geeigneter Erholungsaktivitäten kommt insbesondere bei geistiger Arbeit dem *Achtsamkeitstraining* eine besondere Rolle zu: Achtsamkeit umfasst eine absichtsvolle und nicht wertende Wahrnehmung des Augenblicks und fördert damit das Erkennen von Erholungsbedürftigkeit und Abschalten-Können (vgl. folgender Abschnitt). Eines der bekanntesten Programme zur Schulung von Achtsamkeit ist das „Mindfulness based stress reduction program" (MBSR; Kabat-Zinn, 2006). Dieses beinhaltet sogenannte „Body-scan"-Übungen, bei der die Aufmerksamkeit auf verschiedene Körperregionen gerichtet wird, Hatha-Yoga-Übungen sowie Sitzmeditation, bei der die Aufmerksamkeit auf die Atmung gerichtet wird.

Übungen zur inneren Achtsamkeit helfen auch bei der Bewältigung von Multitasking-Anforderungen

Levy, Wobbrock, Kaszniak und Ostergren (2012) führten bei Mitarbeitern einer Personalentwicklungsabteilung ein achtwöchiges arbeitsplatznahes Meditationstraining auf der Grundlage des oben erwähnten MBSR-Konzeptes durch, mit dem Ziel, die Bewältigung von Multitasking-Anforderungen zu verbessern. Im Vergleich zu einer unbehandelten Gruppe sowie einer Kontrollgruppe, die ein Körperentspannungstraining erhielt, wechselten Teilnehmer des Achtsamkeitstrainings seltener die aktuelle Aufgabe und blieben länger „dran". Sie erlebten nach der Erledigung ihrer Arbeitsaufgaben positivere Emotionen und erinnerten sich besser an die Aufgaben, die sie geleistet hatten. Nach den Ergebnissen dieser Interventionsstudie scheint eine Verbesserung der Achtsamkeit also auch positive Auswirkungen auf die Regulation von Multitasking-Anforderungen zu haben.

Abschalten von der Arbeit

Eine Schlüsselrolle für eine erfolgreiche Erholung spielt die Fähigkeit zum *Abschalten (detachment)*, also die Kompetenz, sich mental und emotional von der vorangegangenen Tätigkeit zu distanzieren, anstatt sich mit ihr geistig weiter zu beschäftigen.

Im Falle des Nicht-Abschaltens dringen die Inhalte immer wieder ins Bewusstsein und verhindern dadurch eine Entspannung. Wie der beschriebene Zeigarnik-Effekt aufzeigt, werden nicht abgeschlossene Tätigkeiten leichter erinnert als abgeschlossene und erhöhen damit die Wahrscheinlichkeit mentaler Weiterbeschäftigung. Eine einfache Möglichkeit, dem entgegenzuwirken, besteht in der Nutzung eines externen Speichers (vgl. ausführlicher weiter oben). Wenn man eine Liste zu erledigender Arbeiten anlegt, finden diese zumindest vorübergehend ihren geistigen Abschluss.

Menschen, die schlecht abschalten können, erholen sich weniger

In der Detachment-Forschung (z. B. Sonnentag, Binnewies & Mojza, 2010) konnte aufgezeigt werden, dass das Abschalten von der Arbeit am Feierabend, am Wochenende und in Urlaubszeiten für den Regenerationsprozess maßgebend ist. Eine Reihe von Studien verdeutlicht allerdings, dass den äußeren und inneren Bedingungen, unter denen ein Abschalten möglich erscheint, ein besonderes Augenmerk zu widmen ist: So konnten Park, Fritz und Jex (2011) bei 431 berufstätigen Alumni einer US-amerikanischen Universität zeigen, dass die Einstellung zur Trennung zwischen Arbeit und Freizeit eine wichtige Rolle spielt; Personen, die diese Bereiche bewusst segmentieren, konnten signifikant besser abschalten als Personen, die fließende Übergänge zwischen diesen Lebensbereichen zuließen. Einen Einfluss hatte darüber hinaus auch die Nutzung von Technologie (z. B. von Smartphones); Personen die einen Zugang zu Arbeitsaufgaben von zu Hause aus ermöglichten, hatten mehr Schwierigkeiten, von der Arbeit abzuschalten.

Eine bewusste zeitliche und örtliche Trennung von Arbeit und Freizeit ist Voraussetzung für Abschalten und Erholen

Auch *Urlaubszeiten* dienen dem Abschalten von der Arbeit und der Regeneration körperlicher und psychischer Ressourcen. Nach Blaschke (2008) gelten folgende Empfehlungen zur Urlaubsgestaltung:
– Ein Urlaub ist dann am erholsamsten, wenn der Urlauber viel Zeit für sich und möglichst wenige Verpflichtungen hat.
– Eine weitere Empfehlung besteht im Ablegen der Armbanduhr. Abläufe werden dann vom tätigkeitsimmanenten Zeitbedarf und nicht von äußeren Zeitvorgaben bestimmt. Interessanterweise spielt die Urlaubsdauer keine Rolle, sofern der Urlaub eine Woche oder länger dauert. Der größte Zugewinn an Erholung vollzieht sich in den ersten Tagen des Urlaubs, der Erholungszuwachs nach einer Woche ist dagegen nur noch marginal. Längere Urlaubsdauern sind jedoch unter bestimmten Umständen durchaus sinnvoll, etwa dann, wenn eine massive Erholungsbedürftigkeit nach langen Arbeitsphasen vorliegt, wenn der Urlaub zur Selbstreflexion bzw. beruflichen Neuorientierung genutzt werden soll oder wenn der Urlaub mit besonderen Belastungen wie z. B. größeren Zeitzonen- oder klimatischen Unterschieden verbunden ist.

4.3.3.8 Verhaltensänderungen initiieren, kontrollieren und verstärken

Verhaltensänderungen im Alltag lassen sich nur mit viel Mühe und guter Planung erfolgreich umsetzen

In den letzten Abschnitten wurde eine Fülle von Möglichkeiten vorgestellt, den persönlichen Umgang mit Multitasking-Anforderungen gezielt zu verändern. Verhaltensänderungen im Alltag sind, sofern sie nachhaltig wirken sollen, jedoch alles andere als einfach umzusetzen. Nicht nur Gewohnheiten und Routinen, auch äußere und innere Hemmnisse, die den Betroffenen nicht immer bewusst sind, stehen der erfolgreichen Umsetzung neuer Verhaltensweisen im Wege.

Die Motivations- und Volitionspsychologie (vgl. z. B. Schüler & Brandstätter, 2010) und die Verhaltenstherapie (vgl. z. B. Fliegel, Groeger, Künzel, Schulte & Sorgatz, 1994) liefern eine Fülle von Erkenntnissen und Methoden, wie individuelle Ziele gebildet und effektiv verfolgt werden können. In ihrem Trainingskonzept zur Veränderung des Bewegungs- und Ernährungsverhaltens gehen Göhner und Fuchs (2006) davon aus, dass der erfolgreiche Aufbau und die Aufrechterhaltung von Verhaltensänderungen maßgeblich von fünf Faktoren abhängt: (1) einer ausgeprägten Zielintention, (2) einer hohen Selbstkonkordanz der gesetzten Ziele (d. h. Übereinstimmung mit eigenen Bedürfnissen und Werthaltungen), (3) realistischen Implementierungsintentionen, (4) Strategien zur Handlungskontrolle und Intentionsabschirmung sowie (5) positiven Konsequenzerfahrungen.

Abbildung 33: Schritte zur Umsetzung persönlicher Ziele (eigene Darstellung in Anlehnung an Göhner & Fuchs, 2006)

Das Modell in Abbildung 33 beschreibt fünf Schritte zur effektiven Verhaltensänderung am Beispiel des eigenen Pausenverhaltens: Zunächst sollte das Verhaltensziel vergegenwärtigt und seine Bedeutung verstärkt, anschließend konkrete Verhaltenspläne festgelegt, danach Umsetzungsbarrieren identifiziert und nach Möglichkeit beseitigt werden. Auf die Initiierung der beabsichtigten Handlung folgen ihre Kontrolle (z. B. durch Selbstbeobachtung) und ihre Bewertung bezüglich der beobachteten Folgen. Diese Schritte bei der Zielbildung und Zielverfolgung können dabei helfen, Absichten auch dann erfolgreich in die Tat umzusetzen, wenn im Alltag innere oder äußere Hindernisse auftreten.

Fünf Schritte zur effektiven Verhaltensänderung

Wie im letzten Abschnitt deutlich wurde, bedürfen der Aufbau und die Aufrechterhaltung neuer Verhaltensweisen disziplinierter Einübung und Kontrolle. Besonders bewährt haben sich hierbei die aus der Verhaltenstherapie bekannten *Selbstbeobachtungs- und Selbstkontrolltechniken*. Ohne das zu verändernde Verhalten in den entsprechenden Alltagssituationen zu beobachten und die Ergebnisse festzuhalten, ist eine planvolle, selbstgesteuerte Verhaltensänderung nicht denkbar. Bereits durch die Selbstbeobachtung werden erste Veränderungen in Gang gesetzt. Fliegel und Kollegen (1994) schlagen folgende Schritte zum Aufbau systematischer Selbstbeobachtung vor:

• Verhaltensänderung funktioniert nur in Verbindung mit Selbstbeobachtung und Selbstkontrolle

– Das zu beobachtende Verhalten muss eindeutig definiert und gegen andere Verhaltensweisen abgegrenzt werden. Gleichzeitig ist festzulegen, was protokolliert werden soll; hierzu empfiehlt sich die Aufzeichnung von Häufigkeiten oder die Erfassung von Zeitspannen.
– Die Methode zum Protokollieren muss unauffällig und bequem sein, d. h. sie darf den Arbeitsablauf nicht wesentlich beeinträchtigen. Oberstes Prinzip sollte es sein, das Verhalten sofort bei seinem Auftreten zählen oder messen zu können, da die Genauigkeit der Beobachtung mit der Zeitdauer zwischen Ereignis und Protokollierung abnimmt.
– Die Aufzeichnungen über Häufigkeiten oder Zeitspannen sollten regelmäßig in eine grafische Darstellung übertragen werden, die den Veränderungsprozess möglichst anschaulich verdeutlicht.

Dieses Vorgehen lässt sich auf den Aufbau von Tätigkeiten, welche die Bewältigung von Multitasking-Anforderungen unterstützen sollen, übertragen: Eine Bürosachbearbeiterin will neue E-Mails routinemäßig in eine vorher festgelegte Verzeichnisstruktur ablegen, um den damit verbundenen kognitiven Aufwand zu reduzieren. Die Sachbearbeiterin könnte z. B. die Anzahl der abgelegten E-Mails und die hierfür benötigte Zeitspanne protokollieren. Wie das fiktive Beispiel (vgl. Abb. 34) zeigt, reduzierte sich durch diese Maßnahme nicht nur die Zeit, die für die automatisierte E-Mail-Ablage erforderlich war (von anfangs 33 auf 13 Minuten), sondern auch die mittlere Gesamtarbeitszeit.

Tätigkeitsprotokoll als erster Schritt zur besseren Bewältigung Multitasking-Anforderungen

Ziel jeder Automatisierung ist es, effizienter zu arbeiten und weniger Ressourcen zu verbrauchen. In diesem Zusammenhang könnte es sinnvoll sein, den Einfluss der Automatisierung bestimmter Arbeitstätigkeiten auf die Tagesarbeitszeit mitzuerfassen. Hätte die Automatisierung diesen gewünschten Effekt, käme dies einer Belohnung gleich. Selbstbeobachtung und -kontrolle erfüllen damit immer auch den Zweck der *Selbstverstärkung*.

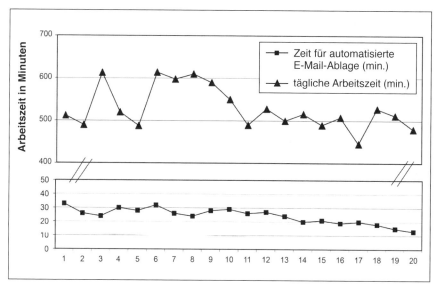

Abbildung 34: Grafische Darstellung eines fiktiven Beispiels eines 20-tägigen Protokolls zur Arbeitszeitverwendung. Dargestellt ist die benötigte Zeitdauer für die Automatisierung einer Tätigkeit und die tägliche Arbeitszeit.

4.4 Evaluation und Erfolgskontrolle

Der fast immer erhebliche Aufwand, der durch eine Maßnahme für den laufenden Betrieb entsteht, ist nur dann zu rechtfertigen, wenn die gesetzten Ziele auch tatsächlich eingelöst werden. Ob ein Ziel erreicht wurde, sollte nicht „aus dem Bauch heraus", sondern durch vorher festgelegte Regeln, z. B. anhand von Kennzahlen, entschieden werden (vgl. Zimber, 2003). Ein Verzicht auf quantifizierbare Größen erschwert die eindeutige Beurteilung und zieht möglicherweise lange Diskussionen nach sich.

Evaluation ist die systematische (Maßnahmen-)Bewertung anhand festgelegter Kriterien

Unter Evaluation, im wissenschaftlichen Sinne, ist der systematische Einsatz empirischer Methoden zur Informationsgewinnung anhand offengelegter Kriterien zu verstehen (vgl. Stockmann, 2004). Evaluationen sind dabei kein Selbstzweck, sondern sollen einen praktischen Nutzen erbringen. Dieser Nutzen und die dahinterliegenden Ziele können vielfältig sein. So können allgemein folgende Evaluationsziele benannt werden (Stockmann, 2004):
1. die Gewinnung von Erkenntnissen,
2. die Ausübung von Kontrolle,
3. die Schaffung von Transparenz, um einen Dialog zu ermöglichen,
4. die Dokumentation des Erfolgs (Legitimation).

Der Evaluation von Maßnahmen kommt in der Praxis ein wichtiger Stellenwert zu, nicht zuletzt im Sinne eines *Evidence-based-Managements* (Rousseau, 2006). Ideale Evaluationsdesigns sind in der betrieblichen Praxis schwer umzusetzen. Als Minimalanforderung kann ein Interventions-/Kontrollgruppendesign mit zumindest zwei Messzeitpunkten genannt werden. Aber hier beginnen bereits die Schwierigkeiten. Der zufälligen Ziehung einer Stichprobe aus einer Grundpopulation ist insbesondere durch die Größe der Grundgesamtheit (z. B. Anzahl von betroffenen Arbeitseinheiten in einer Organisation) eine natürliche Grenze gesetzt. Ein Interventions-/Kontrollgruppendesign wirft natürlich auch Fragen der Gleichbehandlung auf. Es wird durch eine Maßnahme ja eine Verbesserung intendiert. Diese, wenn auch zunächst nur potenzielle Verbesserung nur einer ausgewählten Gruppe zuteilwerden zu lassen, kann als unfair erlebt werden. Ganz auf eine Evaluation zu verzichten, ist jedoch nicht anzuraten. Die Gründe dafür, dass betriebliche Maßnahmen gar nicht oder nur halbherzig evaluiert werden, sind vielfältig. Dabei dürfte die Angst der Programmentwickler bzw. -umsetzer vor einem fehlenden Wirkungsnachweis ebenso eine Rolle spielen wie mangelnde methodische Kompetenzen und divergierende Ziele verschiedener Akteure. Wir gehen im Folgenden jeweils nur kurz auf die wichtigsten Aspekte im Hinblick auf Planung und Vorbereitung unterschiedliche Formen von Evaluationen, auf Evaluationsdesigns, Kriterien und Erhebungsmethoden ein.

> Aussagen über Maßnahmeneffekte setzen ein sorgfältig geplantes Untersuchungsdesign voraus

4.4.1 Planung und Vorbereitung

Die Evaluation von Maßnahmen ist von Beginn des Projektes an zu planen. Es sollten alle betroffenen betrieblichen Akteure einbezogen werden. Die Erarbeitung eines verbindlichen Zeitplans mit klaren Zuordnungen der Verantwortung für einzelne Prozessschritte ist nicht nur für die Strukturierung eines Projektes hilfreich, sondern ermöglicht auch ein fortlaufendes Monitoring des Projektverlaufes. Abweichungen vom ursprünglichen Plan sind dabei nicht selten, sollten jedoch in der Steuerungsgruppe gemeinsam diskutiert und entsprechende Veränderungen eingepflegt werden. Das gemeinsame Setzen von Zielen erhöht dabei nicht nur die Verbindlichkeit, sondern fördert auch die Akzeptanz und Motivation der beteiligten Akteure, gemeinsam das Projekt umzusetzen.

> Evaluation muss von Beginn an eingeplant werden und den Umsetzungsprozess begleiten

Besondere Bedeutung kommt der Aushandlung von Zielkriterien für die Evaluation zu Beginn des gesamten Projektes zu. Eine Suche nach möglichen Effekten nach Abschluss einer Maßnahme aus einer Vielzahl erhobener Daten ist keine empfehlenswerte Strategie. Zum einen werden so leicht Zufallsbefunde überbewertet, zum anderen verfehlen Ziele dadurch ihre motivationale Wirkung. Ziele sollten nämlich im Sinn der Zielsetzungstheorie möglichst spezifisch, messbar, attraktiv, realisierbar und terminiert sein (auch als SMART-Kriterien bekannt, Doran, 1981; vgl. Kapitel 4.1).

Die Deutsche Gesellschaft für Evaluation (DeGEval) hat eine Reihe von Qualitätsstandards für Evaluationen entwickelt. Diese sind in Tabelle 11 dargestellt. Als übergreifende Qualitätskriterien gelten die Nützlichkeit, Durchführbarkeit, Fairness und die Genauigkeit.

Tabelle 11: Standards für Evaluationen der Deutschen Gesellschaft für Evaluation (2002; Darstellung nach Silvestrini, 2007, S. 136)

DeGEval-Qualitätsstandards für Evaluationen

	Wichtigste DeGEval-Standards bei …	Planung	Datenerhebung	Datenauswertung	Berichterstattung
Nützlichkeit					
N1	Identifizierung der Beteiligten und Betroffenen	X			X
N2	Klärung der Evaluationszwecke	X			
N3	Glaubwürdigkeit und Kompetenz des Evaluators/der Evaluatorin	X	X		
N4	Auswahl und Umfang der Informationen	X	X		X
N5	Transparenz von Werten	X	X	X	X
N6	Vollständigkeit und Klarheit der Berichterstattung				X
N7	Rechtzeitigkeit der Evaluation	X			X
N8	Nutzung und Nutzen der Evaluation	X			X
Durchführbarkeit					
D1	Angemessene Verfahren	X	X		
D2	Diplomatisches Vorgehen	X	X		
D3	Effizienz von Evaluation	X			
Fairness					
F1	Formale Vereinbarungen	X	X		
F2	Schutz individueller Rechte		X		X
F3	Vollständige und faire Überprüfung	X	X		X
F4	Unparteiische Durchführung und Berichterstattung	X		X	X
F5	Offenlegung der Ergebnisse	X			X
Genauigkeit					
G1	Beschreibung des Evaluationsgegenstandes	X	X	X	X
G2	Kontextanalyse	X	X	X	X
G3	Beschreibung von Zwecken und Vorgehen	X	X		X
G4	Angabe von Informationsquellen	X	X		X
G5	Valide und reliable Informationen	X	X		
G6	Systematische Fehlerprüfung	X	X	X	
G7	Analyse qualitativer und quantitativer Informationen	X		X	
G8	Begründete Schlussfolgerungen	X		X	X
G9	Meta-Evaluation	X	X	X	X

4.4.2 Evaluationsformen

Grob kann zwischen formativer oder Prozessevaluation und summativer oder Ergebnisevaluation unterschieden werden sowie zwischen quantitativer und qualitativer Ausrichtung.

4.4.2.1 Formative Evaluation

Die formative Evaluation oder auch Prozessevaluation zielt auf die Bewertung und Verbesserung eines Prozesses nach zuvor festgelegten Kriterien. Die Evaluation findet begleitend während der Umsetzung des Projektes statt. Je nach Zielstellung und Methodik (z. B. verhaltens- vs. verhältnispräventive Ansätze) können hierbei sehr unterschiedliche Kriterien angesetzt werden. Im Rahmen von Personalentwicklungsmaßnahmen sind es üblicherweise die Zufriedenheit der Maßnahmenteilnehmer mit der Veranstaltung sowie Verbesserungshinweise, also vor allem die Kategorie „Reaktion" (Wie reagieren die Lernenden auf die Trainingsmaßnahme?) im Klassifikationssystem nach Kirkpatrick (1967). Weitere Kategorien sind Lernen (Haben sich die Kenntnisse und Fähigkeiten der Lernenden verbessert?), Verhalten (Hat sich das Verhalten am Arbeitsplatz verändert/verbessert?) und Ergebnisse (Welche Ergebnisse erzielt die Maßnahme für das Unternehmen insgesamt?). Es können aber natürlich auch bereits während des Lebenszyklus eines Projektes Zielkriterien erfasst und mögliche intendierte Verbesserungen so aufgezeigt werden. Auch kann es darum gehen, in der Prozessbegleitung mögliche konfundierende Variablen, die sich auf die Effektivität der Maßnahme auswirken könnten, zu erfassen und, sofern möglich, auch zu beeinflussen bzw. als Moderatoren in der summativen Evaluation zu berücksichtigen (vgl. Nielsen, Taris & Cox, 2010; Randall, Griffith & Cox, 2005). Es können beispielsweise folgende Fragen kodiert werden: Sind alle Prozessschritte eingehalten worden? Wie ist die Interventionsgruppe zusammengesetzt (Größe, Heterogenität)? Welche Ereignisse sind während des Projektes aufgetreten, die einen Einfluss auf die intendierten Ziele haben könnten?

Formative oder Prozessevaluation sammelt Erkenntnisse zum Umsetzungsprozess

Insbesondere bei längerfristigen Projekten kommt es in einem dynamischen Umfeld immer auch zu anderen Veränderungen, die nicht durch die Maßnahme intendiert waren. Umstrukturierungen, die Einführung neuer Prozesse, Produkte oder Arbeitsmaterialien, der Wechsel von Führungskräften oder Teammitgliedern sind hierfür nur einige Beispiele. Diese Dynamik macht eine summative Evaluation im Feld im Vergleich zu Laborexperimenten zu einem schwierigen Unterfangen. Letztendlich sind die „reinen" Effekte einer Maßnahme im Feld kaum losgelöst von Kontextfaktoren zu untersuchen: „Gezielte organisatorische Veränderungen erfolgen stets in einem turbulenten Umfeld, dessen Störungen so groß sein können, dass die geplanten intendierten Veränderungen erdrückt werden durch unvorhergesehene Veränderungen, die durch den – in der Regel – externen Forscher nicht zu beeinflussen sind, vor allem dann nicht, wenn die Follow-up-Phasen des Forschungsdesigns mehr als ein Jahr auseinanderliegen" (Richter, Nebel & Wolf, 2010, S. 74).

Die Bedingungen zur Umsetzung von Maßnahmen im Arbeitskontext sind nur begrenzt beeinflussbar

4.4.2.2 Summative Evaluation

Summative oder Ergebnisevaluation sammelt Erkenntnisse zu den Maßnahmeneffekten

Ergebnisevaluation oder auch summative Evaluation zielt darauf ab, zu untersuchen, ob ein zuvor festgelegtes Zielkriterium durch eine Maßnahme erreicht werden konnte. Ausgehend von einem Pre-/Posttest-Design mit einer Follow-up-Erhebung möchten wir hier folgende Klassifikation möglicher Effekte vorschlagen. Abbildung 35 zeigt prototypische Verlaufskurven für ein Kriterium, welches im Rahmen einer Evaluation vor und nach einer Maßnahme sowie zu einem späteren Zeitpunkt (Follow-up) erhoben wird. Theoretisch sind natürlich auch Verschlechterungen im Kriterium denkbar, die hier nicht abgebildet sind. Die Verlaufskurven beziehen sich hier auf die Interventionsgruppe. Eine Bewertung der Verläufe ist selbstverständlich nur sinnvoll im Vergleich zu einer Kontrollgruppe, welche die Maßnahme nicht erhalten hat. Kein Effekt kann sich demnach ergeben, wenn das Zielkriterium entweder über die Messzeitpunkte stabil bleibt, oder die Kontrollgruppe einen vergleichbaren Verlauf aufzeigt. Insbesondere verhaltensbezogene Intervention zeigen häufig nur einen kurzfristigen Effekt, der sich direkt nach dem Training abbilden lässt, sich aber nach einer gewissen Zeit wieder verliert, wenn Teilnehmer in alte Verhaltensmuster zurückfallen.

Maßnahmeneffekte lassen sich nur im Vergleich zu einer unbehandelten (Kontroll-)Gruppe bewerten

Von einem stabilen Effekt können wir sprechen, wenn nach der Intervention ein positiver Effekt resultiert, der auch über einen längeren Zeitraum erhalten bleibt. Ein kontinuierlicher Effekt liegt vor, wenn es selbst nach Abschluss der Maßnahme noch zu weiteren Verbesserungen in der Interventionsgruppe kommt. Die Bedeutung einer Follow-up-Messung wird insbesondere bei der Unterscheidung zwischen kurzfristigen und verzögerten Effekten ersichtlich. Kurzfristig kann es im System sogar zu einer Verschlechterung kommen, die sich direkt nach der Maßnahme zeigt; neue Verhaltensweisen müssen erst konsolidiert werden, der Umgang mit neuen Arbeitsmitteln oder die Gewöhnung an neue Arbeitsabläufe kann eine

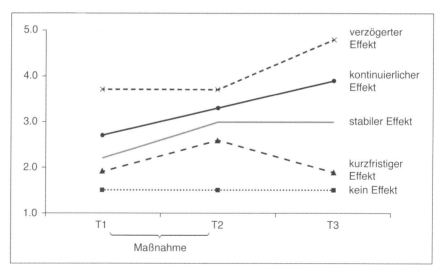

Abbildung 35: Klassifikation möglicher Verläufe von Effekten in der Interventionsgruppe (immer in Relation zu einer Kontrollgruppe zu überprüfen; vgl. Rigotti, Holstad, Mohr et al., 2014)

gewisse Zeit in Anspruch nehmen, sodass sich positive Effekte erst zu einem späteren Zeitpunkt abbilden lassen. Die im Folgenden dargestellten Untersuchungsdesigns beziehen sich auf eine summative Evaluation.

4.4.3 Evaluationsdesigns

4.4.3.1 Randomisiertes Experimentaldesign

In diesem Ansatz werden Personen nach Zufallsprinzip der Interventions- und Kontrollgruppe zugeordnet. Es wird zumindest vor und nach der zu evaluierenden Maßnahme eine Datenerhebung realisiert. Zur Absicherung nachhaltiger Effekte ist eine Follow-up-Erhebung zu einem späteren Zeitpunkt empfehlenswert. Die randomisierte Zuordnung zu den Gruppen garantiert, dass sich die Interventions- und Kontrollgruppe ausschließlich in Bezug auf das durchgeführte Programm voneinander unterscheiden. Selbst wenn ein randomisiertes Design ermöglicht werden kann (die Kontrollgruppen sollten später die Chance erhalten von der Maßnahme zu profitieren), kann es in der betrieblichen Praxis leicht zu Generalisierungseffekten (Kontrollteams erfahren beispielsweise von Mitgliedern der Interventionsgruppen von positiven Effekten und setzen diese um) kommen, welche die Effekte einer Maßnahme maskieren.

Zufallsorientierte Zuordnung der Probanden zur Interventions- und Kontrollgruppe als „Königsweg"

4.4.3.2 Quasi-experimentelles Design

In einem quasi-experimentellen Design wird die Zuordnung zur Kontroll- und Interventionsgruppe nicht zufällig getroffen. So können beispielsweise zunächst Arbeitsgruppen an einer Maßnahme teilnehmen, die sich freiwillig dazu melden. Oder es ergibt sich eine prozessbedingte Trennung in Gruppen, die eine bestimmte Maßnahme durchlaufen bzw. nicht durchlaufen. Zwar sollte auch im randomisierten Experimentaldesign die Homogenität der Interventions- und Kontrollgruppe geprüft werden, im quasi-experimentellen Design kommt dem jedoch noch eine wichtigere Bedeutung zu. Die leitende Frage dabei ist: Unterscheiden sich Interventions- und Kontrollgruppe bereits vor der Maßnahme in Merkmalen, die einen Einfluss auf die Effektivität haben könnten?

In quasi-experimentellen Designs können nicht alle Bedingungen systematisch kontrolliert werden

4.4.3.3 Solomon-Designs

Da eine Datenerhebung bereits als eine Intervention aufgefasst werden kann, welche bei den Teilnehmern Erwartungen weckt und so das Zielkriterium beeinflussen kann, wird im Ansatz nach Solomon der Pretest als zusätzliche unabhängige Variable operationalisiert. Zu unterscheiden sind 3-, 4- und 6-Gruppenpläne nach Solomon (ausführlicher vgl. Sarris & Reiß, 2005). In Tabelle 12 sind diese Gruppenpläne schematisch dargestellt. Die Gruppen 1 und 2 würden einem einfachen Interventions-Kontrollgruppen-Design entsprechen. Durch Hinzunahme der Gruppe 3 in das Evaluationsdesign kann der mögliche Einfluss des Pretests berücksichtigt werden. Durch Gruppe 4 wird das Design komplettiert, da hier auch eine Kontrollgruppe ohne Pretest eingeschlossen wird. Eine mögliche Erweiterung stellt der

Solomon-Designs sichern Aussagen zu den Maßnahmeneffekten in unterschiedliche Richtungen ab

Solomon-6-Gruppenplan dar. Hier werden zwei Gruppen hinzugezogen, die ein Treatment erhalten, welches keine intendierte Wirkung auf das gewählte Zielkriterium haben sollte. Werden mit dem Treatment gar keine Wirkungen assoziiert, kann man hier auch von Placebogruppen sprechen. Auch hier kann wieder die Teilnahme an einem Pretest (ja/nein) variiert werden, um dessen Einfluss zu untersuchen.

Tabelle 12: Schematische Darstellung der Solomon-Gruppenpläne

Solomon-Gruppenpläne			Gruppe	Pre-Test	Treatment	Post-Test
Solomon-6-Gruppenplan	Solomon-4-Gruppenplan	Solomon-3-Gruppenplan	G1	X	X	X
			G2	X		X
			G3		X	X
			G4			X
Treatment irrelevant für Zielkriterium bzw. Placebo			G5	X	X	X
			G6		X	X

Solomon-Gruppenpläne können als ideales Evaluationsdesign aufgefasst werden. In der betrieblichen Praxis wird man jedoch selten ein solches Design realisieren können. Meist ist die Anzahl der Interventions- und Kontrollgruppen zu gering, um bei einem Teil auf den Vortest verzichten zu wollen. Auch kann innerhalb der gleichen Organisation die Selektion von Gruppen, die einen Pretest durchführen bzw. nicht durchführen, zu Verwirrung führen und somit wiederum zu nicht intendierten Effekten.

4.4.3.4 Nicht experimentelles Design

Wird nur ein einfacher Posttest in einer Interventionsgruppe durchgeführt, können keine Aussagen über die Wirksamkeit getroffen werden. Sind die Teilnehmer vor der Maßnahme nicht erreichbar, kann eine retrospektive Einschätzung des Kenntnisstandes oder anderer Zielkriterien ein Ausweg sein. Jedoch ist hier mit Antwortverzerrungen zu rechnen. Ebenso zählt ein Pre-/Posttest-Design ausschließlich in der Interventionsgruppe zu den nicht experimentellen Designs.

4.4.4 Evaluationskriterien

Zunächst stehen bei einem Pre-/Posttest-Design alle im Kapitel 4.2 besprochenen Komponenten des Multitasking-Geschehens als potenzielle Zielkriterien zur Verfügung. Darüber hinaus können natürlich Effekte, die mit Multitasking in Verbindung stehen, mögliche Zielgrößen darstellen. Hier wären zuvorderst die qualitative und quantitative Arbeitsleistung sowie das Beanspruchungserleben und (psychosoziales) Wohlbefinden zu nennen.

Nielsen und Abildgaard (2013) entwickelten ein Rahmenmodell für Evaluationen von organisationalen Programmen zur Gesundheitsförderung und betonen dabei die Bedeutung der gemeinsamen Betrachtung von Prozess- und Ergebnisaspekten. Wir möchten an dieser Stelle nur auf die vorgeschlagene Klassifikation von Zielkriterien eingehen. Auf der Seite der Ergebniskriterien unterscheiden die Autoren:
- Einstellungen und Werthaltungen,
- individuelle Ressourcen,
- Veränderungen von Arbeitsabläufen,
- Tätigkeitsmerkmale,
- Gesundheit und Wohlbefinden,
- Qualität und Leistung.

Rahmenmodell für Evaluationen von Gesundheitsförderungsprogrammen

Diese Kategorien können je nach Zielstellung der Maßnahme mit konkreten Indikatoren unterlegt werden. Kirkpatrick (1967) entwickelte eine nützliche Systematik für Evaluationskriterien in Bezug auf verhaltensbezogene Maßnahmen im Rahmen der Personalentwicklung. Er unterscheidet dabei zwischen Reaktionskriterien (Akzeptanz für die Maßnahme), Lernkriterien (z. B. Führungskompetenzen der Teilnehmenden), Verhaltenskriterien (Transfer der Kompetenzen im Rahmen von Praxisprojekten) und Ergebniskriterien (gesamtunternehmerischer Nutzen).

4.5 Fazit und Ausblick

Hintergrund

Die Anforderungen in der Arbeitswelt haben sich in den letzten beiden Jahrzehnten gravierend verändert: Die Einführung moderner Kommunikations- und Informationstechnologien, anhaltende Reorganisationsprozesse mit neuen Arbeitsformen und Arbeitszeiten, flexible Netzwerkstrukturen und flache Hierarchien fordern den Beschäftigten wachsende Anpassungsleistungen ab. Qualifizierte, selbstverantwortliche Arbeit birgt Risiken der Selbstüberforderung, die vermutlich zur Zunahme arbeitsbedingter psychischer Belastungen und psychischer Störungen maßgeblich beitragen (vgl. Lohmann-Haislah, 2012). Diese Entwicklung macht nicht nur verstärkte Forschungsbemühungen, sondern auch geeignete Konzepte der Arbeitsgestaltung dringend erforderlich (vgl. Hentrich, 2013).

Konzepte der Arbeitsgestaltung zur Bewältigung moderner Arbeitsanforderungen dringend erforderlich

Wachsende zeitliche Anforderungen vermitteln bei den Beschäftigten den Eindruck, viele Dinge gleichzeitig verrichten zu müssen, was landläufig als „Multitasking" bezeichnet wird. Nach Einschätzung der Erwerbstätigen stellt dieses als „Multitasking" bezeichnete Phänomen die am stärksten verbreitete Anforderung der modernen Arbeitswelt dar.

Eingrenzung des Phänomens im Anwendungskontext

Multitasking-Anforderungen werden als tätigkeitsimmanente Notwendigkeit einer parallelen Handlungsausführung von mindestens zwei Handlungen mit unterschiedlichen Zielen definiert (Rigotti & Baethge, 2013). Multitasking ist eine Verhaltensstrategie, mit der versucht wird, mehrere Aufgaben in einem begrenzten Zeitraum parallel zu bewältigen.

Multitasking als komplexe Konzentrations- und Denkanforderung

Multitasking stellt damit eine komplexe Konzentrations- und Denkanforderung dar. Durch Multitasking wird die Anzahl der beteiligten Teilaufgaben, aus denen sich ein Aufgabenkomplex zusammensetzt, erhöht und dadurch wird die Aufgabe komplexer. Auch werden durch die Paralleltätigkeit die Anzahl und Unterschiedlichkeit verschiedener Ziele, Pläne und Signale, die in einem bestimmten Zeitrahmen gemeinsam reguliert werden müssen, erweitert. Auslöser von Multitasking sind häufig Unterbrechungen.

Forschungsstand und weiterer Forschungsbedarf

Die anwendungsbezogene Multitasking-Forschung steht noch ganz am Anfang

Während aus den Kognitions- und Neurowissenschaften ein breiter Fundus an empirischen Befunden vorliegt, steckt die anwendungsbezogene Forschung zu Multitasking noch in den Kinderschuhen. Obgleich Multitasking zu einem geflügelten Wort geworden und in den allgemeinen Sprachgebrauch eingeflossen ist, gibt es vergleichsweise wenige Studien, die diesem Phänomen in realen Arbeitskontexten nachgegangen sind. Dies hat sicher auch mit der schwierigen Operationalisierung von Multitasking im Feld zu tun: Die gleichzeitige Bearbeitung von Aufgaben ist nur selten offen beobachtbar. Subjektive Angaben der Person sind wiederum mit Verzerrungen wie z. B. Erinnerungseffekten verbunden, da diese nicht direkt während der Multitasking-Handlung untersucht werden können.

Aus methodischer Sicht ist ein großer Teil der Kopfarbeit der Beobachtung von außen nicht zugänglich. Daher lassen sich solche Tätigkeiten schwerer erfassen, bewerten und modifizieren als andere Arbeitsformen. Ziel des Buches war es daher, Multitasking und ähnliche Arbeitsanforderungen besser zu verstehen, ihr Auftreten und damit verbundene Konsequenzen zu bewerten und Möglichkeiten zu ihrer Bewältigung kennenzulernen.

Die Verbreitung von Multitasking bei der Arbeit hängt von der Art der Tätigkeit ab

Wann und *wie häufig* kommt es im Arbeitsalltag vor, dass mehrere Aufgaben parallel bearbeitet werden? Hierbei sollte deutlich werden, dass Multitasking im Arbeitskontext ein durchaus verbreitetes Phänomen darstellt, das in seiner Häufigkeit aber auch nicht überschätzt werden sollte, wie dies bei Meinungsumfragen (z. B. Lohmann-Haislah, 2012) vermutlich der Fall ist. Nach bisher vorliegenden Befunden scheint die Häufigkeit von Multitasking stark von berufsspezifischen Tätigkeitsanforderungen abzuhängen. Inwieweit Multitasking eine geeignete Strategie darstellt, mehrere Tätigkeiten miteinander zu kombinieren, hängt u. a. von der kognitiven Komplexität der Aufgaben ab. So werden einfache Routineaufgaben häufiger mit anderen Aufgaben kombiniert.

Leistungseinbußen bei Multitasking gelten aus der Laborforschung als sehr gut belegt. Ergebnisse aus der Feldforschung legen nahe, dass diese Leistungsminderungen davon abhängen, wie kognitiv anspruchsvoll die parallel zu bewältigenden Aufgaben sind. Darüber hinaus können sich Möglichkeiten, aktiv auf die Bearbeitung von Multitasking-Aufgaben Einfluss zu nehmen (Handlungsspielraum), leistungsförderlich auswirken. Allerdings lassen sich diese Zusammenhänge nur für objektiv messbare Leistungen wie z. B. die Fehlerrate oder die Bearbeitungsqualität und nicht für das subjektive Leistungsempfinden nachweisen. Dieses scheint mit Multitasking-Anforderungen eher in einem neutralen bis positiven Zusammenhang zu stehen.

Multitasking verringert die Leistungsqualität, kann aber die Produktivität erhöhen

Mit Blick auf die objektive und subjektive *Beanspruchung* ist Multitasking mit einer erhöhten Aktivierung verbunden. Inkonsistente Ergebnisse liegen dagegen zum Stresserleben in Multitasking-Situationen vor. Vermutlich hängt eine Stressreaktion von der Schwierigkeit, der Dauer der Multitasking-Aufgabe und den vorhandenen Möglichkeiten zu ihrer Bewältigung ab. Auch individuelle *Präferenzen* für Paralleltätigkeiten (Polychronizität) und spezifische Persönlichkeitsmerkmale könnten bei den psychischen Reaktionen auf Multitasking-Anforderungen eine moderierende Rolle spielen, doch steht hier die Forschung noch weitgehend am Anfang. Über die langfristigen Beanspruchungsfolgen von Multitasking-Tätigkeiten liegen bisher kaum belastbare Daten vor.

Noch Forschungsbedarf zu den Beanspruchungsfolgen von Multitasking-Anforderungen

Gut nachgewiesen ist hingegen, dass *kognitive Fähigkeiten* wie die Arbeitsgedächtniskapazität, die Aufmerksamkeitsleistung und die fluide Intelligenz Prädiktoren für die Multitasking-Fähigkeit, soweit sie sich objektiv messen lässt, darstellen.

Handlungsempfehlungen für die Praxis

Aus dem bisherigen Erkenntnisstand lässt sich eine Reihe von praktischen Konsequenzen ableiten. Zur Vermeidung von Redundanzen sollen die Praxisempfehlungen (vgl. Kap. 4.3) hier nicht noch einmal vollständig wiedergegeben, sondern in Form von Thesen kurz in den folgenden Kästen zusammengefasst werden.

Multitasking-Anforderungen verstehen

Überprüfen Sie nochmals kritisch Ihr Verständnis von Multitasking. Die wissenschaftliche Auffassung (mehrere Aufgabenkomplexe im gleichen Zeitraum) weicht vom landläufigen Verständnis (gleichzeitige Tätigkeiten) ab.

Begegnen Sie gängigen Vorurteilen, z. B. Multitasking schade unserem Gehirn, mit einer differenzierteren Beurteilung. Je nach der Schwierigkeit, Ähnlichkeit und Automatisierbarkeit der Aufgaben sollte man Multitasking manchmal unbedingt vermeiden, in anderen Situationen wiederum empfehlen, um effizienter oder auch abwechslungsreicher arbeiten zu können.

Multitasking-Anforderungen bewerten

Multitasking-Anforderungen sind sowohl für die Arbeitsgestaltung als auch für die Auswahl und Entwicklung von Mitarbeitern ein relevantes Merkmal. Die verfügbaren Instrumente helfen dabei, Multitasking-Anforderungen, -Verhalten sowie hierfür erforderliche Fähigkeiten und Neigungen auf wissenschaftlicher Basis zu bewerten.

> Die Instrumente sollten nicht nur einmal, sondern wiederholt eingesetzt werden, insbesondere um Veränderungen von Maßnahmen erfassen zu können (Evaluation). Eine Messwiederholung ist nicht nur für die Nachkontrolle, sondern auch für die Erhaltung der Motivation für künftige Maßnahmen wichtig.

> **Multitasking-Anforderungen besser bewältigen**
>
> Interventionsmaßnahmen zur besseren Bewältigung von Multitasking-Anforderungen sollten darauf abzielen,
> - die Arbeitsbedingungen so zu gestalten und zu optimieren, dass Multitasking-Anforderungen auf den notwendigen Umfang begrenzt, Beeinträchtigungen vermieden und ihre Bewältigung unterstützt werden kann (Arbeitsgestaltung);
> - die individuellen Fähigkeiten zur Bewältigung von Multitasking-Anforderungen zu erweitern, damit Leistungseinbußen vermieden und Beanspruchungen optimiert werden (Verhaltensprävention);
> - Kriterien für die Auswahl von Mitarbeitern zu definieren und bei der Eignungsdiagnostik anzuwenden, damit diese nach ihren Fähigkeiten und Neigungen ausgewählt und weiterentwickelt werden können (Personalauswahl und Personalentwicklung).

Optimierung der Arbeitsbedingungen und der individuellen Selbststeuerungskompetenzen als zwei zentrale Ansätze zur Bewältigung von Multitasking-Anforderungen

Da sich Tätigkeiten infolge neuer Entwicklungen in der Arbeitswelt immer rascher verändern, kommt der Förderung der *Selbststeuerungs-* und *Selbstregulationskompetenzen* der Beschäftigten künftig eine besonders zentrale Bedeutung zu. Dennoch sollte zuvorderst immer die Frage gestellt werden: „Wie können Systeme und Arbeitstätigkeiten human gestaltet werden?"

Unser Buch wollte nicht nur zur Reflexion, sondern auch zum Umsetzen und Ausprobieren ermutigen. Daher gilt folgender Grundsatz, den wir unseren Lesern abschließend mitgeben möchten:

Eine Sache lernt man am besten, indem man sie macht.
Cesare Pavese

5 Literaturempfehlungen

Arbeitswissenschaften/Arbeits- und Organisationspsychologie

Baethge, A. & Rigotti, T. (2013). *Auswirkung von Arbeitsunterbrechungen und Multitasking auf Leistungsfähigkeit und Gesundheit – Eine Tagebuchstudie bei Gesundheits- und KrankenpflegerInnen*. Dortmund: Bundesanstalt für Arbeitsschutz und Arbeitsmedizin.

Bundesanstalt für Arbeitsschutz und Arbeitsmedizin (Hrsg.). (2012). *Bitte nicht stören! Tipps zum Umgang mit Arbeitsunterbrechungen und Multitasking*. Dortmund: Bundesanstalt für Arbeitsschutz und Arbeitsmedizin.

Junghanns, G. & Morschhäuser, M. (2013). *Immer schneller, immer mehr. Psychische Belastung bei Wissens- und Dienstleistungsarbeit*. Berlin: Springer.

Zimber, A., Thunsdorff, C., Hellweg, D., Freiesleben, C., Gallist, V. & Jesch, F. (2010). *Multitasking bei der Arbeit: Chance oder Risiko? Bestandsaufnahme, explorative Studie bei Büroangestellten und Trainingskonzept*. Berlin: Logos.

Loukopoulos, L. D., Dismukes, R. K. & Barshi, I. (2009). *The Multitasking Myth: handling complexity in real-world operations – (Ashgate Studies in Human Factors for Flight Operations)*. Burlington: Ashgate.

Sozialwissenschaften

Rosa, H. (2005). *Beschleunigung. Die Veränderung der Zeitstrukturen in der Moderne*. Berlin: Suhrkamp.

Distelhorst, L. (2014). *Leistung: Das Endstadium der Ideologie*. Bielefeld: transcript.

Populärwissenschaftliche Literatur und Belletristik

Crenshaw, D. (2008). *The Myth of Multitasking: How „Doing it All" gets nothing done*. New York: John Wiley & Sons.

Goleman, D. (2014). *Konzentriert Euch! Eine Anleitung zum modernen Leben*. München: Piper.

Vätz, M. (2011). *Feierabend hab ich, wenn ich tot bin. Warum wir im Burnout versinken*. Offenbach: Gabal.

Opitz, F. (2012). *SPEED: Auf der Suche nach der verlorenen Zeit*. Berlin: Goldmann.

6 Literatur

Adler, R. F. & Benbunan-Fich, R. (2012). Juggling on a high wire: Multitasking effects on performance. *International Journal of Human-Computer Studies, 70,* 156–168. http://doi.org/10.1016/j.ijhcs.2011.10.003

Alexander, B., Ettema, D. & Dijst, M. (2010). Fragmentation of work activity as a multi-dimensional construct and its association with ICT, employment and sociodemographic characteristics. *Journal of Transport Geography, 18,* 55–64. http://doi.org/10.1016/j.jtrangeo.2009.05.010

Allmer, H. (1996a). Erholen Sie sich richtig? *Psychologie heute, 22* (7), 20–25.

Allmer, H. (1996b). *Erholung und Gesundheit.* Göttingen: Hogrefe.

Alm, H. & Nilsson, L. (1995). The effects of a mobile telephone task on driver behaviour in a car following situation. *Accident Analysis and Prevention, 27,* 707–715. http://doi.org/10.1016/0001-4575(95)00026-V

Altmann, E. M. & Gray, W. D. (2008). An integrated model of cognitive control in task switching. *Psychological Review, 115,* 602–639. http://doi.org/10.1037/0033-295X.115.3.602

Altmann, E. M. & Trafton, J. G. (2002). Memory for goals: An activation-based model. *Cognitive Science, 26,* 39–83. http://doi.org/10.1207/s15516709cog2601_2

Alvarez, G. A. & Cavanagh, P. (2004). The capacity of visual short-term memory is set both by visual information load and by number of objects. *Psychological Science, 15,* 106–111. http://doi.org/10.1111/j.0963-7214.2004.01502006.x

Anguera, J. A., Boccanfuso, J., Rintoul, J. L., Al-Hashimi, O., Faraji, F., Janowich, J., Kong, E. et al. (2013). Video game training enhances cognitive control in older adults. *Nature, 501,* 97–103. http://doi.org/10.1038/nature12486

Appel, M. & Schreiner, C. (2014). Digitale Demenz? Mythen und wissenschaftliche Befundlage zur Auswirkung von Internetnutzung. *Psychologische Rundschau, 65,* 1–10. http://doi.org/10.1026/0033-3042/a000186

Aral, S., Brynjolfsson, E. & van Alstyne, M. (2012). Information, technology, and information worker productivity. *Information Systems Research, 23,* 849–867. http://doi.org/10.1287/isre.1110.0408

Arnold, K. A., Turner, N., Barling, K., Kelloway, E. K. & McKee, M. C. (2007). Transformational leadership and psychological well-being: The mediating role of meaningful work. *Journal of Occupational Health Psychology, 12,* 193–203. http://doi.org/10.1037/1076-8998.12.3.193

Avolio, B. J., Zhu, W. C., Koh, W. & Bhatia, P. (2004). Transformational leadership and organizational commitment: mediating role of psychological empowerment and moderating role of structural distance. *Journal of Organizational Behavior, 25,* 951–968. http://doi.org/10.1002/job.283

Baddeley, A. D. (2000). The episodic buffer: A new component of working memory? *Trends in Cognitive Sciences, 4* (11), 417–423.

Baddeley, A. D. (2012). Working memory: Theories, models, and controversies. *Annual Review of Psychology, 63,* 1–29. http://doi.org/10.1146/annurev-psych-120710-100422

Baddeley, A. D. & Hitch, G. J. (1974). Working memory. In G. H. Bower (Ed.), *The psychology of learning and motivation: Advances in research and theory* (Vol. 8, pp. 47–89). New York: Academic Press.

Badura, B. & Hehlmann, T. (2003). *Betriebliche Gesundheitspolitik. Der Weg zur gesunden Organisation.* Heidelberg: Springer. http://doi.org/10.1007/978-3-662-06033-9

Badura, B., Ritter, W. & Scherf, M. (1999). *Betriebliche Gesundheitsförderung – ein Leitfaden für die Praxis.* Berlin: edition Sigma.

Baethge, A. & Rigotti, T. (2010). *Arbeitsunterbrechungen und Multitasking. Ein umfassender Überblick zu Theorien und Empirie unter besonderer Berücksichtigung von Altersdifferenzen. Forschung, Projekt F2220.* Dortmund: Bundesanstalt für Arbeitsschutz und Arbeitsmedizin.

Baethge, A. & Rigotti, T. (2013a). *Auswirkung von Arbeitsunterbrechungen und Multitasking auf Leistungsfähigkeit und Gesundheit – Eine Tagebuchstudie bei Gesundheits- und KrankenpflegerInnen.* Dortmund: Bundesanstalt für Arbeitsschutz und Arbeitsmedizin.

Baethge, A. & Rigotti, T. (2013b). Interruptions to workflow: Their relationship with irritation and satisfaction with performance, and the mediating roles of time pressure and mental demands. *Work & Stress, 27,* 43–63.

Baethge, A. & Rigotti, T. (2015). Three-way interactions among interruptions/multitasking demands, occupational age, and alertness: A diary study. *Work, Aging and Retirement, OnlineFirst.*

Baethge, A., Rigotti, T. & Roe, R. A. (2015). Just more of the same, or different? An integrative theoretical framework for the study of cumulative interruptions at work. *European Journal of Work and Organizational Psychology, 24,* 308–323. http://doi.org/10.1080/1359432X.2014.897943

Bamberg, E., Busch, C. & Ducki, A. (2003). *Stress- und Ressourcenmanagement. Strategien und Methoden für die neue Arbeitswelt.* Bern: Huber.

Becker, M. W., Alzahabi, R. & Hopwood, C. J. (2013). Media multitasking is associated with symptoms of depression and social anxiety. *CyberPsychology, Behavior & Social Networking, 16* (2), 132–135. http://doi.org/10.1089/cyber.2012.0291

Bellebaum, C. & Daum, I. (2007). Cerebellar involvement in executive control. *Cerebellum, 6,* 184–192. http://doi.org/10.1080/14734220601169707

Berg, L. M., Ehrenberg, A., Florin, J., Ostergren, J. & Goransson, K. E. (2012). An observational study of activities and multitasking performed by clinicians in two Swedish emergency departments. *European Journal of Emergency Medicine, 19,* 246–251. http://doi.org/10.1097/MEJ.0b013e32834c314a

Berti, S. (2010). Arbeitsgedächtnis: Vergangenheit, Gegenwart und Zukunft eines theoretischen Konstruktes. *Psychologische Rundschau, 61,* 3–9. http://doi.org/10.1026/0033-3042/a000004

Blaschke, H. (2008). War Ihr Urlaub erholsam? Ergebnisse und Anwendungen der Erholungsforschung. *Psychologie in Österreich, 3 & 4,* 306–314.

Blair, M. & Kochan, T. (Eds.) (2000). *The new relationship: Human capital in the American corporation.* Washington, DC: Brookings.

Bluedorn, A. C., Kalliath, T. J., Strube, M. J. & Martin, G. D. (1999). Polychronicity and the Inventory of Polychronic Values (IPV): The development of an instrument to measure a fundamental dimension of organizational culture. *Journal of Managerial Psychology, 14,* 205–231.

Blümelhuber, C. (2005). Informationsüberlastung. In D. Frey, L. von Rosenstiel & C. Graf Hoyos (Hrsg.), *Wirtschaftspsychologie* (S. 143–148). Weinheim: Psychologie Verlags Union.

Bratfisch, O. & Hagman, E. (2003). *Manual för 2D och 3D (dataversionen).* Stockholm: Arbetspsykologiska Utvecklingsinstitutet.

Bratfisch, O. & Hagman, E. (2008). *Simultankapazität/Multi-Tasking (SIMKAP, Version 26.00). Manual.* Mödling: Schuhfried.

Bretz, H. J. & Nell, V. (2015). *Konzentrationstest für die Personalauswahl (K-PA).* Göttingen: Hogrefe.

Bretz, H. J., Nell, V. & Sniehotta, F. F. (2010). *Testbatterie für Berufseinsteiger – Konzentration (START-K).* Göttingen: Hogrefe.

Brickenkamp, R., Schmidt-Atzert, L. & Liepmann, D. (2010). *Test d2 – Revision (d2-R). Aufmerksamkeits- und Konzentrationstest.* Göttingen: Hogrefe.

Broadbent, D. (1958). *Perception and Communication.* London: Pergamon Press. http://doi.org/10.1037/10037-000

Brodbeck, F.C. & Guillaume, Y.R.F. (2010). Arbeiten in Gruppen. In U. Kleinbeck & K.-H. Schmidt (Hrsg.), *Arbeitspsychologie* (Enzyklopädie der Psychologie, Serie Wirtschafts-, Organisations- und Arbeitspsychologie, Bd. 1, S. 215–284). Göttingen: Hogrefe.

Buchler, N.G., Hoyer, W.J. & Cererella, J. (2008). Rules and more rules: The effects of multiple tasks, extensive training, and aging on task-switching performance. *Memory & Cognition, 36,* 735–748. http://doi.org/10.3758/MC.36.4.735

Bühner, M., König, C.J., Pick, M. & Krumm, S. (2006). Working memory dimensions as differential predictors of the speed and error aspect of multitasking performance. *Human Performance, 19,* 253–275. http://doi.org/10.1207/s15327043hup1903_4

Bundesinstitut für Arzneimittel und Medizinprodukte (2014). *Erstmals seit 20 Jahren kein Anstieg beim Methylphenidat-Verbrauch (Pressemitteilung).* Zugriff am 24.02.2015. Verfügbar unter http://www.bfarm.de/SharedDocs/Pressemitteilungen/DE/mitteil2014/pm05-2014.html

Bundesinstitut für berufliche Bildung (BiBB) & Bundesanstalt für Arbeitsschutz und Arbeitsmedizin (BAuA) (2006). *Sicherheit und Gesundheit bei der Arbeit 2005.* Dortmund: Bundesanstalt für Arbeitsschutz und Arbeitsmedizin.

Burke, J. & Cooper, C.L. (Eds.) (2000). *The organization in crisis: downsizing, restructuring, and privatization.* Oxford: Blackwell.

Buser, T. & Peter, N. (2012). Multitasking. *Experimental Economics, 15,* 641–655. http://doi.org/10.1007/s10683-012-9318-8

Campbell, J.P., McCloy, R.A., Oppler, S.H. & Sager, C.E. (1993). A theory of performance. In N. Schmitt & W.C. Borman (Eds.), *Personnel selection in organizations* (pp. 35–70). San Francisco, CA: Jossey-Bass.

Cascio, W. (2003). Changes in workers, work, and organizations. In C. Borman, D.R. Ilgen & R.J. Klimoski (Eds.), *Handbook of Psychology* (Vol. 12, pp. 401–422). Hoboken, NJ: Wiley & Sons.

Cattell, R.B. (1971). *Abilities: Their structure, growth, and action.* New York: Houghton Mifflin.

Cavanaugh, J.C. & Blanchard-Fields, F. (2006). *Adult development and aging* (5th ed.). Belmont, CA: Wadsworth Publishing/Thomson Learning.

Chen, Z.X. & Aryee, S. (2007). Delegation and employee work outcomes: An examination of the cultural context of mediating processes in China. *Academy of Management Journal, 50,* 226–238. http://doi.org/10.5465/AMJ.2007.24162389

Cohen, S. (1980). Aftereffects of stress on human performance and social behavior – a review of research and theory. *Psychological Bulletin, 88,* 82–108. http://doi.org/10.1037/0033-2909.88.1.82

Collani, G.v. (2004). Eine deutsche Skala zum Konstrukt „Bedürfnis nach kognitiver Geschlossenheit" (NFCC)/Persönliches Strukturbedürfnis (PNS). In A. Glöckner-Rist (Hrsg.), *ZUMA-Informationssystem. Elektronisches Handbuch sozialwissenschaftlicher Erhebungsinstrumente* [elektronisches Informationssystem]. Mannheim: Zentrum für Umfragen, Methoden und Analysen.

Collatz, A. & Gudat, K. (2011). *Work-Life-Balance.* Göttingen: Hogrefe.

Conte, J.M., Rizzuto, T.E. & Steiner, D.D. (1999). A construct-oriented analysis of individual-level polychronicity. *Journal of Managerial Psychology, 14,* 269–288. http://doi.org/10.1108/02683949910263837

Conzelmann, K. & Kersting, M. (2012). *Arbeitseffizienztest (AET)*. Göttingen: Hogrefe.
Cottini, E. & Lucifora, C. (2010). *Mental health and working conditions in European countries* (IZA Discussion Papers, No. 4717). Bonn: IZA.
Cowan, N. (1999). An embedded-processes model of working memory. In A. Miyake & P. Shah (Eds.), *Models of working memory: Mechanisms of active maintenance and executive control* (pp. 62–101). Cambridge: Cambridge University Press.
Cowan, N. (2005). *Working memory capacity*. Hove, UK: Psychology Press. http://doi.org/10.4324/9780203342398
Cox, T., Griffiths, A. J. & Rial-González, E. (2000). *Research on work-related stress. Report to the European Agency for Safety and Health at Work*. Luxembourg: European Agency for Safety and Health at Work.
Czerwinski, M., Horvitz, E. & Wilhite, S. (2004). A diary study of task switching and interruptions. In *CHI '04 Proceedings of the SIGCHI Conference on Human Factors in Computing Systems 2004* (pp. 175–182). New York: Association for Computing Machinery.
D'Esposito, M., Detre, J. A., Alsop, D. C., Shin, R. K., Atlas, S. & Grossmann, M. (1995). The neural basis of the central executive system of working memory. *Nature, 378*, 279–281. http://doi.org/10.1038/378279a0
Deutsch, J. & Deutsch, D. (1963). Attention: Some theoretical considerations. *Psychological Review, 70*, 80–90. http://doi.org/10.1037/h0039515
Deutsche Gesellschaft für Evaluation e. V. (DeGEval) (Hrsg.). (2008). *Standards für Evaluation* (4. unveränderte Auflage). Mainz: Gesellschaft für Evaluation e. V.
Deutscher Verkehrssicherheitsrat (o. J.). *Abgelenkt? ... bleib auf Kurs!* Verfügbar unter http://www.abgelenkt.info (Zugriff am 29.09.2014).
Doran, G. T. (1981). There's a S. M. A. R. T way to write management's goals and objectives. *Management Review, 70* (11), 35–36.
Dormann, C. & Zapf, D. (1999). Social support, social stressors at work, and depressive symptoms: Testing for main and moderating effects with structural equations in a three-wave longitudinal study. *Journal of Applied Psychology, 84*, 874–884. http://doi.org/10.1037/0021-9010.84.6.874
Dreher, J.-D. & Grafman, J. (2003). Dissociating the roles of the Rostral Anterior Cingulate and the Lateral Prefrontal Cortices in performing two tasks simultaneously or successively. *Cerebral Cortex, 13*, 329–339. http://doi.org/10.1093/cercor/13.4.329
Drews, F. A., Pasupathi, M. & Strayer, D. L. (2008). Passenger and cell phone conversations in simulated driving. *Journal of Experimental Psychology: Applied, 14*, 392–400.
Edwards, J. R., Caplan, R. D. & Van Harrison, R. (2000). Person-environment fit theory: Conceptual foundations, empirical evidence, and direction for future research. In C. L. Cooper (Ed.), *Theories of organizational stress* (pp. 28–67). Oxford: Oxford University Press.
Eilers, K., Nachreiner, F. & Hänecke, K. (1986). Entwicklung und Überprüfung einer Skala zur Erfassung erlebter Anstrengung. *Zeitschrift für Arbeitswissenschaft, 36*, 215–224.
Einstein, G. O., McDaniel, M. A., Williford, C. L., Pagan, J. L. & Dismukes, R. K. (2003). Forgetting of intentions in demanding situations is rapid. *Journal of Experimental Psychology: Applied, 9*, 147–162.
Ellis, Y., Daniels, B. & Jauregui, A. (2010). The effect of multitasking on the grade performance of business students. *Research in Higher Education Journal, 8*, 1–10.
Eppler, M. J. & Mengis, J. (2002). *The concept of information overload. A review of literature from organization science, marketing, accounting, MIS, and related disciplines* (Media and Communications Management (MCM) research paper). St. Gallen: University of St. Gallen.

European Foundation for the Improvement of Living and Working Conditions (Eurofound) (2010). *Changes over time – First findings from the fifth European Working Conditions Survey. Resumé.* Luxemburg: Eurofound.

European Foundation for the Improvement of Living and Working Conditions (Eurofound) (2011). *Europäische Erhebung über die Arbeitsbedingungen – Darstellung der Ergebnisse.* [Onlinetool]. Verfügbar unter http://www.eurofound.europa.eu/surveys/smt/ewcs/results_de.htm (Zugriff am 30.09.2014).

European Foundation for the Improvement of Living and Working Conditions (Eurofound) (2013). *Monitoring and managing restructuring in the 21st century.* Publications Office of the European Union: Luxembourg.

Fischer, S. C. & Mautone, P. D. (2005). *Multi-tasking assessment for personnel selection and development* (ARI Contractor Report 2005–07). Arlington, VA: U.S. Army Research Institute for Behavioral and Social Sciences.

Fleishman, E. A., Mummford, M. D., Zaccaro, S. J., Levin, K. Y., Korokon, A. L. & Hein, M. (1991). Taxonomic effects in the description of leadership behavior: A synthesis and cognitive interpretation *Leadership Quarterly, 2,* 245–287. http://doi.org/10.1016/1048-9843(91)90016-U

Fliegel, S., Groeger, W. M., Künzel, R., Schulte, D. & Sorgatz, H. (1994). *Verhaltenstherapeutische Standardmethoden* (3. Auflage). Weinheim: Psychologie Verlags Union.

Frankenhaeuser, M. (1986). A psychobiological framework for research on human stress and coping. In M. H. Appley & R. Trumbull (Eds.), *Dynamics of stress. Physiological, psychological, and social perspectives* (pp. 101–116). New York: Plenum.

Frese, M. & Zapf, D. (1994). Action as the core of work psychology: A German approach. In H. C. Triandis, M. D. Dunnette & L. M. Hough (Eds.), *Handbook of Industrial and Organizational Psychology* (2nd ed., Vol. 4, pp. 271–340). Palo Alto, CA: Consulting Psychologists Press.

Friedman, T. L. (2005). *The world is flat: A brief history of the twenty-first century.* New York: Farrar, Straus and Giroux.

Glaser, J., Lampert, B. & Weigl, M. (2008). *Arbeit in der stationären Altenpflege – Analyse und Förderung von Arbeitsbedingungen, Interaktion, Gesundheit und Qualität.* Dortmund: Initiative Neue Qualität der Arbeit.

Göhner, W. & Fuchs, R. (2006). *Änderung des Gesundheitsverhaltens. MoVo-Gruppenprogramme für körperliche Aktivität und gesunde Ernährung.* Göttingen: Hogrefe.

Gonzáles, V. M. & Mark, G. (2004). „Constant, constant, multi-tasking craziness": managing multiple working spheres. In *CHI '04 Proceedings of the SIGCHI Conference on Human Factors in Computing System 2004* (pp. 113–120). New York: Association for Computing Machinery. http://doi.org/10.1145/985692.985707

Gonzáles, V. M. & Mark, G. (2005). Managing currents of work: Multi-tasking among multiple collaborations. In H. Gellersen, K. Schmidt, M. Beaudouin-Lafon & W. Mackay (Eds.), In *Proceedings of the Ninth European Conference on Computer-Supported Cooperative Work* (pp.143–162). Amsterdam: Springer.

Green, F. (2004). Why has work effort become more intense? *Industrial Relations, 43,* 709–741.

Greif, S. (1991). Streß in der Arbeit – Einführung und Grundbegriffe. In S. Greif, E. Bamberg & N. Semmer (Hrsg.), *Psychischer Streß am Arbeitsplatz* (S. 1–28). Göttingen: Hogrefe.

Grünheid, E. & Fiedler, C. (2013). *Bevölkerungsentwicklung 2013. Daten, Fakten, Trends zum demografischen Wandel.* Wiesbaden: Bundesinstitut für Bevölkerungsforschung.

Hacker, W. (2005). *Allgemeine Arbeitspsychologie. Psychische Regulation von Wissens-, Denk- und körperlicher Arbeit.* Bern: Huber.

Hacker, W. (2009). *Arbeitsgegenstand Mensch: Psychologie dialogisch-interaktiver Erwerbsarbeit. Ein Lehrbuch*. Lengerich: Pabst.

Hacker, W. & Sachse, P. (2014). *Allgemeine Arbeitspsychologie. Psychische Regulation von Tätigkeiten* (3., vollständig überarbeitete Aufl.). Göttingen: Hogrefe.

Hahn, V. C., Binnewies, C., Sonnentag, S. & Mojza, E. J. (2011). Learning how to recover from job stress: Effects of a recovery training program on recovery, recovery-related self-efficacy, and well-being. *Journal of Occupational Health Psychology, 16,* 202–216. http://doi.org/10.1037/a0022169

Hall, E. T. (1959). *The silent language*. New York: Anchor Books.

Hambrooke, H. & Gay, G. (2003). The laptop and the lecture: The effects of multitasking in learning environments. *Journal of Computing in Higher Education, 15,* 46–64. http://doi.org/10.1007/BF02940852

Hecht, T. D. & Allen, N. J. (2005). Exploring links between polychronicity and well-being from the perspective of person-job fit: Does it matter if you prefer to do only one thing at a time? *Organizational Behavior and Human Decision Processes, 98,* 155–178.

Hedden, T. & Gabrieli, J. D. E. (2004). Insights into the ageing mind: A view from cognitive neuroscience. *Nature Reviews – Neuroscience, 5,* 87–96. http://doi.org/10.1038/nrn1323

Heller, K. A., Kratzmeier, H. & Lengfelder, A. (1998). *Matrizen-Test-Manual. Ein Handbuch zu den Advanced Progressive Matrices von Raven*. Göttingen: Beltz Test.

Hentrich, J. (Hrsg.). (2013). *Eschborner Thesen zur Arbeitsforschung*. Eschborn: RKW Kompetenzzentrum.

Hertzog, C. (1989). Influences of cognitive slowing on age differences in intelligence. *Developmental Psychology, 25,* 636–651. http://doi.org/10.1037/0012-1649.25.4.636

Hockey, G. R. J. (1997). Compensatory control in the regulation of human performance under stress and high workload: A cognitive-energetical framework. *Biological Psychology, 45,* 73–93. http://doi.org/10.1016/S0301-0511(96)05223-4

Holstad, T., Rigotti, T. & Otto, K. (2013). Prozedurale Fairness als Mediator zwischen transformationaler Führung und psychischer Beanspruchung am Arbeitsplatz: Eine Mehrebenenstudie. *Zeitschrift für Arbeits- und Organisationspsychologie, 57,* 163–176. http://doi.org/10.1026/0932-4089/a000120

Horrey, W. J. & Wickens, C. D. (2006). Examining the impact of cell phone conversations on driving using meta-analytic techniques. *Human Factors, 48,* 196–205. http://doi.org/10.1518/001872006776412135

Humphrey, S. E., Nahrgang, J. D. & Morgeson, F. P. (2007). Integrating motivational, social, and contextual work design features: A meta-analytic summary and theoretical extension of the work design literature. *Journal of Applied Psychology, 92,* 1332–1356. http://doi.org/10.1037/0021-9010.92.5.1332

Hüttges, A. & Moldaschl, M. (2009). Innovation und Gesundheit bei flexibilisierter Wissensarbeit – unüberwindbarer Widerspruch oder eine Frage der Verhandlungsautonomie? *Wirtschaftspsychologie, 4,* 1–10.

Hyman, J., Scholarios, D. & Baldry, C. (2005). Getting on or getting by? Employee flexibility and coping strategies for home and work. *Work, Employment & Society, 19,* 705–727. http://doi.org/10.1177/0950017005058055

Initiativkreis Neue Qualität der Büroarbeit (INQA-Büro) (2006). *„Meine Mailbox quillt über!" Kleine Tipps, wie Sie der eingehenden Datenflut Herr werden*. Verfügbar unter http://www.deutsches-netzwerk-buero.de/downloads/ib_bt05.pdf (Zugriff am 29.09.2014).

Jaeggi, S. M., Buschkuehl, M. Jonides, J. & Perrig, W. J. (2008). Improving fluid intelligence with training on working memory. *PNAS, 115* (19), 1–5.

Jäger, A. O., Süß, H. M. & Beauducel, A. (1997). *Berliner Intelligenzstruktur-Test (BIS-Test)*. Göttingen: Hogrefe.

Judge, T. A., Shaw, J. C., Jackson, C. L., Scott, B. A. & Rich, B. L. (2007). Self-efficacy and work-related performance: the integral role of individual differences. *Journal of Applied Psychology, 92,* 107–127. http://doi.org/10.1037/0021-9010.92.1.107

Kabat-Zinn, I. (2006). *Gesund durch Meditation: Das große Buch der Selbstheilung.* Frankfurt: Fischer.

Kalyal, H. J., Berntson, E., Baraldi, S., Näswall, K. & Sverke, M. (2010). The moderating role of employability on the relationship between job insecurity and commitment to change. *Economic and Industrial Democracy, 31,* 327–344. http://doi.org/10.1177/0143831X09351214

Kaplan, S. (1995). The restorative benefits of nature – toward an integrative framework. *Journal of Environmental Psychology, 15,* 169–182. http://doi.org/10.1016/0272-4944(95)90001-2

Karasek, R. A. (1979). Job demands, job decision latitude and mental strain: Implications for job redesign. *Administrative Science Quarterly, 24,* 285–308. http://doi.org/10.2307/2392498

Karasek, R., Brisson, C., Kawakami, N., Houtman, I., Bongers, P. & Amick, B. (1998). The Job Content Questionnaire (JCQ): An instrument for internationally comparative assessments of psychosocial job characteristics. *Journal of Occupational Health Psychology, 3,* 322–355.

Karasek, R. A. & Theorell, T. (1990). *Healthy work, stress, productivity, and the reconstruction of working life.* New York: Basic Books.

Kauffeld, S. (2011). *Arbeits-, Organisations- und Personalpsychologie – für Bachelor.* Heidelberg: Springer. http://doi.org/10.1007/978-3-642-16999-1

Kaufmann, E., Pornschlegel, H. & Udris, I. (1982). Arbeitsbelastung und Beanspruchung. In L. Zimmermann (Hrsg.), *Humane Arbeit – Leitfaden für Arbeitnehmer. Band 5: Belastungen und Streß in der Arbeit* (S. 13–48). Reinbek: Rowohlt.

Keller, B., Schulz, S. & Seifert, H. (2012). *Entwicklungen und Strukturmerkmale der atypisch Beschäftigten in Deutschland bis 2010. WSI-Diskussionspapier Nr. 182.* Düsseldorf: Hans Böckler Stiftung.

Kiefer, J., Schulz, M., Schulze-Kissing, D. & Urbas, L. (2006). Multitasking-Strategien in der Mensch-Maschine-Interaktion. *MMI-Interaktiv, 11,* 26–42.

Kiefer, J. & Urbas, L. (2006). Multitasking-Heuristiken in dynamischer Mensch-Technik-Interaktion. In *Cognitive Systems Egineering in der Fahrzeug- und Prozessführung* (DGLR-Bericht, 2006-02, S. 15–27). Bonn: Deutsche Gesellschaft für Luft- und Raumfahrt – Lilienthal-Oberth e. V.

Kirkpatrick, D. L. (1967). Evaluation of training. In R. L. Craig & L. R. Bittel (Eds.), *Training and development handbook* (pp. 87–112). New York: McGraw-Hill.

Kivimäki, M., Leino-Arjas, P., Kaila-Kangas, L., Luukkonen, R., Vahtera, J., Elovianio, M. et al. (2006). Is incomplete recovery from work a risk marker of cardiovascular death? Prospective evidence from industrial employees. *Psychosomatic Medicine, 68,* 402–407. http://doi.org/10.1097/01.psy.0000221285.50314.d3

Kivimäki, M., Vahtera, J., Pentti, J., Thomson, L., Griffiths, A. & Cox, T. (2001). Downsizing, changes at work and self-rated health of employees: A 7-year 3-wave panel study. *Anxiety, Stress & Coping, 14,* 59–73. http://doi.org/10.1080/10615800108248348

Klandermans, B. & van Vuuren, T. (1999). Job insecurity: Introduction. *European Journal of Work and Organizational Psychology, 8,* 145–153. http://doi.org/10.1080/135943299398294

Kliegel, M., Mackinlay, R. & Jäger, T. (2008). Complex prospective memory: Development across the lifespan and the role of task interruption. *Developmental Psychology, 44,* 612–617. http://doi.org/10.1037/0012-1649.44.2.612

Klingberg, T. (2008). *Multitasking. Wie man die Informationsflut bewältigt, ohne den Ver-*

stand zu verlieren. München: C. H. Beck.

Knauth, P. & Wollert, A. (Hrsg.). (1999). *Human Resource Management. Neue Formen betrieblicher Arbeitsorganisation und Mitarbeiterführung.* Köln: Deutscher Wirtschaftsdienst.

Koch, I. (2008). Mechanismen der Interferenz in Doppelaufgaben. *Psychologische Rundschau, 59,* 24–32. http://doi.org/10.1026/0033-3042.59.1.24

König, C. J., Bühner, M. & Mürling, G. (2005). Working memory, fluid intelligence, and attention are predictors of multitasking performance, but polychronicity and extraversion are not. *Human Performance, 18,* 243–266. http://doi.org/10.1207/s15327043hup1803_3

König, C. J., Oberacher, L. & Kleinmann, M. (2010). Personal and situational determinants of multitasking at work. *Journal of Personnel Psychology, 9,* 99–103. http://doi.org/10.1027/1866-5888/a000008

König, C. J. & Waller, M. J. (2010). Time for reflection: A critical examination of polychronicity. *Human Performance, 23,* 173–190. http://doi.org/10.1080/08959281003621703

Köper, B. (2012). Restrukturierung. In A. Lohmann-Haislah (Hrsg.), *Stressreport Deutschland 2012 – Psychische Anforderungen, Ressourcen und Befinden* (S. 143–155). Dortmund: Bundesanstalt für Arbeitsschutz und Arbeitsmedizin.

Korek, S., Felfe, J. & Zaepernick-Rothe, U. (2010). Transformational leadership and commitment in small businesses: A multilevel analysis of group level influences and mediating processes. *European Journal of Work and Organizational Psychology, 19,* 364–387. http://doi.org/10.1080/13594320902996336

Korek, S. & Rigotti, T. (2012). Aufstiegsförderliche Führung – gut für den Aufstieg, schlecht für die Gesundheit? *Gruppendynamik und Organisationsberatung, 43,* 209–224.

Korte, H. (2010). *Einführung in die Systematische Filmanalyse: Ein Arbeitsbuch.* Berlin: Schmidt.

Krajewski, J., Schneider, S. & Mühlenbrock, I. (2010). *Erholung für die Arbeit: Was sagt die Psychologie?* Unveröffentlichte Präsentation, Universität Wuppertal, Abteilung Experimentelle Wirtschaftspsychologie.

Kuhn, K. (2009). Prevalence of restructuring and effects on health in Germany. In T. Kieselbach (Hrsg.), *Gesundheit und Restrukturierung: Innovative Ansätze und Politikempfehlungen* (S. 131–133). München: Mering.

Kyllonen, P. C. & Christal, R. E. (1990). Reasoning ability is (little more than) working-memory capacity?! *Intelligence, 14,* 389–433.

Lazarus, R. S. (1999). *Stress and emotion.* New York: Springer.

Lazarus, R. S. & Folkman, S. (1984). *Stressor, appraisal, and coping.* New York: Springer.

Lazarus, R. S. & Launier, S. (1981). Streßbezogene Transaktionen zwischen Person und Umwelt. In J. R. Nitsch (Hrsg.), *Streß* (S. 213–259). Bern: Huber.

Leanna, C. (1986). Predictors and consequences of delegation. *Academy of Management Journal, 29,* 754–774. http://doi.org/10.2307/255943

Lee, F. J. & Taatgen, N. A. (2002). Multi-tasking as skill acquisition. In *Proceedings of the twenty-fourth annual conference of the cognitive science society* (pp. 572–577). Mahwah, NJ: Erlbaum.

Lehrl, S., Gallwitz, A., Blaha, L. & Fischer, B. (1991). *Geistige Leistungsfähigkeit. Theorie und Messung der biologischen Intelligenz mit dem Kurztest KAI.* Ebersberg: Vless.

Levy, D. M., Wobbrock, J. O., Kaszniak, A. W. & Ostergren, M. (2012). The effects of mindfulness meditation training on multitasking in a high-stress information environment. In *Proceedings of Graphics Interface 2012* (pp. 45–52). Toronto, Ontario: Canadian Information Processing Society.

Locke, E. A. & Latham, G. P. (1990). *A theory of goal-setting and task performance.* Englewood Cliffs, NJ: Prentice Hall.

Locke, E. A & Latham, G. P. (2002). Building a practically useful theory of goal setting and task motivation. *American Psychologist, 57,* 705–717. http://doi.org/10.1037/0003-066X.57.9.705

Lohmann-Haislah, A. (2012). *Stressreport Deutschland 2012 – Psychische Anforderungen, Ressourcen und Befinden.* Dortmund: Bundesanstalt für Arbeitsschutz und Arbeitsmedizin.

Louopulos, L. D., Dismukes, R. K. & Barshi, I. (2009). *The multitasking myth. Handling complexity in real-world operations.* Ashgate: Farnham.

Mark, G., Gonzáles, V. M. & Harris, J. (2005). No task left behind? Examining the nature of fragmented work. In *CHI '05 Proceedings of the SIGCHI Conference on Human Factors in Computing Systems 2005* (pp. 321–330). New York: Association for Computing Machinery.

Mark, G., Gudith, D. & Klocke, U. (2008). The cost of interrupted work: More speed and stress. In *CHI '08 Proceedings of the SIGCHI Conference on Human Factors in Computing Systems 2008* (pp. 107–110). New York: Association for Computing Machinery.

Mayr, U. & Keele, S. W. (2000). Changing internal constraints on action: The role of backward inhibition. *Journal of Experimental Psychology: General, 129,* 4–26. http://doi.org/10.1037/0096-3445.129.1.4

McCartt, A. T., Hellinga, L. A. & Braitman, K. A. (2006). Cell phones and driving: Review of research. *Traffic Injury Prevention, 7,* 89–106. http://doi.org/10.1080/15389580600651103

McGrath, J. E. (1981). Streß und Verhalten in Organisationen. In J. R. Nitsch (Hrsg.), *Streß* (S. 441–499). Bern: Huber.

Meijman, T. F. & Mulder, G. (1998). Psychological aspects of workload. In P. J. D. Drenth, H. Thierry & C. J. de Wolff (Eds.), *Handbook of Work and Organizational Psychology* (Vol. 2, pp. 5–33). Hove: Psychology Press.

Melamed, S., Fried, Y. & Froom, P. (2001). The interactive effect of chronic exposure to noise and job complexity on changes in blood pressure and job satisfaction: A longitudinal study of industrial employees. *Journal of Occupational Health Psychology, 6,* 182–195.

Melton, A. W. & Lackum, W. J. von (1941). Retroactive and proactive inhibition in retention: Evidence for a two-factor theory of retroactive inhibition. *American Journal of Psychology, 54,* 157–173. http://doi.org/10.2307/1416789

Merz, J. & Böhm, P. (2006). *Tägliche Arbeitszeitmuster und Einkommen von Freien Berufen: Neue Ergebnisse aus der deutschen Zeitbudgeterhebung (MPRA Paper, No. 5842).* München: Forschungsinstitut Freie Berufe (FFB). Verfügbar unter http://mpra.ub.uni-muenchen.de/5842 (Zugriff am 28.09.2014).

Minssen, H. (Hrsg.). (2000). *Begrenzte Entgrenzungen. Wandlungen von Organisation und Arbeit.* Berlin: edition sigma.

Mohr, G. (2000). The changing significance of different stressors after the announcement of bankruptcy: A longitudinal investigation with special emphasis on job insecurity. *Journal of Organizational Behavior, 21,* 337–359. http://doi.org/10.1002/(SICI)1099-1379(200005)21:3<337::AID-JOB18>3.0.CO;2-G

Mohr, G., Rigotti, T. & Müller, A. (2005). Irritation – ein Instrument zur Erfassung psychischer Beanspruchung im Arbeitskontext. Skalen- und Itemparameter aus 15 Studien. *Zeitschrift für Arbeits- und Organisationspsychologie, 49,* 44–48. http://doi.org/10.1026/0932-4089.49.1.44

Mok, K., Wong, L. & Lee, G. O. M. (2002). The challenges of global capitalism: Unemployment and state workers' reactions and responses in post-reform China. *International Journal of Human Resource Management, 13,* 399–415. http://doi.org/10.1080/09585190110111440

Monk, C. A., Boehm-Davis, D. A. & Trafton, J. G. (2004). Recovering from interruptions: Implications for driver distraction research. *Human Factors, 46,* 650–663. http://doi.org/10.1518/hfes.46.4.650.56816

Monsell, S. (2003). Task switching. *Trends in Cognitive Science, 7,* 134–140. http://doi.org/10.1016/S1364-6613(03)00028-7

Moosbrugger, H. & Goldhammer, F. (2007). *Frankfurter Adaptiver Konzentrationsleistungs-Test II (FAKT-II)* (2., grundlegend neu bearbeitete und neu normierte Auflage des FAKT von Moosbrugger und Heyden). Bern: Huber.

Moosbrugger, H., Oehlschlägel, J. & Steinwascher, M. (2011). *Frankfurter Aufmerksamkeitsinventar 2 (FAIR-2)*. Bern: Huber.

Morgan, B., D'Mello, S., Abbott, R., Radvansky, G., Haass, M. & Tamplin, A. (2013). Individual differences in multitasking ability and adaptability. *Human Factors, 55,* 776–788. http://doi.org/10.1177/0018720812470842

Morgeson, F. P. & Humphrey, S. E. (2006). The Work Design Questionaire (WDQ): Developing and validating a comprehensive measure for assessing job design and the nature of work. *Journal of Applied Psychology, 91,* 1321–1339. http://doi.org/10.1037/0021-9010.91.6.1321

Morrison, A. B. & Chein, J. M. (2011). Does working memory training work? The promise and challenges of enhancing cognition by training working memory. *Psychonomics Bulletin Review, 18,* 46–60. http://doi.org/10.3758/s13423-010-0034-0

Müller, G. F. & Wiese, B. (2010). Selbstführung und Selbstmanagement bei der Arbeit. In U. Kleinbeck & K.-H. Schmidt (Hrsg.), *Arbeitspsychologie* (Enzyklopädie der Psychologie, Serie Wirtschafts-, Organisations- und Arbeitspsychologie, Bd. 1, S. 623–667). Göttingen: Hogrefe.

Müller, H. J. & Krummenacher, J. (2006). Aufmerksamkeit. In J. Funke & P. A. Frensch (Hrsg.), *Handbuch der Allgemeinen Psychologie – Kognition* (S. 118–126). Göttingen: Hogrefe.

Müller, H. J. & Krummenacher, J. (2008). Aufmerksamkeit. In J. Müsseler & W. Prinz (Hrsg.), *Allgemeine Psychologie* (2. Aufl., S. 103–152). Heidelberg: Spektrum.

Muthig, K. P. & Schönpflug, W. (1981). Externe Speicher und rekonstruktives Verhalten. In W. Michaelis (Hrsg.), *Bericht über den Kongreß der Deutschen Gesellschaft für Psychologie 1980 in Zürich.* (Bd. 1, S. 225–229). Göttingen: Hogrefe.

Neubauer, A. (1995). *Intelligenz und Geschwindigkeit der Informationsverarbeitung.* Wien: Springer. http://doi.org/10.1007/978-3-7091-9432-4

Neuberger, O. (1997). *Personalwesen 1*. Stuttgart: Enke.

Nielsen, K. & Abildgaard, J. S. (2013). Organizational interventions: A research-based framework for the evaluation of both process and effects. *Work & Stress, 27,* 278–297. http://doi.org/10.1080/02678373.2013.812358

Nielsen, K. & Munir, F. (2009). How do transformational leaders influence followers' affective well-being? Exploring the mediating role of self-efficacy. *Work & Stress, 23,* 313–329. http://doi.org/10.1080/02678370903385106

Nielsen, K., Randall, R., Yarker, J. & Brenner, S. O. (2008). The effects of transformational leadership on followers' perceived work characteristics and psychological well-being: A longitudinal study. *Work & Stress, 22,* 16–32. http://doi.org/10.1080/02678370801979430

Nielsen, K., Taris, T. W. & Cox, T. (2010). The future of organizational interventions: Addressing the challenges of today's organizations. *Work & Stress, 24,* 219–233. http://doi.org/10.1080/02678373.2010.519176

Nyberg, A., Alfredsson, L., Theorell, T., Westerlund, H., Vahtera, J. & Kivimäki, M. (2009). Managerial leadership and ischaemic heart disease among employees: The Swedish WOLF study. *Occupational and Environmental Medicine, 66,* 51–55. http://doi.org/10.1136/oem.2008.039362

Opaschowski, H. W. (2012). Die Zukunft der Arbeitswelt: Anders, vielfältig und herausfordernd. *Wirtschaftspsychologie aktuell, 4,* 21–24.

Otto, K., Rigotti, T. & Mohr, G. (2013). Psychological effects of restructuring. In A. Stamatios & C. L. Cooper (Eds.), *The psychology of the recession on the workplace* (pp. 261–275). London: Edward Elgar Publishing.

Pangert, B. & Schüpbach, H. (2013). *Die Auswirkungen arbeitsbezogener erweiterter Erreichbarkeit auf Life-Domain-Balance und Gesundheit.* Dortmund: Bundesanstalt für Arbeitsschutz und Arbeitsmedizin.

Paoli, P. & Merllié, D. (2005). *Ten years of working conditions in the European Union* (summary). Brüssel: European Commision.

Paridon, H. M. & Kaufmann, M. (2010). Multitasking in work-related situations and its relevance for occupational health and safety: Effects on performance, subjective strain and physiological parameters. *Europe's Journal of Psychology, 6,* 110–124. http://doi.org/10.5964/ejop.v6i4.226

Park, Y., Fritz, C. & Jex, S. M. (2011). Relationships between work-home segmentation and psychological detachment from work: The role of communication technology use at home. *Journal of Occupational Health Psychology, 16,* 457–467. http://doi.org/10.1037/a0023594

Pashler, H. (1994). Dual-task interference in simple tasks: Data and theory. *Psychological Bulletin, 116,* 220–244. http://doi.org/10.1037/0033-2909.116.2.220

Pellegrini, E. K. & Scandura, T. A. (2006). Leader-member exchange (LMX), paternalism, and delegation in the Turkish business culture: An empirical investigation. *Journal of International Business Studies, 37,* 264–279. http://doi.org/10.1057/palgrave.jibs.8400185

Plath, H. E. & Richter, P. (1984). *Ermüdung – Monotonie – Sättigung – Streß. BMS – Verfahren zur skalierten Erfassung erlebter Beanspruchungsfolgen.* Berlin: Psychodiagnostisches Zentrum.

Poposki, E. M. & Oswald, F. L. (2010). The Multitasking Preference Inventory: Toward an improved measure of individual differences in polychronicity. *Human Performance, 23,* 247–264. http://doi.org/10.1080/08959285.2010.487843

Pöppel, E. (2000). Multitasking schadet unserer Intelligenz. *Psychologische Rundschau, 6,* 32–33.

Posner, M. I. & Boies, S. J. (1971). Components of attention. *Psychological Review, 78,* 391–408. http://doi.org/10.1037/h0031333

Proyer, R. T. & Ortner, T. M. (2010). *Praxis der Psychologischen Gutachtenerstellung. Schritte vom Deckblatt bis zum Anhang.* Bern: Huber.

Prümper, J., Harmannsgruber, K. & Frese, M. (1995). KFZA – Kurzfragebogen zur Arbeitsanalyse. *Zeitschrift für Arbeits- und Organisationspsychologie, 39,* 125–132.

Quinlan, M., Mayhew, C. & Bohle, P. (2001). The global expansion of precarious employment, work disorganization, and consequences for occupational health: A review of recent research. *International Journal of Health Services, 31,* 335–414.

Randall, R., Griffith, A. & Cox, T. (2005). Evaluating organizational stress-management interventions using adapted study designs. *European Journal of Work and Organizational Psychology, 14,* 23–41. http://doi.org/10.1080/13594320444000209

Rau, R., Gebele, N., Morling, K. & Rösler, U. (2010). *Untersuchung arbeitsbedingter Ursachen für das Auftreten von depressiven Störungen. Forschung, Projekt F 1865.* Dortmund: Bundesanstalt für Arbeitsschutz und Arbeitsmedizin.

Raven, J. C., Court, J. H. & Horn, R. (2009). *Raven's Progressive Matrices und Vocabulary Scales: Standard Progressive Matrices (SPM)* (2. Auflage). Frankfurt am Main: Pearson Assessment.

Riby, L. M., Perferct, T. J. & Stollery, B. T. (2004). The effects of age and task domain on dual task performance: A meta-analysis. *European Journal of Cognitive Psychology, 16,* 863–891. http://doi.org/10.1080/09541440340000402

Richter, P., Debitz, U. & Schulze, F. (2002). Diagnostik von Arbeitsanforderungen und kumulativen Beanspruchungsfolgen am Beispiel eines Call Centers. *Zeitschrift für Arbeitswissenschaft, 56,* 67–76.

Richter, P. & Hacker, W. (1998). *Belastung und Beanspruchung. Streß, Ermüdung und Burnout im Arbeitsleben.* Heidelberg: Asanger.

Richter, P., Hemmann, E., Merboth, H., Fritz, S., Hänsgen, C. & Rudolf, M. (2000). Das Erleben von Arbeitsintensität und Tätigkeitsspielraum – Entwicklung und Validierung eines Fragebogens zur orientierenden Analyse (FIT). *Zeitschrift für Arbeits- und Organisationspsychologie, 44,* 129–139.

Richter, P., Nebel, C. & Wolf, S. (2010). Ja, mach nur einen Plan! Gesundheitsinterventionen in turbulenten Zeiten. In T. Rigotti, S. Korek & K. Otto (Hrsg.), *Gesund mit und ohne Arbeit* (S. 73–90). Lengerich: Pabst Science Publishers.

Rigotti, T. & Baethge, A. (2013). Belastungen und Anforderungen in der modernen Arbeitswelt: Arbeitsunterbrechungen und Multitasking. In S. Letzel & D. Nowak (Hrsg.), *Handbuch Arbeitsmedizin* (C II-1, 28. Erg.-Lfg. 3/13, S. 1–19). Landsberg: Ecomed.

Rigotti, T. & Baethge, A. (2014). Arbeitsunterbrechungen als häufige psychische Gefährdung – analysieren, bewerten und verändern. In F. Ecker & T. Kohstall (Hrsg.), *Arbeitsschutz besser managen* (46. Aktualisierung, S. 1–24). Köln: TÜV-Verlag.

Rigotti, T. & Galais, N. (2011). Leiharbeit – Who cares? Spezifischer Belastungsmix bei geringer betrieblicher Unterstützung. In E. Bamberg, A. Ducki & A.-M. Metz (Hrsg.), *Gesundheitsförderung und Gesundheitsmanagement in der Arbeitswelt. Ein Handbuch* (S. 693–715). Göttingen: Hogrefe.

Rigotti, T., Holstad, T., Mohr, G., Stempel, C., Hansen, E., Loeb, C., Isaksson, K., Otto, K., Kinnunen, U., Perks, K. (2014). *RE-SU-LEAD. Rewarding & Sustainable health-promoting leadership. Consortium Report.* Dortmund: Bundesanstalt für Arbeitsschutz und Arbeitsmedizin.

Rigotti, T. & Otto, K. (2012). Organisationaler Wandel und die Gesundheit von Beschäftigten. *Zeitschrift für Arbeitswissenschaft, 66,* 253–267.

Rigotti, T., Otto, K. & Köper, B. (2014). *Herausforderung Restrukturierung – Bedeutung, Auswirkungen, Gestaltungsoptionen.* Dortmund: Bundesanstalt für Arbeitsschutz und Arbeitsmedizin.

Rimann, M. & Udris, I. (1997). Subjektive Arbeitsanalyse: Der Fragebogen SALSA. In O. Strohm & E. Ulich (Hrsg.), *Unternehmen arbeitspsychologisch bewerten. Ein Mehr-Ebenen-Ansatz unter besonderer Berücksichtigung von Mensch, Technik und Organisation* (S. 281–298). Zürich: vdf Hochschulverlag.

Rosa, H. (2005). *Beschleunigung. Die Veränderung der Zeitstrukturen in der Moderne.* Frankfurt am Main: Suhrkamp.

Rousseau, D. M. (2006). Is there such a thing as „evidence-based management"? *Academy of Management Review, 31,* 256–269.

Rubinstein, J. S., Meyer, D. E. & Evans, J. E. (2001). Executive control of cognitive processes in task switching. *Journal of Experimental Psychology: Human Perception and Performance, 27,* 763–797.

Rudolph, E., Schönfelder, E. & Hacker, W. (1987). *Tätigkeitsbewertungssystem – Geistige Arbeit.* Berlin: Psychodiagnostisches Zentrum.

Salthouse, T. A. (1991a). *Theoretical perspectives on cognitive aging.* Hillsdale, NJ: Erlbaum.

Salthouse, T. A. (1991b). Mediation of adult age differences in cognition by reductions in working memory and speed of processing. *Psychological Science, 2,* 179–183.

Salthouse, T. A. (1996). The processing-speed theory of adult age differences in cognition. *Psychological Review, 103*, 403–428. http://doi.org/10.1037/0033-295X.103.3.403

Salvucci, D. D. (2005). A multitasking general executive for compound continuous tasks. *Cognitive Science, 29*, 457–492. http://doi.org/10.1207/s15516709cog0000_19

Salvucci, D. D. (2009). Rapid prototyping and evaluation of in-vehicle interfaces. *ACM Transactions on Human-Computer Interaction, 16*, 1–33. http://doi.org/10.1145/1534903.1534906

Salvucci, D. D. & Taatgen, N. A. (2008). Threaded cognition: An integrated theory of concurrent multitasking. *Psychochological Reviews, 115*, 101–130. http://doi.org/10.1037/0033-295X.115.1.101

Sanderson, K. R., Bruk-Lee, V., Viswesvaran, C., Gutierrez, S. & Kantrowitz, T. (2013). Multitasking: Do preference and ability interact to predict performance at work? *Journal of Occupational & Organizational Psychology, 86*, 556–563.

Sarris, V. & Reiß, S. (2005). *Kurzer Leitfaden der Experimentalpsychologie*. München: Pearson Studium.

Schalk, R., van Veldhoven, M., De Lange, A. H., De Witte, H., Kraus, K., Stamov-Roßnagel, C. et al. (2010). Moving European research on work and ageing forward: Overview and agenda. *European Journal of Work and Organizational Psychology, 19*, 76–101. http://doi.org/10.1080/13594320802674629

Schmich, A.-C. & Gnam, K. (2013). *Multitasking bei medizinischen Assistentinnen. Eine Feldstudie*. Unveröffentlichte Bachelorarbeit, SRH-Hochschule Heidelberg, Fakultät für Angewandte Psychologie.

Schmidt, K.-H. & Hollmann, S. (2004). Handlungsspielräume als Ressource bei der Arbeit. In J. Wegge & K.-H. Schmidt (Hrsg.), *Förderung von Arbeitsmotivation und Gesundheit in Organisationen* (S. 181–196). Göttingen: Hogrefe.

Schröder, H. (1996). Psychologische Interventionsmöglichkeiten bei Streßbelastungen. In H. Schröder & K. Reschke (Hrsg.), *Intervention zur Gesundheitsförderung für Klinik und Alltag* (S. 7–26). Regensburg: Roderer.

Schüler, J. & Brandstätter, V. (2010). Zielbildung und Zielbindung. In U. Kleinbeck & K.-H. Schmidt (Hrsg.), *Arbeitspsychologie* (Enzyklopädie der Psychologie, Serie Wirtschafts-, Organisations- und Arbeitspsychologie, Bd. 1, S. 39–88). Göttingen: Hogrefe.

Seiwert, L. J. (1999). *Wenn Du es eilig hast, gehe langsam. Das neue Zeitmanagement in einer beschleunigten Welt* (7. Aufl.). Frankfurt am Main: Campus Verlag.

Seiwert, L. J. (2014). *Das 1x1 des Zeitmanagements. Zeiteinteilung, Selbstbestimmung, Lebensbalance*. München: Gräfe & Unzer.

Semmer, N. K. (2009, Juli). *… und am siebten Tage sollst Du ruh'n: Belastung und Gesundheit – Erholung als zentrales Bindeglied?* Vortrag auf der Nationalen Tagung für betriebliche Gesundheitsförderung „Gesund und leistungsfähig in der 24-Stunden Gesellschaft", Universität Zürich.

Semmer, N. K., Grebner, S. & Elfering, A. (2010). Psychische Kosten von Arbeit: Beanspruchung und Erholung, Leistung und Gesundheit. In U. Kleinbeck & K.-H. Schmidt (Hrsg.), *Arbeitspsychologie* (Enzyklopädie der Psychologie, Serie Wirtschafts-, Organisations- und Arbeitspsychologie, Bd. 1, S. 325–370). Göttingen: Hogrefe.

Semmer, N., Zapf, D. & Dunckel, H. (1999). Instrument zur stressbezogenen Tätigkeitsanalyse (ISTA). In H. Dunckel (Hrsg.), *Handbuch psychologischer Arbeitsanalyseverfahren* (S. 179–204). Zürich: vdf Hochschulverlag.

Sennett, R. (2006). *Der flexible Mensch. Die Kultur des neuen Kapitalismus*. Berlin: Berlin Taschenbuch Verlag.

Silvestrini, S. (2007). Organisatorischer Ablauf von Evaluationen. In R. Stockmann (Hrsg.), *Handbuch zur Evaluation. Eine praktische Handlungsanleitung* (S. 108–142). Münster: Waxmann.

Skogstad, A., Einarsen, S., Torsheim, T., Schanke Aasland, M. & Hetland, H. (2007). The destructiveness of laissez-faire leadership behavior. *Journal of Occupational Health Psychology, 12,* 80–92. http://doi.org/10.1037/1076-8998.12.1.80

Sluiter, J. K., van der Beek, A. J. & Frings-Dresen, M. H. (1999). The influence of work characteristics on the need for recovery and experienced health: A study on coach drivers. *Ergonomics, 42,* 573–583. http://doi.org/10.1080/001401399185487

Sonnentag, S. (2010). Erholung von Arbeitsstress – reicht eine individuumszentrierte Perspektive? In T. Rigotti, S. Korek & K. Otto (Hrsg.), *Gesund mit und ohne Arbeit* (S. 3–16). Lengerich: Pabst Science Publishers.

Sonnentag, S., Binnewies, C. & Mojza, E. J. (2010). Staying well and engaged when demands are high: The role of psychological detachment. *Journal of Applied Psychology, 95,* 965–976. http://doi.org/10.1037/a0020032

Sonnentag, S. & Frese, M. (2003). Stress in organizations. In W. C. Borman, D. R. Ilgen, R. J. Klimoski & I. B. Weiner (Ed.). *Handbook of psychology* (Vol. 12, pp. 453–491). Hoboken, NJ: Wiley.

Statistisches Bundesamt (2013). *Arbeitsmarkt. Erwerbstätige nach Wirtschaftssektoren.* Verfügbar unter https://www.destatis.de/DE/ZahlenFakten/Indikatoren/LangeReihen/Arbeitsmarkt/lrerw013.htm (letzter Zugriff am 25.05.2015)

Staub, F. C. (2006). Notizenmachen: Funktionen, Formen und Werkzeugcharakter von Notizen. In H. Mandl & H. F. Friedrich (Hrsg.), *Handbuch Lernstrategien* (S. 59–71). Göttingen: Hogrefe.

Stegmann, S., van Dick, R., Ullrich, J., Charalambous, J., Menzel, B., Egold, N. & Tai-Chi Wu, T. (2010). Der Work Design Questionnaire. Vorstellung und erste Validierung einer deutschen Version. *Zeitschrift für Arbeits- und Organisationspsychologie, 54,* 1–28.

Stockmann, R. (2004). *Was ist eine gute Evaluation? Einführung zu Funktionen und Methoden von Evaluationsverfahren.* Saarbrücken: Centrum für Evaluation.

Strayer, D. L. & Johnston, W. A. (2001). Driven to distraction: Dual-Task studies of simulated driving and conversing on a cellular telephone. *Psychological Science, 12,* 462–466. http://doi.org/10.1111/1467-9280.00386

Strayer, D. L., Medeiros-Ward, N. & Watson, J. M. (2013). Gender invariance in multitasking. A comment on Mäntylä (2013). *Psychological Science, 24* (5), 809–810.

Tepper, B. J. (2000). Consequences of abusive supervision. *Academy of Management Journal, 43,* 178–190. http://doi.org/10.2307/1556375

Theorell, T. (2003). Biological stress markers and misconceptions about them. *Stress & Health, 19,* 59–60. http://doi.org/10.1002/smi.960

Tombu, M. & Jolicoeur, P. (2003). A central capacity sharing model of dual-task performance. *Journal of Experimental Psychology, 29,* 3–18.

Treisman, A. M. (1960). Contextual cues in selective listening. *Quarterly Journal of Experimental Psychology, 12,* 242–248. http://doi.org/10.1080/17470216008416732

Treisman, A. M. (1964). The effect of irrelevant material on the efficiency of selective listening. *The American Journal of Psychology, 77,* 533–546. http://doi.org/10.2307/1420765

Udris, I. & Rimann, M. (1999). SAA und SALSA: Zwei Fragebögen zur Subjektiven Arbeitsanalyse. In H. Dunckel (Hrsg.), *Handbuch psychologischer Arbeitsanalyseverfahren* (S. 397–419). Zürich: vdf Hochschulverlag.

Ulich, E. (2005). *Arbeitspsychologie.* Stuttgart: Schäffer-Poeschel.

Ulich, E. (2010). Aufgabengestaltung. In U. Kleinbeck & K.-H. Schmidt (Hrsg.), *Arbeitspsychologie* (Enzyklopädie der Psychologie, Serie Wirtschafts-, Organisations- und Arbeitspsychologie, Bd. 1, S. 581–622). Göttingen: Hogrefe.

Ulich, E. & Wülser, M. (2005). *Betriebliches Gesundheitsmanagement. Arbeitspsychologische Perspektiven* (2. Auflage). Wiesbaden: Gabler.

Valcour, M. (2007). Work-based resources as moderators of the relationship between work hours and satisfaction with work-family balance. *Journal of Applied Psychology, 92,* 1512–1523. http://doi.org/10.1037/0021-9010.92.6.1512

VandeWalle, D. (1997). Development and validation of a work domain goal orientation instrument. *Educational and Psychological Measurement, 57,* 995–1015. http://doi.org/10.1177/0013164497057006009

Van der Horst, A. C., Klehe, U.-C. & van Leeuwen, L. (2012). Doing it all at once: Multitasking as a predictor of call center agents' performance and performance-based dismissal. *International Journal of Selection and Assessment, 20,* 434–441. http://doi.org/10.1111/ijsa.12006

Vincent, S. (2011). Gesundheits- und entwicklungsförderliches Führungsverhalten: Ein Analyseinstrument. In B. Badura, A. Ducki, H. Schröder, J. Klose & K. Macco (Hrsg.), *Fehlzeiten-Report 2011. Führung und Gesundheit: Zahlen, Daten, Analysen aus allen Branchen der Wirtschaft* (S. 49–60). Heidelberg: Springer.

Viswesvaran, C. & Ones, D. S. (2000). Perspectives on models of job performance. *International Journal of Selection and Assessment, 8,* 216–226. http://doi.org/10.1111/1468-2389.00151

Volpert, W. (1987). Psychische Regulation von Arbeitstätigkeiten. In J. Rutenfranz & U. Kleinbeck (Hrsg.), *Arbeitspsychologie* (Enzyklopädie der Psychologie, Serie Wirtschafts-, Organisations- und Arbeitspsychologie, Bd. 1, S. 1–42). Göttingen: Hogrefe.

Wagner, A. (2001). Entgrenzung der Arbeit und der Arbeitszeit? *Arbeit, 10,* 365–378.

Wallo, A., Ellstrom, P.-E. & Kock, H. (2013). Leadership as a balancing act between performance- and development-orientation: A study of managers' and co-workers' understanding of leadership in an industrial organization. *Leadership & Organization Development Journal, 34,* 222–237.

Wanberg, C. R. & Banas, J. T. (2000). Predictors and outcomes of openness to changes in a reorganizing workplace. *Journal of Applied Psychology, 85,* 132–142. http://doi.org/10.1037/0021-9010.85.1.132

Wegge, J., Shemla, M. & Haslam, S. A. (2014). Leader behavior as a determinant of health at work: Specification and evidence of five key pathways. *Zeitschrift für Personalforschung, 28,* 6–23.

Wegge, J., Wendsche, J., Kleinbeck, U. & Przygodda, M. (2012). Organisation von Fließarbeit und Gruppenarbeit. In S. Letzel & D. Nowak (Hrsg.), *Handbuch der Arbeitsmedizin* (25. Erg.-Lfg, B IV-3, S. 1–30). Landsberg: Ecomed.

Weigl, M., Müller, A., Angerer, P., Vincent, C. & Sevdalis, N. (2012). The association of workflow interruptions and hospital doctors' workload: A prospective observational study. *British Medical Journal: Quality Safety, 21,* 399–407.

Weigl, M., Müller, A., Zupanc, A. & Angerer, P. (2009). Participant observation of time allocation, direct patient contact and simultaneous activities in hospital physicians. *BMC Health Services Research, 9,* 110. http://doi.org/10.1186/1472-6963-9-110

Weigl, M., Müller, A., Zupanc, A., Glaser, J. & Angerer, P. (2011). Hospital doctors' workflow interruptions and activitities: An observation study. *British Medical Journal: Quality Safety, 20,* 491–497.

Weik, E. & Lang, R. (2003). Organisationale Kontrolle. In E. Weik & R. Lang (Hrsg.), *Moderne Organisationstheorien 2* (S. 307–339). Wiesbaden: Gabler.

Weißbecker-Klaus, X. (2014). *Multitasking und Auswirkungen auf die Fehlerverarbeitung. Psychophysiologische Untersuchung zur Analyse von Informationsverarbeitungsprozessen*. Dortmund: Bundesanstalt für Arbeitsschutz und Arbeitsmedizin.

Wetherell, M. A., Hyland, M. E. & Harris, J. E. (2004). Secretory immunoglobulin A reactivity to acute and cumulative acute multi-tasking stress: Relationships between reactivity and perceived workload. *Biological Psychology, 66* (3), 257–270. http://doi.org/10.1016/j.biopsycho.2003.10.008

Wickens, C. D. (1984). Processing resources in attention. In R. Parasuraman & D. R. Davies (Eds.), *Varieties of attention* (pp. 63–102). New York: Academic Press.

Wickens, C. D. (1991). Processing resources and attention. In D. Damos (Ed.), *Multiple-task performance* (pp. 3–34). London: Taylor & Francis.

Wickens, C. D. (2002). Multiple resources and performance prediction. *Theoretical Issues in Ergonomics Science, 3,* 159–177. http://doi.org/10.1080/14639220210123806

Wieland, R. (2006). Gesundheitsförderliche Arbeitsgestaltung – Ziele, Konzepte und Maßnahmen. *Wuppertaler Beiträge zur Arbeits- und Organisationspsychologie, 1,* 2–43.

Wieland-Eckelmann, R., Allmer, H., Kallus, K. W. & Otto, J. H. (1994). *Erholungsforschung*. Weinheim: Beltz.

Wilde, B., Hinrichs, S. & Schüpbach, H. (2010). Wann führen Führungskräfte gesund? – Bedingungsfaktoren gesundheitsförderlichen Führungshandelns. *Gesundheitswesen, 72,* V138. http://doi.org/10.1055/s-0030-1266318

Wood, R. E. (1986). Task complexity: Definition of the construct. *Organizational Behaviour and Human Decision Processes, 37,* 60–82. http://doi.org/10.1016/0749-5978(86)90044-0

Yerkes, R. M. & Dodson, J. D. (1908). The relation of strength of stimulus to rapidity of habit-formation. *Journal of Comparative Neurology and Psychology, 18,* 459–482. http://doi.org/10.1002/cne.920180503

Yukl, G. & Fu, P. P. (1999). Determinants of delegation and consultation by managers. *Journal of Organizational Behavior, 20,* 219–232. http://doi.org/10.1002/(SICI)1099-1379(199903)20:2<219::AID-JOB922>3.0.CO;2-8

Zapf, D. & Semmer, N. K. (2004). Stress und Gesundheit in Organisationen. In H. Schuler (Hrsg.), *Organisationspsychologie – Grundlagen und Personalpsychologie* (Enzyklopädie der Psychologie, Serie Wirtschafts-, Organisations- und Arbeitspsychologie, Bd. 3 S. 1007–1112). Göttingen: Hogrefe.

Zeigarnik, B. (1927). Das Behalten erledigter und unerledigter Handlungen. *Psychologische Forschung, 9,* 1–85.

Zimber, A. (2003). Gesundheitsmanagement im Krankenhaus: Grundlagen, Instrumente, Perspektiven. In G. Fischer, E.-P. Gerhardt, A. Greulich, T. Räpple, E. Schneider, G. Thiele et al. (Hrsg.), *Management-Handbuch Krankenhaus* (51. Erg.-Lfg., *1,* S. 1–42). Heidelberg: Economica.

Zimber, A. (2010). Multitasking am Arbeitsplatz – Herausforderung oder Gesundheitsrisiko? Forschungsstand und Ergebnisse einer explorativen Studie. *Arbeit – Zeitschrift für Arbeitsforschung, Arbeitsgestaltung und Arbeitspolitik, 10,* 283–288.

Zimber, A. (2014). *Multitasking and short-term strain effects: polychronicity and multitasking ability as moderators?* Unveröffentlichtes Manuskript.

Zimber, A. & Chaudhuri, N. (2013). *Multitasking-Anforderungen, Persönlichkeit und Beanspruchung. Eine empirische Studie mit Studierenden und Erwerbstätigen*. Unveröffentlicher Forschungsbericht, SRH-Hochschule Heidelberg, Fakultät für Angewandte Psychologie.

Zimber, A., Neuthinger, W. & Thunsdorff, C. (2012). Multitasking-Anforderungen und ihre Wirkungen auf Leistung und Beanspruchung: die moderierende Rolle des Handlungsspielraums. In A. Zimber (Hrsg.), *Experimente der Angewandten Psychologie* (S. 51–68). Berlin: Logos.

Zimber, A., Thunsdorff, C., Freiesleben, C., Hellweg, D., Gallist, V. & Jesch, F. (2010). *Multitasking bei der Arbeit: Chance oder Risiko? Bestandsaufnahme, explorative Studie bei Büroangestellten und Trainingskonzept.* Berlin: Logos.

Zimmermann, P. & Fimm, B. (2002). A test battery for attentional performance. In M. Leclercq & P. Zimmermann (Eds.), *Applied Neuropsychology of Attention: Theory, Diagnosis and Rehabilitation* (pp. 110–151). Oxford: Psychology Press.

Zimmermann, P. & Fimm, B. (2012). *Testbatterie zur Aufmerksamkeitsprüfung Version 2.3 (TAP 2.3).* Herzogenrath: Psytest.

Anhang

Einstufung von Störungen und Unterbrechungen:
Auszug aus dem Tätigkeitsbewertungssystem für geistige Arbeit (TBS-GA; Rudolph, Schönfelder & Hacker, 1987)

Das TBS-GA stellt ein arbeitspsychologisch fundiertes Verfahren zur Anforderungsermittlung bei geistigen Routinearbeiten dar. Es kann für das Produktionsgewerbe wie auch für Dienstleistungen verwendet werden. Ebenso ist es für die Einschätzung von Tätigkeiten in schöpferischen Bereichen zum Beispiel der Textverarbeitung geeignet. Die Einschätzung orientiert sich an den Kriterien der Schädigungslosigkeit, Beeinträchtigungsfreiheit und Persönlichkeitsförderlichkeit von Arbeitstätigkeiten.

Zur Einschätzung von Arbeitsanforderungen, die auch im Rahmen von Multitasking relevant sein können, eignen sich mehrere Dimensionen aus dem TBS-GA, u. a. der Bereich 1.2, der sich mit Störungen und Unterbrechungen während der Arbeitstätigkeit befasst.

Störungen/Unterbrechungen der Arbeitstätigkeit sind laut TBS-GA „durch technisch/organisatorisch bedingte unvorhersehbare Ereignisse und/oder durch andere Personen ausgelöste Unterbrechungen der Arbeitstätigkeit sowie arbeitsplatzspezifische, auf den Ablauf einwirkende Faktoren, die die Rhythmik und Stetigkeit des Ablaufs beeinflussen." (S. 59–61).

Im Bereich 1.2 des TBS-GA wird eine Störung/Unterbrechung nach unterschiedlichen „Schweregraden" eingeteilt:
a) Sie macht einen Neubeginn der begonnenen Tätigkeit notwendig, wodurch bisherige Tätigkeitsresultate verloren gehen; Beispiel: Systemzusammenbruch.
b) Sie erlaubt nicht, die begonnene Tätigkeit fortzusetzten, d. h. eine Rückkehr zur begonnen Tätigkeit ist nicht erforderlich bzw. nicht möglich; Beispiel: eingeschlagener Lösungsweg wird durch Anweisung des Vorgesetzten abgebrochen.
c) Sie erzwingt einen Tätigkeitswechsel, aber erst nach Vollendung der dazwischen geschobenen Tätigkeit; Beispiele: Telefonanruf, Erledigung einer dringenden Aufgabe.
d) Sie führt zur einfachen Unterbrechung der Tätigkeit; nach Beheben der Störung kann der Beschäftigte dort weitermachen, wo er aufgehört hat; einfache Unterbrechungen liegen auch dann vor, wenn die Störung nicht arbeitsbedingt ist; Beispiel: Kaffeepause.

Darüber hinaus wird folgende Kategorisierung der Störungshäufigkeiten vorgenommen:
- häufig (mindestens 1-mal pro Stunde)
- selten (3- bis 8-mal pro Arbeitstag)
- kaum (1- bis 2-mal pro Arbeitstag)
- keine Störung

Anhand folgender Tabelle lässt sich nun die Qualität eines Arbeitsplatzes nach den o. g. Kriterien der Schädigungslosigkeit, Beeinträchtigungsfreiheit und Persönlichkeitsförderlichkeit einschätzen. Je höher der Wert (zwischen 0 und 1), umso besser die Qualität eines Arbeitsplatzes, da die Handlungsregulation nicht gestört wird.

Art der Unterbrechung	Störungshäufigkeit der Arbeitstätigkeit			
	Häufig	Selten	Kaum	Keine Störung
a)	0.25	0.50	0.75	1.00
b)	0.25	0.50	0.75	1.00
c)	0.50	0.75	1.00	1.00
d)	0.75	1.00	1.00	1.00

Erfassung von Multitasking-Anforderungen: Skala „Informationsverarbeitung" aus dem Work Design Questionnaire[1] (Morgeson & Humphrey, 2006; deutsche Übersetzung von Stegmann et al., 2010)

Die Skala ist Teil eines umfangreichen Instruments zur Arbeitsanalyse, das zur Gestaltung von Arbeitsplätzen herangezogen werden kann. Mit insgesamt 21 Skalen können Aufgaben-, Wissens- und kontextuelle Arbeitsplatzmerkmale untersucht werden. Die aus vier Items bestehende Skala „Informationsverarbeitung" erfasst die kognitiven Erfordernisse, die eine Tätigkeit an die Informationsverarbeitung bei dem Beschäftigten stellt.

Bitte geben Sie im Folgenden an, wie sehr Sie jeder der vier Aussagen zustimmen:

	stimme überhaupt nicht zu	stimme eher nicht zu	teils/teils	stimme eher zu	stimme voll zu
1. Ich muss bei meiner Arbeit eine Vielzahl an Informationen im Auge behalten.	$\square_1$	$\square_2$	$\square_3$	$\square_4$	$\square_5$
2. Meine Tätigkeit erfordert viel Denkarbeit.	$\square_1$	$\square_2$	$\square_3$	$\square_4$	$\square_5$
3. Ich muss mich bei meiner Arbeit um viele Dinge gleichzeitig kümmern.	$\square_1$	$\square_2$	$\square_3$	$\square_4$	$\square_5$
4. Ich verarbeite bei meiner Tätigkeit sehr viele Informationen.	$\square_1$	$\square_2$	$\square_3$	$\square_4$	$\square_5$

Auswertung

Zählen Sie die Punkte, die neben Ihrer angekreuzten Antwort stehen, zusammen und teilen Sie den Summenwert durch 4 (Beispiel: 14/4 = 3.5 Punkte).

Interpretation

Die Interpretation wurde nicht der Originalpublikation entnommen, sondern basiert auf Berechnungen unserer eigenen Normierungsstichprobe (Zimber & Chaudhuri, 2013). Die Stichprobe umfasste $N = 326$ Berufstätige aus unterschiedlichen Branchen ($M = 3.85$, $SD = 0.95$).

---

[1] Die Skala ist ursprünglich auf Englisch erschienen in: Morgeson, F.P. & Humphrey, S.E. (2006). The Work Design Questionnaire (WDQ): Developing and validating a comprehensive measure for assessing job design and the nature of work. *Journal of Applied Psychology, 91* (6), 1321–1339. Copyright © 2006 by the American Psychological Association. Abdruck der übersetzten Fassung erfolgt mit Genehmigung. Die American Psychological Association trägt keine Verantwortung für die Korrektheit der Übersetzung. Der Abdruck oder die Vervielfältigung dieser Übersetzung ist nur mit schriftlicher Genehmigung der American Psychological Association zulässig.

Ihre Anforderungen an die Informationsverarbeitung sind im Vergleich zur Normstichprobe bei einem Wert von:
- <2.9: unterdurchschnittlich
- $\geq 2.9 \leq 3.4$: unterdurchschnittlich bis durchschnittlich
- $>3.4 \leq 4.3$: durchschnittlich
- $>4.3 \leq 4.8$: durchschnittlich bis überdurchschnittlich
- >4.8: überdurchschnittlich

Der Durchschnittsbereich wurde anhand der Standardabweichung definiert und um den Standardmessfehler bereinigt (vgl. Proyer & Ortner, 2010, S. 92 ff.). Er entspricht dem Bereich von Testwerten im Intervall [Mittelwert ±1 Standardabweichung]. In diesem Bereich befinden sich die mittleren 68 % der Testwerte aus der Normierungsstichprobe.

Erfassung von Multitasking-Anforderungen:
Skala zu Multitasking-Anforderungen (Baethge & Rigotti, 2010; auf der Grundlage des ISTA von Semmer et al., 1999)[1]

Das Instrument zur Erfassung von Multitasking-Anforderungen wurde aus einer Kombination sprachlich angepasster Items gebildet, die im Original Arbeitskomplexität, Arbeitsunterbrechungen und Konzentrationsanforderungen erfassen. In Interviewstudien zeigte sich, dass sehr unterschiedliche Vorstellungen vom Begriff Multitasking existieren, sodass eine „indirekte" Messung von Multitasking-Anforderungen, wie sie hier vorgeschlagen wird, eine gute Möglichkeit darstellt, diesen unterschiedlichen Interpretationen zu begegnen. Zur Verringerung von Erinnerungsverzerrungen wurde in der Tagebuchstudie von Baethge und Rigotti (2013a) ein Bewertungszeitraum von einer halben Stunde gewählt. Dieser Zeitraum ist aber natürlich dem Untersuchungsdesign anzupassen.

Bitte geben Sie im Folgenden an, wie sehr jede der vier Aussagen auf Sie zutrifft:

Während der letzten halben Arbeitsstunde …

	nie	selten	manchmal	häufig	immer
1. musste ich viele Dinge gleichzeitig im Kopf haben.	$\square_1$	$\square_2$	$\square_3$	$\square_4$	$\square_5$
2. erhielt ich Aufgaben, die ich gleichzeitig bearbeiten musste.	$\square_1$	$\square_2$	$\square_3$	$\square_4$	$\square_5$
3. gab es Momente, die für kurze Zeit höchste Konzentration erforderten.	$\square_1$	$\square_2$	$\square_3$	$\square_4$	$\square_5$
4. kam es vor, dass mehrere Personen gleichzeitig etwas von mir wollten.	$\square_1$	$\square_2$	$\square_3$	$\square_4$	$\square_5$

Auswertung

Zählen Sie die Punkte, die neben Ihrer angekreuzten Antwort stehen, zusammen und teilen Sie den Summenwert durch 4 (Beispiel: 14/4 = 3.5 Punkte).

Interpretation

Die Interpretation wurde nicht der Originalpublikation entnommen, sondern basiert auf Berechnungen unserer eigenen Normierungsstichprobe (Zimber & Chaudhuri, 2013). Die Stichprobe umfasste $N = 326$ Berufstätige aus unterschiedlichen Branchen ($M = 3.30$, $SD = 0.85$).

---

[1] Abdruck der adaptierten Items des ISTA erfolgt mit freundlicher Genehmigung der Testautoren.

Ihre Multitasking-Anforderungen sind im Vergleich zur Normstichprobe bei einem Wert von:
- < 2.45: unterdurchschnittlich
- $\geq 2.45 \leq 2.85$: unterdurchschnittlich bis durchschnittlich
- $> 2.85 \leq 3.7$: durchschnittlich
- $> 3.7 \leq 4.1$: durchschnittlich bis überdurchschnittlich
- > 4.1: überdurchschnittlich

Der Durchschnittsbereich wurde anhand der Standardabweichung definiert und um den Standardmessfehler bereinigt (vgl. Proyer & Ortner, 2010, S. 92 ff.). Er entspricht dem Bereich von Testwerten im Intervall [Mittelwert ±1 Standardabweichung]. In diesem Bereich befinden sich die mittleren 68 % der Testwerte aus der Normierungsstichprobe.

Erfassung von psychischer Beanspruchung: BMS-Screening[1]

Das Verfahren „Beanspruchungsmessskalen" (BMS; Plath & Richter, 1984) gehört zu den subjektiven Verfahren zur Messung erlebter Beanspruchungsfolgen. In Abhängigkeit von der Art, der Höhe und dem Umfang der Beanspruchung können die resultierenden Folgen sowohl förderlicher als auch beeinträchtigender Natur sein. Zu den gesundheits- und entwicklungsförderlichen Beanspruchungsfolgen zählen u. a. Erlebenszustände der Freude, Frische und Anregung oder die Entwicklung von Fähigkeiten. Demgegenüber stehen kurzfristige gesundheits- und entwicklungsbeeinträchtigende Beanspruchungsfolgen. Die BMS liegen in unterschiedlichen Varianten vor. Die hier ausgewählte Screening-Form „BMS-Screening" (Richter et al., 2002) unterscheidet vier Beanspruchungsreaktionen, die anhand von Eigenschaftsworten auf einer sechsfach abgestuften Skala erhoben werden: positive Stimmung/Engagement, Ermüdung, Monotonie und Sättigung/Stress.

Bitte bewerten Sie ihr momentanes Befinden auf einer Skala von „überhaupt nicht" (1) bis „sehr" (6):

Fühlen Sie sich im Moment ...

	überhaupt nicht					sehr
1. gut gelaunt?	$\square_1$	$\square_2$	$\square_3$	$\square_4$	$\square_5$	$\square_6$
2. energiegeladen?	$\square_1$	$\square_2$	$\square_3$	$\square_4$	$\square_5$	$\square_6$
3. müde?	$\square_1$	$\square_2$	$\square_3$	$\square_4$	$\square_5$	$\square_6$
4. unterfordert?	$\square_1$	$\square_2$	$\square_3$	$\square_4$	$\square_5$	$\square_6$
5. unkonzentriert?	$\square_1$	$\square_2$	$\square_3$	$\square_4$	$\square_5$	$\square_6$
6. heiter?	$\square_1$	$\square_2$	$\square_3$	$\square_4$	$\square_5$	$\square_6$
7. unsicher?	$\square_1$	$\square_2$	$\square_3$	$\square_4$	$\square_5$	$\square_6$
8. frisch?	$\square_1$	$\square_2$	$\square_3$	$\square_4$	$\square_5$	$\square_6$
9. verärgert?	$\square_1$	$\square_2$	$\square_3$	$\square_4$	$\square_5$	$\square_6$
10. erschöpft?	$\square_1$	$\square_2$	$\square_3$	$\square_4$	$\square_5$	$\square_6$
11. gereizt?	$\square_1$	$\square_2$	$\square_3$	$\square_4$	$\square_5$	$\square_6$
12. gelangweilt?	$\square_1$	$\square_2$	$\square_3$	$\square_4$	$\square_5$	$\square_6$

Auswertung

Positive Stimmung/Engagement: Zählen Sie die Punkte der Fragen 1, 2, 6 und 8 zusammen und teilen Sie den Summenwert durch 4 (Beispiel: 16/4 = 4 Punkte).

---

[1] Abdruck erfolgt mit freundlicher Genehmigung der Autoren.

Müdigkeit: Zählen Sie die Punkte der Fragen 3, 5 und 10 zusammen und teilen Sie den Summenwert durch 3.

Monotonie: Zählen Sie die Punkte der Fragen 4 und 12 zusammen und teilen Sie den Summenwert durch 2.

Sättigung/Stress: Zählen Sie die Punkte der Fragen 7, 9 und 11 zusammen und teilen Sie den Summenwert durch 3.

Interpretation

Die Interpretation wurde nicht der Originalpublikation entnommen, sondern basiert auf Berechnungen unserer eigenen Normierungsstichprobe (Zimber & Chaudhuri, 2013). Die Stichprobe umfasste $N = 326$ Berufstätige aus unterschiedlichen Branchen (positive Stimmung/Engagement: $M = 3.75$, $SD = 1.00$; Müdigkeit: $M = 3.20$, $SD = 1.20$; Monotonie: $M = 2.65$, $SD = 1.20$; Sättigung/Stress: $M = 2.10$, $SD = 1.10$).

Ihre positive Stimmung/Ihr Engagement ist im Vergleich zur Normstichprobe bei einem Wert von:
- < 2.7: unterdurchschnittlich
- $\geq 2.7 \leq 3.2$: unterdurchschnittlich bis durchschnittlich
- $> 3.2 \leq 4.25$: durchschnittlich
- $> 4.25 \leq 4.8$: durchschnittlich bis überdurchschnittlich
- > 4.8: überdurchschnittlich

Ihre Müdigkeit ist im Vergleich zur Normstichprobe bei einem Wert von:
- < 2.0: unterdurchschnittlich
- $\geq 2.0 \leq 2.6$: unterdurchschnittlich bis durchschnittlich
- $> 2.6 \leq 3.8$: durchschnittlich
- $> 3.8 \leq 4.35$: durchschnittlich bis überdurchschnittlich
- > 4.35: überdurchschnittlich

Ihre Monotonie ist im Vergleich zur Normstichprobe bei einem Wert von:
- < 1.45: unterdurchschnittlich
- $\geq 1.45 \leq 2.0$: unterdurchschnittlich bis durchschnittlich
- $> 2.0 \leq 3.25$: durchschnittlich
- $> 3.25 \leq 3.85$: durchschnittlich bis überdurchschnittlich
- > 3.85: überdurchschnittlich

Ihre Sättigung/Ihr Stress ist im Vergleich zur Normstichprobe bei einem Wert von:
- 1.0: unterdurchschnittlich
- $> 1.0 \leq 1.5$: unterdurchschnittlich bis durchschnittlich
- $> 1.5 \leq 2.65$: durchschnittlich
- $> 2.65 \leq 3.2$: durchschnittlich bis überdurchschnittlich
- > 3.2: überdurchschnittlich

Darüber hinaus möchten wir auf die *Irritations-Skala zur Erfassung arbeitsbezogener Beanspruchungsfolgen (IS)* hinweisen. Dieses stark verbreitete Screening-Verfahren ist mit Auswertungshinweisen und Normwerten von 4735 Personen erhältlich: Mohr, G., Rigotti, T. & Müller, A. (2007). *Irritations-Skala zur Erfassung arbeitsbezogener Beanspruchungsfolgen (IS)*. Göttingen: Hogrefe.

Erfassung der Multitasking-Präferenz (Polychronizität): Inventory of Polychronic Values[1] (IPV; Bluedorn et al., 1999; deutsche Fassung von König et al., 2005)

Polychronizität wurde ursprünglich als Beschreibungsmerkmal von Organisationskulturen konzipiert und erst später als Persönlichkeitseigenschaft verwendet. Das aus 10 Items bestehende „Inventory of Polychronic Values (IPV)" erfasst Werthaltungen und persönliche Präferenzen im Umgang mit Arbeitsaufgaben: Sollten diese eher nacheinander oder gleichzeitig bearbeitet werden? „Polychrone" Personen favorisieren es, mehrere Aufgaben oder Projekte im gleichen Zeitraum zu verrichten. „Monochrone" bevorzugen dagegen, eine Sache nach der anderen zu erledigen.

Die folgenden Aussagen betreffen Ihre persönliche Arbeitsweise. Bitte kreuzen Sie an, inwieweit diese auf Sie zutreffen:

	trifft gar nicht zu	trifft nicht zu	trifft eher nicht zu	neutral	trifft eher zu	trifft zu	trifft sehr zu
1. Ich beschäftige mich gerne mit verschiedenen Dingen gleichzeitig.	□₁	□₂	□₃	□₄	□₅	□₆	□₇
2. Ich würde lieber jeden Tag ein ganzes Projekt abschließen als Teile verschiedener Projekte fertig stellen.	□₁	□₂	□₃	□₄	□₅	□₆	□₇
3. Ich denke, man sollte versuchen, viele Dinge gleichzeitig zu tun.	□₁	□₂	□₃	□₄	□₅	□₆	□₇
4. Wenn ich alleine arbeite, dann arbeite ich gewöhnlich nur an einem Projekt gleichzeitig.	□₁	□₂	□₃	□₄	□₅	□₆	□₇
5. Ich ziehe es vor, Aufgaben nacheinander zu bearbeiten.	□₁	□₂	□₃	□₄	□₅	□₆	□₇
6. Ich denke, dass man am besten arbeitet, wenn man viele Aufgaben bewältigen muss.	□₁	□₂	□₃	□₄	□₅	□₆	□₇
7. Ich denke, es ist am besten, erst eine Aufgabe abzuschließen, bevor man mit einer neuen beginnt.	□₁	□₂	□₃	□₄	□₅	□₆	□₇
8. Ich arbeite ungern an mehr als einer Aufgabe zur selben Zeit.	□₁	□₂	□₃	□₄	□₅	□₆	□₇
9. Ich denke, es ist am besten, wenn man mehrere Arbeiten und Aufträge erledigen muss.	□₁	□₂	□₃	□₄	□₅	□₆	□₇
10. Ich würde lieber jeden Tag Teile verschiedener Projekte fertig stellen als ein ganzes Projekt abschließen.	□₁	□₂	□₃	□₄	□₅	□₆	□₇

---

[1] Abdruck der übersetzten Fassung erfolgt mit freundlicher Genehmigung von Emerald Group Publishing und den Autoren.

Auswertung

Zählen Sie die Punkte zu den Fragen 1, 3, 6, 8 und 10 zusammen und notieren Sie den Summenwert. Zählen Sie die Punkte zu den (invertierten) Fragen 2, 4, 5, 7 und 9 zusammen und ziehen Sie diesen Wert von 40 ab. Zählen Sie die beiden Summenwerte zusammen und teilen Sie diesen Wert durch 10 (Beispiel: 40/10 = 4 Punkte).

Interpretation

Die Interpretation wurde nicht der Originalpublikation entnommen, sondern basiert auf Berechnungen unserer eigenen Normierungsstichprobe (Zimber & Chaudhuri, 2013). Die Stichprobe umfasste $N = 326$ Berufstätige aus unterschiedlichen Branchen ($M = 3.60$, $SD = 1.00$).

Ihre Multitasking-Präferenz ist im Vergleich zur Normstichprobe bei einem Wert von:
- < 2.7: unterdurchschnittlich
- $\geq 2.7 \leq 3.1$: unterdurchschnittlich bis durchschnittlich
- $> 3.1 \leq 4.1$: durchschnittlich
- $> 4.1 \leq 4.55$: durchschnittlich bis überdurchschnittlich
- > 4.55: überdurchschnittlich

Erfassung der Selbstorganisationskompetenz: Goal Orientation Scale[1] (VandeWalle et al., 1997; deuts. Übers. von M. Frese, pers. Mitteilung)

Die „Goal Orientation Scale" erfasst das zielorientierte Verhalten einer Person in Form eines Selbsteinschätzungsinstruments. Die aus 13 Items bestehende Skala lässt sich in drei Subskalen aufteilen, die unterschiedliche zielorientierte Verhaltensweisen beinhalten: Lernzielorientierung, Leistungszielorientierung und Vermeidungszielorientierung.

Bitte geben Sie für jede der Aussagen an, wie sehr sie auf Sie zutrifft:

	trifft gar nicht zu	trifft wenig zu	trifft mittelmäßig zu	trifft überwiegend zu	trifft völlig zu
1. Ich arbeite lieber bei solchen Projekten mit, bei denen ich meine Fähigkeiten unter Beweis stellen kann.	□₁	□₂	□₃	□₄	□₅
2. Für mich ist es wichtig, dass ich bessere Leistungen zeigen kann als meine Kollegen.	□₁	□₂	□₃	□₄	□₅
3. Neue Aufgaben, bei denen ich möglicherweise unfähig wirken könnte, würde ich lieber nicht angehen.	□₁	□₂	□₃	□₄	□₅
4. Ich ziehe es vor, in einer Umgebung zu arbeiten, die viel von mir verlangt.	□₁	□₂	□₃	□₄	□₅
5. Ich versuche herauszufinden, was ich tun muss, um anderen meine Fähigkeiten zu beweisen.	□₁	□₂	□₃	□₄	□₅
6. Am liebsten vermeide ich solche Arbeitssituationen, wo meine Leistung möglicherweise nicht so gut ist.	□₁	□₂	□₃	□₄	□₅
7. Ich mag es, wenn Kollegen merken, wie gut ich arbeite.	□₁	□₂	□₃	□₄	□₅
8. Es ist mir wichtiger, nicht als dumm dazustehen, als etwas Neues zu lernen.	□₁	□₂	□₃	□₄	□₅
9. Ich mag anspruchsvolle und schwierige Aufgaben in meiner Arbeit, bei denen ich neue Fertigkeiten lerne.	□₁	□₂	□₃	□₄	□₅
10. Mein Leistungsvermögen weiterzuentwickeln, ist für mich so wichtig, dass ich dafür auch mal etwas riskiere.	□₁	□₂	□₃	□₄	□₅
11. Ich suche regelrecht nach Gelegenheiten, um neue Fertigkeiten und Kenntnisse entwickeln zu können.	□₁	□₂	□₃	□₄	□₅
12. Aufgaben, bei denen ich dumm aussehen könnte, würde ich nur ungern annehmen.	□₁	□₂	□₃	□₄	□₅
13. Ich suche mir gerne anspruchsvolle Arbeitsaufgaben aus, sodass ich viel lernen kann.	□₁	□₂	□₃	□₄	□₅

---

[1] VandeWalle, D. (1997). Development and validation of a work domain goal orientation instrument. *Educational and Psychological Measurement, 57*, 995–1015. Copyright © 1997 by SAGE Publications. Abdruck der übersetzten Fassung erfolgt mit Genehmigung von SAGE Publications und den Autoren.

Auswertung

Lernzielorientierung: Zählen Sie die Punkte der Fragen 4, 9, 10, 11 und 13 zusammen und teilen Sie den Summenwert durch 5 (Beispiel: 15/5 = 3 Punkte).

Leistungszielorientierung: Zählen Sie die Punkte der Fragen 1, 2, 5 und 7 zusammen und teilen Sie den Summenwert durch 4.

Vermeidungsorientierung: Zählen Sie die Punkte der Fragen 3, 6, 8 und 12 zusammen und teilen Sie den Summenwert durch 4.

Interpretation

Die Interpretation wurde nicht der Originalpublikation entnommen, sondern basiert auf Berechnungen unserer eigenen Normierungsstichprobe (Zimber & Chaudhuri, 2013). Die Stichprobe umfasste $N = 326$ Berufstätige aus unterschiedlichen Branchen (Lernzielorientierung: $M = 3.65$, $SD = 0.60$; Leistungszielorientierung: $M = 3.40$, $SD = 0.70$; Vermeidungszielorientierung: $M = 2.70$, $SD = 0.90$).

Ihre Lernzielorientierung ist im Vergleich zur Normstichprobe bei einem Wert von:
- <3.0: unterdurchschnittlich
- ≥3.0 ≤3.3: unterdurchschnittlich bis durchschnittlich
- >3.3 ≤4.0: durchschnittlich
- >4.0 ≤4.3: durchschnittlich bis überdurchschnittlich
- >4.3: überdurchschnittlich

Ihre Leistungszielorientierung ist im Vergleich zur Normstichprobe bei einem Wert von:
- <2.75: unterdurchschnittlich
- ≥2.75 ≤3.0: unterdurchschnittlich bis durchschnittlich
- >3.0 ≤3.8: durchschnittlich
- >3.8 ≤4.1: durchschnittlich bis überdurchschnittlich
- >4.1: überdurchschnittlich

Ihre Vermeidungszielorientierung ist im Vergleich zur Normstichprobe bei einem Wert von:
- <1.9: unterdurchschnittlich
- ≥1.9 ≤2.3: unterdurchschnittlich bis durchschnittlich
- >2.3 ≤3.1: durchschnittlich
- >3.1 ≤3.5: durchschnittlich bis überdurchschnittlich
- >3.5: überdurchschnittlich

Fragebogen zur Erfassung der subjektiven Multitasking-Fähigkeit (Zimber & Chaudhuri, 2013)

Die individuelle Fähigkeit zu Multitasking wird üblicherweise mit objektiven Leistungstests erfasst, die vor allem kognitive Fähigkeiten erfassen. Die Ergebnisse dieser Tests korrelieren jedoch kaum mit den Selbsteinschätzungen zu Multitasking. Mit dem vorliegenden Fragebogen wurde erstmals versucht, die subjektive Multitasking-Fähigkeit zu erfassen. Ziel der Konstruktion war es, ein Instrument bereitzustellen, das die subjektive Bewertung dieser spezifischen Kompetenz abbildet und geeignet ist, aus Multitasking-Anforderungen resultierende Beanspruchungen (z. B. Stress, Frustration) vorherzusagen.

Mit den folgenden Fragen möchten wir von Ihnen erfahren, wie Sie sich bei Multitasking-Aufgaben selbst einschätzen. Bitte kreuzen Sie für jede Frage die Antwort an, die am besten auf Sie zutrifft:

	sehr leicht	eher leicht	mittel	eher schwierig	sehr schwierig
Wie schwierig finden Sie persönlich Aufgabenstellungen, bei denen mehrere Dinge gleichzeitig zu bewältigen sind?	☐₁	☐₂	☐₃	☐₄	☐₅

	sehr gut	eher gut	mittelmäßig	eher schlecht	sehr schlecht
Wie gut kommen Sie mit Aufgaben zurecht, bei denen Sie mehrere Dinge gleichzeitig erledigen?	☐₁	☐₂	☐₃	☐₄	☐₅

	sehr gut	eher gut	mittelmäßig	eher schlecht	sehr schlecht
Wie gut ist Ihre arbeitsbezogene Leistung, wenn Sie dabei mehrere Dinge gleichzeitig erledigen?	☐₁	☐₂	☐₃	☐₄	☐₅

Auswertung

Zählen Sie die Punkte, die neben Ihren Antworten stehen, zusammen und ziehen Sie den Summenwert von 18 ab (Beispiel: $18 - 6 = 12$). Teilen Sie diesen Wert durch 3 (Beispiel: $12 / 3 = 4$ Punkte).

Interpretation

Die Interpretation basiert auf Berechnungen unserer eigenen Normierungsstichprobe (Zimber & Chaudhuri, 2013). Die Stichprobe umfasste $N = 326$ Berufstätige aus unterschiedlichen Branchen ($M = 2.85$, $SD = 0.70$).

Ihre subjektive Fähigkeit zum Multitasking ist im Vergleich zur Normstichprobe bei einem Wert von:
- < 2.1: unterdurchschnittlich
- ≥ 2.1 ≤ 2.5: unterdurchschnittlich bis durchschnittlich
- > 2.5 ≤ 3.2: durchschnittlich
- > 3.2 ≤ 3.5: durchschnittlich bis überdurchschnittlich
- > 3.5: überdurchschnittlich

Erholungsfragebogen[1] (EFB; Allmer, 1996a)

Der Erholungsfragebogen dient zur Erfassung der erholungsbezogenen Intentionsbildung und -realisierung. Das aus 19 Items bestehende Selbsteinschätzungsinstrument berücksichtigt verschiedene Aspekte wie z. B. die angenommene Kontrollierbarkeit des Erholungsvorgangs, die Bereitschaft, von Belastung auf Erholung umzuschalten und sich genügend Erholung zu verschaffen. Auch die Planung von Erholungsmaßnahmen sowie deren Abstimmung auf vorangegangene Phasen der Belastung werden berücksichtigt. Der Erholungsfragebogen liegt in unterschiedlichen Fassungen und Skalierungen vor. Hier wurde die einfachste Version ausgewählt (Allmer, 1996a), die nur zwei Erholungsdimensionen, Erholungsmangel und Erholungsmanagement, erfasst.

Im Folgenden sind Situationen beschrieben, die sich darauf beziehen, wie der Einzelne mit Erholung umgeht. Geben Sie an, wie häufig Sie die folgende Situation persönlich erlebt haben: Kreuzen Sie die für Sie zutreffende Zahl für jede der Aussagen an.

		nie	selten	manchmal	häufig
A1	Nach Feierabend beschäftigt mich noch lange, was ich am Arbeitstag erlebt habe.	$\square_0$	$\square_1$	$\square_2$	$\square_3$
A2	Wenn ich aufgrund der Arbeit innerlich aufgedreht bin, hält das noch lange bei mir an.	$\square_0$	$\square_1$	$\square_2$	$\square_3$
B3	Ich plane Erholung als wichtigen Bestandteil in meinen Tagesablauf ein.	$\square_0$	$\square_1$	$\square_2$	$\square_3$
B4	Ich mache meine Erholungsmaßnahmen davon abhängig, welche Arbeitsbelastungen vorangingen.	$\square_0$	$\square_1$	$\square_2$	$\square_3$
A5	Ich habe Mühe, mich von interessanter Arbeit loszureißen, wenn Erholung nötig ist.	$\square_0$	$\square_1$	$\square_2$	$\square_3$
B6	Ich verschaffe mir genügend Möglichkeiten zur Entspannung.	$\square_0$	$\square_1$	$\square_2$	$\square_3$
B7	Ich überlege schon während der Arbeit, was ich danach zur Erholung machen könnte.	$\square_0$	$\square_1$	$\square_2$	$\square_3$
A8	Bevor ich etwas für die Erholung tue, muss eine Arbeit abgeschlossen sein.	$\square_0$	$\square_1$	$\square_2$	$\square_3$
A9	Erholung kommt bei mir zu kurz, weil dann Arbeit liegen bleibt.	$\square_0$	$\square_1$	$\square_2$	$\square_3$
A10	Ich kann so in die Arbeit vertieft sein, dass ich nicht an Erholung denke.	$\square_0$	$\square_1$	$\square_2$	$\square_3$
B11	Wenn ich mich erholen will, mache ich es auch, egal was sonst ansteht.	$\square_0$	$\square_1$	$\square_2$	$\square_3$

---

[1] Abdruck erfolgt mit freundlicher Genehmigung der Verlagsgruppe Beltz und des Autors.

	nie	selten	manch-mal	häufig

A12 Wenn ich mich erholen will, können mich andere leicht davon abbringen. $\square_0$ $\square_1$ $\square_2$ $\square_3$

B13 Ich habe genügend Möglichkeiten, mich richtig zu erholen. $\square_0$ $\square_1$ $\square_2$ $\square_3$

B14 Ich habe es in der Hand, ob ich mich gut oder schlecht erhole. $\square_0$ $\square_1$ $\square_2$ $\square_3$

A15 Ich neige dazu, dringend benötigte Erholung immer wieder aufzuschieben. $\square_0$ $\square_1$ $\square_2$ $\square_3$

A17 Nach der Arbeit fühle ich mich so geschafft, dass ich dann nicht mehr in Gang komme. $\square_0$ $\square_1$ $\square_2$ $\square_3$

A18 Es liegt an äußeren Umständen, wenn ich mich nicht genügend erholen kann. $\square_0$ $\square_1$ $\square_2$ $\square_3$

A19 Wenn ich körperlich/geistig verausgabt bin, kann ich mich zu nichts mehr aufraffen. $\square_0$ $\square_1$ $\square_2$ $\square_3$

Auswertung

Zählen Sie die jeweiligen Punktwerte für die mit A und B gekennzeichneten Fragen getrennt zusammen (Summenwerte).

Interpretation

Die Interpretation wurde aus der Originalpublikation (Allmer, 1996a) entnommen. Dort sind für die beiden Dimensionen Cut-off-Werte (Grenzwerte) wiedergegeben, die bei der Normstichprobe zwischen einem mäßigen und starken Erholungsmangel bzw. Erholungsmanagement differenzieren.

A – Erholungsmangel:

mäßig: 0–16   (= A^-)
stark: 17–36   (= A^+)

Dieser Wert zeigt Ihnen, wie ausgeprägt Ihr möglicher Mangel an Erholung ist: Je höher dieser Wert, desto größere Erholungsbarrieren haben Sie aufgebaut und desto mehr vernachlässigen Sie Ihre Regeneration. Sie verschieben notwendige Erholung meist aufgrund arbeitsbezogener Leistungsansprüche immer wieder, sodass auf Dauer „Erholungsschulden" entstehen können. Die Gefahr wächst, dass dabei Zustände der Erschöpfung oder Abgespanntheit auftreten, die wiederum die Initiative für erholungsbezogene Handlungen behindern. Reflektieren Sie nochmals alle A-Fragen und machen Sie sich bewusst, ob, wann und warum Sie möglicherweise zu wenig ausspannen und Ihre Erholung zu kurz kommt.

B – Erholungsmanagement:

mäßig: 0–7   (= B^-)
stark: 8–21   (= B^+)

Dieser Wert zeigt Ihnen, wie bewusst Sie auf Ihre Erholung achten und sie zu steuern versuchen: Je höher der Wert, desto besser ist Ihr „Erholungsmanagement" in eigener Sache, desto aktiver gestalten und organisieren Sie Ihre erholsamen und regenerierenden „Auszeiten". Bei einem zu niedrigen Wert sollten Sie nochmals alle B-Fragen reflektieren und sich klar werden, wo und wie Sie Ihre Erholung gegebenenfalls bewusster steuern können.

Aus der Kombination der beiden Dimensionen ergibt sich die Einschätzung des „Erholungs-Typs". Bedenken Sie dabei, dass die Zuordnung zu einem jeweiligen „Erholungs-Typ" Ihnen nur Anregungen vermitteln kann. Sie ist keinesfalls absolut aufzufassen. Da Typenanalysen im Einzelfall immer grundsätzliche diagnostische Grenzen gesetzt sind, liefern sie nur sehr allgemeine und schematisierende Einschätzungen der Person.

- A^+/B^+ *„Der Unwillige"* (Erholung ist nicht wichtig!): Obwohl Sie überzeugt sind, Ihre Erholung aktiv gestalten zu können, wenn Sie nur wollen, spannen Sie zu selten aus, da Sie sich Ihrer Arbeit – oder anderen Aktivitäten – besonders verpflichtet fühlen oder durch diese stark in Anspruch genommen werden; Ihre Beanspruchungs-Erholungs-Bilanz ist meist unausgeglichen, da Sie Erholung nicht wichtig genug nehmen.
- A^+/B^- *„Der Unfähige"* (Erholung nicht möglich): Sie vernachlässigen Ihre Erholung häufig wegen beruflicher Anforderungen und Verpflichtungen; Ihre Beanspruchungs-Erholungs-Bilanz ist meist unausgeglichen und wird dadurch verstärkt, dass Sie sich nicht richtig regenerieren und glauben, Erholung nicht aktiv gestalten zu können.
- A^-/B^- *„Der Intuitive"* (Erholung wie von selbst!): Sie haben kaum Probleme, von Beanspruchung auf Erholung umzuschalten; dabei versuchen Sie nur selten, Erholung aktiv zu gestalten: Sie sind überzeugt, dass sich Erholung von selbst wieder einstellen wird – meist mit Erfolg, da Ihre Beanspruchungs-Erholungs-Bilanz ausgewogen ist.
- A^-/B^+ *„Der Rationale"* (Erholung gut geplant!): Sie verschaffen sich genügend Erholungsmöglichkeiten und organisieren Ihre Erholungsmöglichkeiten „à la carte" – wer sich zu dieser „Profigruppe" der Erholer zählen darf, hat berufliche Anforderungen und Erholung im Griff und in aller Regel keine Erholungsschulden abzutragen.

Sachregister

Abbauprozess 50, 76
Achtsamkeit 105, 110
Alterungsprozess 76
Anstrengungs-Erholungs-Modell 68
Arbeitsanforderung, qualitative 36
Arbeitsbelastung 21
– qualitative 30, 32
– quantitative 30–32, 36, 71, 74, 79
Arbeitsdichte 18
Arbeitsgedächtnis 12, 35, 36, 38, 41, 42, 47, 64, 89, 101
Arbeitsgestaltung 8, 62, 82, 85, 91, 93
Arbeitsintensität 7, 12, 18, 20, 30, 31, 55
Arbeitsleistung 12, 33, 34, 57, 58, 63, 70, 101
Arbeitspause 28
Arbeitsplatzbeobachtung 85
Arbeitsschutzgesetz 84
Arbeitsunterbrechung 12, 30, 34–36, 72, 73
Arbeitsverdichtung 7, 15, 20
Arbeitszeitmodell 17
Arbeitszufriedenheit 33, 88
Aufgabengestaltung 92
Aufgabenkomplexität 12, 30, 33, 35, 36
Aufgabenschwierigkeit 59, 62, 65
Aufgabenwechsel 28, 37, 46, 79
Aufmerksamkeit 12, 35, 36, 41–44, 48, 49, 68, 72, 89, 90, 105, 110
Aufmerksamkeitsdefizit-(Hyperaktivitäts-) Syndrom (ADHS) 48
Automatisierung 102, 113
Autonomie 34, 93, 94, 105

Beanspruchung 12, 21, 30, 51, 52, 55, 57, 64–69, 79–81, 84, 91, 98, 104, 106, 108
– psychische 16, 70
Beanspruchungs-Erholungszyklus 99
Beanspruchungsfolge 123
Belastung 51, 57, 68, 71, 72, 91, 104–107, 109
– psychische 7, 16, 121

Beobachtungsinterview 80
Beobachtungsstudie 25, 28
Beschäftigungsverhältnis, atypisches 14, 19
Bewältigung 8, 11, 50, 51, 54, 66, 75, 82, 91, 101, 106, 113

Challenge stressor 54
Cocktailparty-Phänomen 42

d2-Aufkerksamkeits-Konzentrations-Test 61, 62
Delegation 94–96
Digitalisierung 14
Dual-Task-Paradigma 36

E-Mail 11, 71, 90, 99, 102, 113
Entgrenzung 7, 20, 72
Entscheidungsspielraum 93
Erholung 97, 98, 104–109
Ermüdung 51, 52, 64, 66, 68, 80, 104, 106, 107
Evaluation 82, 114–121
– formative 117
– summative 117, 118
Evidence-based-Management 115
Experte 78
Expertise 78

Fehlbeanspruchung 31
Filtertheorie 42, 43
Fragebogen zur Erfassung aufstiegsförderlicher Führung 95
Fragmentierung 10, 36, 71, 72
Führungskraft 8, 82, 91, 94–96, 117

Gedächtnis 41
Gefährdungsbeurteilung 84
General-Slowing-Hypothese 76
Geschlechtsunterschied 78
Gesundheitsförderung, betriebliche 8, 91, 93
Gesundheitsmanagement, betriebliches 91

Gesundheits- und Entwicklungsförderliche FührungsverhaltensAnalyse (GEFA) 95
Globalisierung 13

Handlungsregulationstheorie 32, 35, 52, 53, 67, 94
Handlungsspielraum 53, 55, 62, 64, 65, 67, 71, 79, 93, 94, 96, 123
hindrance stressor 54

Intelligenz
– fluide 41, 50, 63, 89, 90, 123
– kristalline 50
Intensivierung der Arbeit 21, 71
Interventions- und Kontrollgruppe 115, 119, 120
Irritation 35, 68–70, 95

Job-Demand-Control-Modell 30, 52, 65

Komplexität 29, 33, 34, 53, 122
Konzentration 25, 32, 49

Leistung 17, 30, 38, 60, 63, 70, 74, 79, 81, 100
Leistungsdruck 84
Leistungsfähigkeit 57

Management by objectives 96
Maßnahme
– bedingungsbezogene 82
– verhaltensbezogene 82
Medienkonsum 48
Monotonie 33, 51, 52, 64, 66, 67, 69, 106
Multitasking-Anforderung 27, 32, 35–37, 40, 41, 54, 55, 61, 63, 64, 66, 67, 69–71, 78–80, 84, 86, 88, 91, 95–98, 108, 110, 112, 113, 122, 123
Multitasking-Fähigkeit 38, 40, 50, 76, 78, 79, 89, 123
Multitasking-Präferenz 38, 40, 84, 88
Multitasking-Verhalten 22, 23, 38, 40, 58, 71, 74–76, 79, 80, 84, 87

Novize 78

Paralleltätigkeit 10
Personalauswahl 8, 82, 84

Personalentwicklung 8, 82, 84, 117
Persönlichkeitsmerkmal 48, 52, 71, 74–76, 79, 81, 93
Polychronizität 38, 70, 74–76, 79, 87, 88, 123
Präferenz 12, 40
Primat der Aufgabe 93
Prozessevaluation 117

Regulationsanforderung 53
Regulationsaufwand 35
Regulationsebene 78
Regulationshindernis 35, 53
Regulationsproblem 53
Regulationsüberforderung 53
Regulationsunsicherheit 53
Ressource 31, 35, 36, 45, 46, 52, 61, 64, 73, 79, 91, 95, 97–99, 101, 102, 104, 108, 109, 111
Routineaufgabe 27, 30
Routinetätigkeit 10, 28, 78, 97, 98, 112

Sättigung 51, 52, 64, 66, 69, 80, 106
Selbstwirksamkeit 33, 93, 95, 106
SMART-Kriterium 82, 115
Strategie 29, 38
Stress 7, 12, 35, 52, 54, 58, 64–69, 80
Stressor 51, 54, 68

Tagebuchstudie 24, 73, 78, 87, 99
task-switching 28, 46, 79
Task-Switching-Paradigma 47
Tätigkeitsbeobachtung 24
Tätigkeit, vollständige 96
Termin- und Leistungsdruck 22
Threaded Cognition 45
Transaktionales Stressmodell 52, 54, 64, 65

Überforderung 7, 32, 33, 60, 71, 72, 75, 104, 106
Unterbrechung 10, 27, 35, 36, 39, 58, 60, 72–74, 80, 84, 87, 102, 103, 122
Unterforderung 33, 55, 60

Verdichtung 21
Verhaltensbeobachtung 80
verhaltensbezogen 12
Verhaltensorientierung 93

Verhaltensprävention 93
Verhaltensstrategie 40, 122
Verhältnisprävention 91, 93

Working spheres 28

Yerkes-Dodson-Gesetz 60

Zeigarnik-Effekt 69, 111
Zeitdruck 7, 24, 31, 32, 36, 58, 84
Zeitmanagement 102, 103
Zeit- und Leistungsdruck 96
Ziel-Aktivierungs-Modell 43
Zielvereinbarung 17
Zufriedenheit 88

Alexander Häfner
Julia Hartmann
Lydia Pinneker

Zeitmanagement

Ein Trainingshandbuch für Trainer, Personalentwickler und Führungskräfte

2015, 91 Seiten, Großformat, inkl. CD-ROM,
€ 34,95 / CHF 46,90
ISBN 978-3-8017-2471-9
Auch als E-Book erhältlich

Bislang basieren Zeitmanagementtrainings häufig auf Ratgeberliteratur mit wenigen Hinweisen und Belegen, ob ein Training tatsächlich wirkt und warum es möglicherweise wirkt. Fundierte Zeitmananagementtrainings mit Wirksamkeitsbelegen sind hingegen rar. Diese Lücke versuchen die Autoren zu schließen.

Annelen Collatz · Karin Gudat

Work-Life-Balance

(Reihe: »Praxis der Personalpsychologie«). 2011, VI/101 Seiten,
€ 24,95 / CHF 35,50 (Im Reihenabonnement € 19,95 / CHF 28,50)
ISBN 978-3-8017-2326-2
Auch als E-Book erhältlich

Veränderungen in der Arbeitswelt sowie Entwicklungen im Zuge des demografischen Wandels konfrontieren Berufstätige mit neuen, vielschichtigen Herausforderungen. In diesem Band werden verschiedene Work-Life-Balance-Konzepte, betriebliche Interventionsmöglichkeiten und konkrete Ansätze zur Nutzenbestimmung vorgestellt.

Ingwer Borg

Mitarbeiterbefragung in der Praxis

2015, 161 Seiten,
€ 24,95 / CHF 35,50
ISBN 978-3-8017-2557-0
Auch als E-Book erhältlich

Mitarbeiterbefragungen sind ein mittlerweile bewährtes Führungsinstrument. Sie messen Meinungen und Einstellungen, liefern wichtige Benchmark-Werte und eignen sich gut dazu, Veränderungen in Organisationen zu koordinieren und zu beschleunigen.

Jörg Felfe

Mitarbeiterführung

(Reihe: »Praxis der Personalpsychologie«). 2009, VIII/104 Seiten,
€ 24,95 / CHF 35,50 (Im Reihenabonnement € 19,95 / CHF 28,50)
ISBN 978-3-8017-2090-2
Auch als E-Book erhältlich

Personalmanager und Führungskräfte erhalten in diesem Band einen kompakten Überblick über aktuelle Konzepte, empirische Befunde sowie wichtige Techniken und Instrumente der Mitarbeiterführung.

Hogrefe Verlag GmbH & Co. KG
Merkelstraße 3
37085 Göttingen, Deutschland
Tel. +49 551 999 50-0 / Fax -111
E-Mail verlag@hogrefe.com
www.hogrefe.com

Daniela Lohaus

Leistungsbeurteilung

(Reihe: »Praxis der Personalpsychologie«)
2009, VI/141 Seiten, € 24,95 / CHF 35,50
(Im Reihenabonnement € 19,95 / CHF 28,50)
ISBN 978-3-8017-2090-2
Auch als E-Book erhältlich

Dieses Buch bietet eine gut verständliche und anschauliche Darstellung aller gängigen Verfahren zur angemessenen Leistungsbeurteilung mit ihren Besonderheiten für die Praxisanwendung.

Eva Bamberg · Antje Ducki
Anne-Marie Metz (Hrsg.)

Gesundheitsförderung und Gesundheitsmanagement in der Arbeitswelt

(Reihe: »Innovatives Management«). 2011,
847 Seiten, € 59,95 / CHF 79,–
ISBN 978-3-8017-2371-2
Auch als E-Book erhältlich

Das Buch gibt einen Überblick zur betrieblichen Gesundheitsförderung und zum Gesundheitsmanagement.

Eberhardt Hofmann

Erfolgreiches Stressmanagement

2013, 252 Seiten, Kleinformat,
€ 22,95 / CHF 32,90
ISBN 978-3-8017-2490-0
Auch als E-Book erhältlich

Der Band vermittelt praktische Methoden zum erfolgreichen Stressmanagement. Er stellt wissenschaftlich untermauerte Techniken zur kurzfristigen Kontrolle des Stressgeschehens sowie zur langfristigen Bewältigung von Stress vor.

Theo Ijzermans · Coen Dirkx

Wieder Ärger im Büro?

Mit Emotionen am Arbeitsplatz konstruktiv umgehen

2012, 74 Seiten, Kleinformat,
€ 14,95 / CHF 21,90
ISBN 978-3-8017-2472-6
Auch als E-Book erhältlich

Auf der Basis des Rationalen Effektivitätstrainings (RET), das auf Albert Ellis zurückgeht, vermittelt das Buch anhand zahlreicher Beispiele aus dem Berufsalltag, wie mit negativen Gefühlen konstruktiv umgegangen werden kann.

Theo Ijzermans · Roderik Bender

Wie mache ich aus einem Elefanten wieder eine Mücke?

Mit Emotionen konstruktiv umgehen

2013, 155 Seiten, Kleinformat,
€ 16,95 / CHF 24,50
ISBN 978-3-8017-2476-4
Auch als E-Book erhältlich

Die Autoren zeigen in ihrem Ratgeber anhand zahlreicher Beispiele aus der Arbeitswelt, dass man negativen Gefühlen und Gedanken nicht hilflos ausgeliefert ist, sondern selbst dazu beitragen kann, dass aus einem Elefanten wieder eine Mücke wird.

Günter Krampen

Progressive Relaxation

Ein alltagsnahes Übungsprogramm

2012, 63 Seiten, Kleinformat,
€ 12,95 / CHF 18,90
ISBN 978-3-8017-2413-9
Auch als E-Book erhältlich

Die Entspannungsmethode der Progressiven Muskelrelaxation wird in diesem Ratgeber anschaulich und gut umsetzbar beschrieben.

Hogrefe Verlag GmbH & Co. KG
Merkelstraße 3
37085 Göttingen, Deutschland
Tel. +49 551 999 50-0 / Fax -111
E-Mail verlag@hogrefe.com
www.hogrefe.com